한국어로 내려온
New Bible

새로운
성 경

제47권

3부 | 총10부

하얀마음

하나님 말씀 중에서

1. 사랑의 하나님

- 세상을 창조하신 하나님은 모두를 사랑하신다. 인간만 특별히 더 사랑하지 않고, 우주 만물을 다 똑같이 사랑하신다. 그러니 하나님이 창조하신 천지 만물과 화친하고, 미물까지도 소중히 대하라.

- 하나님은 특정 종파나 민족만을 더 사랑하지 않으신다. 자기 자신만 구원받겠다는 욕심을 버리고, 자기 종파만 구원받는다는 편협한 교리에서 벗어나야 한다. 종파를 초월해서, 모두를 사랑하라.

- 원수까지 사랑하라 했으니, 이 세상에 사랑하지 못할 자가 누가 있겠는가? 종파가 다르다고 해서 부모 형제와 원수처럼 지내는 자는 인간의 근본을 모르는 자다. 가장 가까운 가족부터 사랑할 때 남도 진심으로 사랑할 수 있다.

- 한 사람을 원수같이 생각하던 마음에서 사랑하는 마음으로 돌리면, 자기 자신의 마음이 가장 기쁘고 행복하다. 하나님께서는 인간의 마음속에 무거움이 없이 기쁘고 행복한 삶을 살기를 바라신다.

- 이웃을 "내 몸처럼" 사랑하라 했으니, 마지막 한 장 남은 천국의 티켓도 이웃에게 양보하라. 자기 중심적인 신앙에서 벗어나서 남을 위해 살아야 한다.

- 독초도, 약초도, 이단도 사탄도 천사도 다 필요하기에 존재한다. 독초일지라도 극소량을 사용해서 생명을 살릴 수 있고, 약초라 하더라도 남용하면 생명을 잃을 수 있다.

- 세상 모든 것을 명약으로 활용하는 것은 인간의 지혜에 달렸다. 어떤 것이든 어떤 사람이든 적재적소에 꼭 필요한 명약으로 승화시키라.

- 사탄도 이단도 천사도 모두 하나님의 주관하에 존재한다. 진정한 하나님의 백성은 사탄과 마귀까지도 감화시켜서 천사로 거듭나게 한다.

2. 기도

- 하나님은 인간의 생각까지 모두를 다 알고 계신다. 우리의 소원도 이미 알고 계시기에, 소원의 기도를 할 필요가 없다. 우리가 받을 자격이 되면 내려 주신다.

- 죄를 짓고 아무리 회개를 해도 용서받지 못한다. 도둑질한 자는 용서해 달라고 기도하고, 도둑맞은 자는 도둑을 잡게 해 달라고 기도하면, 공의의 하나님은 누구의 편에 서시겠는가?

- 자기가 잘못한 것은 그 사람에게 직접 갚고 용서를 구하라. 그가 용서하면 하나님도 용서하신다. 땅에서 매면 하늘에서도 매이고, 땅에서 풀리면 하늘에서도 풀리는 이치다.

- "회당에서 기도하지 말고 골방에서 기도하라" 했다. 눈에 보이는 골방이 아니라, 골방과 같이 고요한 마음이다. 잡념을 버리고 하나님을 향해 마음을 집중하며, 사랑하고 용서하는 아름다운 생각만 나오도록 하라.

- "두드리면 열릴 것이다." 하는 것은 육의 소원을 위해 두드리라는 것이 아니라, 진리의 깨달음을 얻기 위해 두드리라는 것이다.

- 기도하는 방법: 생활 속에서 수시로 기도하는 삶을 살아야 한다.

- "저의 죄를 용서하여 주옵소서." 하는 회개의 기도를 하라.
- 범사에 "하나님! 감사합니다." 하라. 현재 가진 것에 감사하며, 과욕하지 말라. 자기 노력 이상의 것을 더 갖고자 기도하는 것은 도둑놈심보다. 공의의 하나님은 각자 노력한 만큼 주신다.
- "하나님 뜻대로 살아가겠나이다." 하며 마음의 각오를 다지라.

- 기도는 하나님의 말씀을 받아서 "행하는 것"이다. 하나님이 계심을 굳건히 믿고, 하늘을 향하여 한 점 부끄럼 없이 사는 삶 자체가 가장 위대한 기도이며, 삶이 곧 예배다.

3. 지도자

- 똑같이 사랑한다는 말을 해도, 순수하게 하는 말은 천사의 말이지만, 사기 쳐서 재산을 가로채려고 하는 말은 사탄의 말이다.

- 종교 지도자가 아무리 훌륭한 설교를 해도, 신도의 재물을 거둬서 더 큰 교회를 짓고 자기의 부귀영화를 바라며 설교하면 사단의 가르침이 된다.

- "저희 교회는 만원사례요, 믿음은 다 같으니 이웃의 개척 교회에 가서 예배를 드리시오." 하며, 이웃 교회의 부흥을 먼저 생각하여 제 신도를 보내는 종교 지도자가 있다면 그를 따르라. 그가 하나님의 사랑을 실천하는 자다.

- "부자가 천국에 들어가는 것은 낙타가 바늘구멍을 통과하는 것보다 더 힘들다" 하였거늘, 지금의 교회에서는 부자가 되기만을 기도하고 소원하니, 이는 곧 천국을 포기하고 지옥 행 열차의 티켓을 사는 것과 같다.

- 예수는 빈손이었다. 종교 지도자가 예수보다 더 호화롭고 편안하게 살아간다면 잘못된 것이다. 부귀영화와 명예를 바라는 자는 절대로 갈 수 없는 좁고 협착한 길이 종교 지도자의 길이다.

- 종교 지도자는 유리로 비춰 봐 한 점의 부끄러움이 없이 살아야 한다. 의식주도 직접 일해서 해결하고, 예수의 가르침과 행함을 그대로 따라야 한다.

- 종말은 없다. 지금의 잘못 가는 종교 집단에게만 종말이 있다. 보이지 않는 하나님은 보이는 육의 종말은 관여하지 않으신다. 환경 파괴로 인간이 스스로 멸망을 자초하는 것이다. 종파끼리 싸우기 전에, 무너진 인성을 바로잡고 지구의 몸살을 해결하는 데 뜻을 모으는 게 급선무다.

4. 성전이란

- 이 세상 자체가 하나님께서 만드신 성전이다. 자연보다 더 아름다운 성전이 있는가? 보이는 건물이 성전이 아니라, 성스러운 마음가짐이 성전이다.

- 반석 위에 교회를 지으라 했다. 지상의 단단한 돌은 인간이 쪼갤 수 있으나, 마음속의 굳은 결의는 세상 무엇으로도 쪼갤 수 없다. 바르고 굳건한 믿음으로 성경의 가르침을 실천하는 것이 마음의 반석 위에 교회를 짓는 것이다.

- 손으로 지은 건물의 교회에 모여서 복음을 전하는 것이 아니라, 교회를 개인과 가정에 심어 주어야 한다. 무너지고 부서지는 건물을 짓지 말고, 마음속에 영원히 불변하는 참진리의 교회를 지으라.

5. 십계명

- 십계명은 인간이 죽어서 반드시 통과해야만 하는 열 개의 관문이다.

- 부모를 공경하지 아니한 자는 "네 부모를 공경하라." 하는 제5계명의 관문이 열리지 않으니 구원받을 수 없다.
- 살인, 간음, 거짓, 우상 등의 나머지 계명도 마찬가지다.

- 십계명은 하나님의 친필이다. 모기소리만 한 하나님의 음성이라도 들어 보겠다고 여기저기 찾아 헤매지 말고, 십계명부터 암송하고 지키라.

- 십계명은 영혼을 구원하는 양식이며, 십계명을 지키는 것이 구원을 받는 길이다. 인간이기에 지키고자 노력하고 또 노력한다면 지킬 수 있다.

- 십계명을 지키고 천사처럼 아름답게 살아가는 그 마음 하나면 세상에 이루어지지 않는 것이 없다.

6. 보물

- 하나님은 재물이 아니라 우리의 마음을 받으신다. 사랑을 실천하며 천사처럼 변하는 마음이 하나님께 바치는 보물이다.

- 보이지 않는 하나님께 재물을 바치려 하지 말고, 너희를 길러 준 부모에게 용돈 드리고, 찾아뵙고, 효성을 다하라. 그것이 하나님께 효도하는 것이다.

- 하늘에는 선과 악의 창고가 있다. 자기 창고에 선이 많으면 천국으로 구원을 받고, 악이 많으면 심판받아 지옥으로 간다. 그것이 바로 "선한 일을 행한 자는 생명의 부활로, 악한 일을 행한 자는 심판의 부활로" 나오는 것이다.

- "선악과를 따먹지 말라"는 것은 양심을 지키라는 것이다. 선과 악을 구분할 수 있는 양심을 최초에 인간에게 주셨다. 선한 열매는 취하고, 악한 열매는 버리며, 양심에 비추어 부끄럼 없는 삶을 살아가라.

- 가장 작은 거짓말을 하지 않고, 가장 작은 죄를 짓지 않으며, 가장 작은 선행을 하고, 가장 작은 악행을 멀리하는 것이 율법의 일점 일획도 빠뜨리지 말고 다 지키는 삶을 사는 것이다.

7. 우상

- 박물관에 있는 불상은 하나의 예술품이다. 그 조각품에 대고 제 소원을 빌 때 우상숭배가 된다. 십자가라 하여도 그 앞에서 소원을 빈다면 우상숭배하는 것이며, 하나님께 소원을 빈다면 하나님을 우상으로 전락시키는 것이다.

- 지금 기복신앙에 젖어 있는 모든 사람이 우상 앞에 절을 하고 있다. 조각품을 우상이라며 파괴하지 말고, 네 마음속에 있는 욕심의 우상을 무너트리라.

- 생수를 약초가 먹으면 약을 만들고 독사가 먹으면 독을 만든다. 같은 성경을 봐도 선한 지도자는 신도를 천사로 만드는 데 활용한다. 그러나 욕심이 가득한 지도자는 재물을 거두어들여 제가 부귀영화를 누리는 데 악용한다. 그가 바로 성경을 우상숭배의 도구로 전락시키는 거짓 선지자다.

- 성경을 한 획도 빼거나 더하지 말라는 것은, 그 가르침을 빠트리지 말고 온전히 지키라는 것이다. 성경 속에서 자기에게 유리한 구절만 보는 것은, 자기에게 불리한 구절들을 빼 버리는 것이다. 믿음이 제일이요, 행함은 구원과는 관계없다는 것은 자신에게 유리한 쪽으로 성경을 악용하는 것이다.

- 진정한 종교 지도자는 종파에 관계없이 어떤 종파든 어떤 책이든 접하고 보고 깨우쳐 견문을 넓히도록 인도한다. 참진리를 모르고 자신이 없는 자가 남을 이단이라며 배척하고, 신도들의 눈과 귀를 가린다.

8. 예수

- 예수의 재림은 없다. 예수가 다시 온다 해도, 과연 누가 그를 예수라고 믿겠는가? 예수와 같은 삶의 행함이 곧 예수의 재림이다. 각자 모두가 "재림 예수"가 되는, 차원 높은 믿음으로 가야 한다.

- 예수는 "주여 주여 하지 말고, 아버지의 뜻대로 행하라"고 했다. 예수가 전한 하나님의 뜻이 곧 "길이요, 진리요, 생명"이며, 그 가르침이 예수의 보혈처럼 소중한 것이다. 예수를 믿는 것은, 예수의 가르침을 믿고 따르는 것이다.

- 예수는 낮은 자로서 만백성을 섬기고자 했다. 만나는 모든 사람을 다 하나님이라 생각하라. 돈을 벌수록 겸손하고, 높은 지위를 얻을수록 낮아지라.

▪ 예수는 종파를 만들지 않았다. 인간이 만든 종교와 인간의 교리를 따르지 말고, 예수를 통해 전한 하나님의 참진리를 연구하고 따르라.

▪ 예수가 2천 년 전에 만백성을 위해 죽었으니, 지금 이 땅에는 예수의 가르침대로 사는 천사만 존재해야 한다. 예수가 죽어 가면서 바란 것은 만백성이 천사가 되어 예수의 자리를 채워 주는 것이지, 지금과 같이 재물을 바치면서 중언부언 제 소원만을 비는 백성들을 바란 것이 아니다.

9. 구원

▪ 천사가 사는 천국에는 천사만 갈 수 있으니, 천사 같은 마음을 길러야 한다.

- "천국 열쇠를 네게 주리니 땅에서 무엇이든지 매면 하늘에서도 매일 것이라" 했다. 땅에서 천사같이 사는 자가 하늘에서도 천사가 되어 천국에 들어간다. 모든 사람에게 천사같다는 말을 듣는 삶을 살아야 한다.

▪ 천사의 곱고 아름다운 마음은 부모를 공경하고 어른을 어른으로 대접하는 데에서 출발한다. 효도하는 자는 형제와 화목하게 지내기에 가정이 화목해지고, 이웃과 화목해지고, 국가가 화목해지고, 온 인류가 화목해진다.

- 그러므로 지상의 아름다운 소왕국은 가정에서부터 이루어야 한다.

▪ 선택된 14만 명만 구원받는 것이 아니라, 천사처럼 변하고자 하는 14만 명을 기초로 온 인류가 천사처럼 거듭나는 영적인 개혁이 시작되는 것이다.

▪ 천 년에 걸쳐서 하늘에서 이루어진 것같이 이 세상을 낙원으로 만들어, 만백성이 지상의 천국에서 살다가 죽어서 그대로 하늘의 천국으로 들어가는, 영원한 지상 낙원을 건설하는 것이 하나님의 계획이다.

- **이것이 구약과 신약에 이어 "새로운 성경"으로 역사하시는 하나님의 창조의 완성이다.**

▪ 지금의 믿음으로 구원받을 수 있다면 그 길을 가라. 그러나 자신이 없다면 하나님께서 직접 내리신 160권의 "새로운 성경"을 읽고 구원의 길을 보라!

하나님 머리말씀

이 새로운 성경을 읽는 너희 모두는
이 율법에 따라 행하면 영원히 구원받을 것이니라.

너희 인간이 수년, 수십 년, 평생
성서를 공부하고 기도하는 것은
하늘나라 나의 곁으로 오고 싶은 소망일진대,

몇천 년 전의 너희 인성과 생각이
지금의 너희와는 판이하게 다르니,

꺾여 가고 병들어 가는 너희를 고칠 수 있는 길은,
오늘 내가 선지자에게 내리는 새로운 성경과 같이
너희가 변화되는 것뿐이니라.

나의 예수가 태어난 것처럼
내가 아들 선지자를 선택하여
나의 새로운 성경을 온 세계에 전하고자 하니,

묵은 것은 버리고 새로운 것은 취하여,
너희 모두는
'여호와 하나님! 저의 죄를 용서하여 주옵소서.'
하는 기도문으로 기도하고, 죄를 뉘우치라.

이 새로운 성경은
수천 년간 내려온 성서를 요약한 것이니,
너희는 이 책을 정독하여 쉽게 깨달음을 얻고,
이대로 실천하여 하늘에 오르라.

대역자 머리말

■ 하나님의 율법을 지키는 선지자로 선택을 받도다.

저는 남들처럼 그저 열심히 살아온 평범한 사람이었습니다. 그러나 50대 중반에 사업에 실패하여 많은 부채에 시달렸으며, 건강도 악화되어 눈이 잘 안 보이고, 걷기도 어렵고, 두통이 심해서 잠을 이룰 수 없는 고통의 나날을 보냈습니다. 그때 제가 선택할 수 있는 것은 육의 삶을 끝내는 길뿐이었습니다.

죽기 직전에 그동안에 죄를 지은 이들에게 용서를 빌고 인생을 끝내기로 작정하였습니다. 어려서부터 지은 죄를 빌고 빌다 보니 끝이 없었고, 죽음으로도 그 많은 죄를 용서받을 길이 없다는 생각에 하염없이 눈물이 흘렀습니다. 그 순간 '재래식 화장실의 구더기는 죄를 짓지 않는데, 나는 인간으로서 구더기만도 못한 삶을 살았구나.' 하는 생각이 들면서 괴로움에 몸부림칠 때, 갑자기 하나님의 음성이 들렸습니다.

"나는 여호와 하나님이니라. 너는 십계명을 암송하고 내가 내려 주는 메시지를 받아 책으로 만들어 만백성을 구하라." 하시며, 제 눈을 손으로 문지르게 하시고, 아픈 머리와 다리를 손으로 두드리게 하셨습니다. 그러고 나니 눈도 잘 보이고 걸을 수 있었으며 머리의 통증도 말끔히 낫게 되었습니다. 그때부터 십계명을 암송하고 나면 들려주시는 말씀을 기록하였고, 1999년 8월부터 2004년 7월까지 권당 288쪽, 총 160권을 받아서 "새로운 성경"이라는 책으로 펴내게 되었습니다.

그러한 저에게 죽기보다도 힘든 길이 시작되었습니다. 모든 교인들이 저에게 사탄이요, 이단이요, 악마요, 마지막 시대에 온 거짓 선지자라 하면서 공격하였고, 저를 짐승을 보듯이 대하는가 하면, 편협한 종교 지도자들의 선동으로 신도들이 이 책을 직접 읽어 보고 평가할 기회마저 막아 버렸습니다. 그래서 하나님의 말씀을 세상에 내는 데 많은 어려움을 겪으며, 피를 토하는 심정으로 책을 전하고 있습니다.

그러나 아무리 인간의 힘으로 막으려 해도, 하나님의 뜻이 세상에 전해지는 위대한 역사는 계속될 것입니다. 책으로 전해지는 "하나님의 말씀"은 세상 끝날까지 항상 우리와 함께하실 것입니다. 사람은 죽어도, 책에 기록된 말씀은 영원히 남으니까요.

■ 따뜻한 실천

하나님께서는 어려운 사람들에게 삶의 터전을 마련해 주고, 미래를 열어 주는 것을 기뻐하십니다. 어려운 이웃이 스스로 자립할 수 있도록 이끌어 주는 것이 진정으로 이웃을 돕는 것이라고 말씀하셨습니다. 그래서 일자리가 없는 제자들에게 작은 사업장을 만들어 주는 "달란트 사업"을 하고 있습니다. 식당, 반찬 가게 등을 차려 주고, 기존의 어려운 사업장이 자립할 수 있도록 돕고 있습니다(커피숍, 미용실, 의상실 등).

하나님께서는 교회에 나와서 모든 시간과 재물을 쏟기를 원하지 않으시고, 그 시간과 재물을 교육에 투자하여 스스로 미래를 열어 가기를 원하십니다. 그래서 제때 공부하지 못한 제자들에게 학업을 이어 가도록 하였습니다. 중화요리 주방장을 하며 초등학교 검정고시부터 공부하여 2012년에 방통대를 졸업한 36세 남성, 만학도들의 2년제 중학교에 입학해서 2007년에 명지대학을 졸업한 38세 여성, 중학교 검정고시를 시작으로 숭의여자대학을 졸업한 47세 여성 등이 있습니다. 그밖에도 많은 제자들에게 나이를 초월하여 배우고 깨우쳐서 사회 속의 당당한 일원이 되도록 인도하고 있습니다.

학자금 대출로 힘겨워하는 젊은이들을 위해 "따뜻한 바람 장학회"를 발족하여(2016년 12월) 대출받은 학자금 전액을 매월 갚아 주고 있습니다. 또한, 다문화 가정을 위해 "다문화 가족 랜드"를 조성하여, 각종 시설을 무료로 활용하도록 하고 있습니다.

이러한 따뜻한 실천이 아직은 미약합니다. 그러나 책의 수입이 늘고, 저와 뜻을 같이하는 분들이 늘어나면 계속 확대할 것입니다. 지도자로서 신도의 재물을 헌금으로 거둬들여 착복하는 것이 아니라, 하나님께서 기뻐하시는 일에 사용하도록 중매 역할만 하며 살아가고자 합니다. 이런 제가 과연 사탄이고 이단인가요? 하나님께서 기뻐하시는 일이라면, 저에게 사탄이라 하든 거짓 선지자라 하든 굽히지 않고 실천해 나갈 것입니다.

끝으로, 일상의 삶 속에서 "지금 내가 하는 행동이 과연 하나님께서 기뻐하실까, 슬퍼하실까?" 생각하고, 매사에 하나님께서 기뻐하시는 길을 택하기 바랍니다. 교회에 모여서 집단적으로 예배 드리는 것이 아니라, 개인이나 가정 단위로 새로운 성경을 읽어 스스로 깨우치고 그대로 행하면 충분합니다. 그것이 마음속에 성전을 짓고, 신령과 진정으로 예배 드리는 길입니다. 그러면 천국의 문에 들어서게 됩니다.

2017. 2. 1.

하나님 말씀 대역자 김용철

차 례

십 계 명

이 책은 십계명을 암송하고 나면 내려 주시는 "하나님의 음성"을 듣고 그대로 받아쓴 기록입니다. 하나님께서 십계명을 모세에게 내려 주셨지만, 그것은 만백성에게 내려 주신 것입니다. 마찬가지로 이 책의 모든 말씀도 저에게 내려 주셨지만, 만백성 각자에게 들려주시는 말씀입니다. 여러분도 이 책을 접할 때마다 십계명을 암송하고 나서 정독해 주시기 바랍니다.

제일은, 너는 나 외에는 다른 신들을 네게 있게 말지니라.

제이는, 너를 위하여 새긴 우상을 만들지 말고, 또 위로 하늘에 있는 것이나, 아래로 땅에 있는 것이나, 땅 아래 물 속에 있는 것의 아무 형상이든지 만들지 말며, 그것들에게 절하지 말며, 그것들을 섬기지 말라.

제삼은, 너는 너의 하나님 여호와의 이름을 망령되이 일컫지 말라.

제사는, 안식일을 기억하여 거룩히 지키라.

제오는, 네 부모를 공경하라.

제육은, 살인하지 말지니라.

제칠은, 간음하지 말지니라.

제팔은, 도적질하지 말지니라.

제구는, 네 이웃에 대하여 거짓 증거하지 말지니라.

제십은, 네 이웃의 집을 탐내지 말지니라.

나 여호와가 존재함을 믿는 그 자체가 구원의 길에 들어서는 기본이요, 근본이며, 나의 새로운 성경을 가슴에 안고 정독하는 자, 반석 위에 서서 하늘에 오르는 찬란한 빛을 보게 되는 영광을 얻게 됨이니라. 진정 나를 따르고 믿는 자는 감히 사탄이나 마귀도 근접하지 못하느니라.

〈하나님 말씀〉

2002년 9월

3,384 번째 하나님 말씀

2002년 9월 17일 01시 06분

1 사랑하는 나의 아들아!
2 "네, 아버님! 말씀하옵소서."
3 마지막 시대, 추수하는 이 시대에 너
를 통하여 밤낮을 가리지 아니하고 나
의 사랑하는 백성들을 구하기 위하여
지금 열여섯 권의 법전을 기초로 하여
160권의 법전을 세상에 내려보내 나
의 만백성을 구하고자 하는 나 여호와
의 애절한 마음을 너희들은 알고 있는
가?
4 지금 하늘에 오르는 길로 가르친다는
자들과 나에게 구원을 받는다고 가르
치는 모든 종파의 지도자들이 과연 어
떠한 행위를 하고 있는지 너는 알고
있는가?
5 너희들은 모름이니라.
6 그러나 너희들은 나 여호와를 속일 수
없으며, 내 눈을 속일 수 없으며, 내가
듣는 그 귀를 속일 수 없음이니라.
7 너희들은 눈이 있어도 보지 못하며 귀
가 있어도 듣지 못하며 너희들의 욕심
이라는 것 때문에 그와 같은 우매한
삶을 살고 있으나, 너희들의 숨소리까
지도 나의 귀를 속일 수 없으며, 너희
들이 바늘귀 하나 움직이는 것까지 나
의 눈을 속일 수 없는 나 여호와가 내
려다보는 너희들의 지금의 종교 집단
의 작대기 어떠한지 알겠는가?
8 나의 순박하고 불쌍한 백성들을 내가
사랑하며 그들에게 모든 의식주를 내
려, 노력하는 만큼 저희들이 취하며
살 수 있도록 내가 내리는 그 육의 삶
에 있는 백성들이 허덕이는 그 삶 속
에서 그들에게 너희들은 어떠한 행위
로써 군림하고 있는가?
9 저희들이 깨닫지 못하여 가난과 생활
고에 시달리고 허덕이는 나의 백성들
에게 너희들은 피와 눈물로 모은 그들
의 재산을 털어 모으는 그와 같은 행
위를 지금 하고 있음이니라.
10 그들이 피와 눈물로써 어렵고 힘들게
모은 그 재물을 세 치 혓바닥으로 현
혹하여 그 재물들을 긁어모아 호화로
운 성전이라는 것을 짓고 있으며, 그
리고 누구도 생각할 수 없는, 너희들
은 거저 거두어들인 돈으로써 너희들
이 필요한 건물이라는 것을 수없이 지
어 너희 생활에 편안한 도구로 지금
사용하고 있음이니,
11 너희들은 금화와 은화를 바치는 것이
구원의 길이라고 그들을 속여 거두어
들인 재물로 얼마나 많은 죄의 온상인
그 성전과 그리고 너희들이 필요한 그
와 같은 건물들을 짓고 있는가?
12 너희들은 정녕 거짓된 자들이니라.
13 너희들은 정녕 나의 피조물 만백성의
어렵고 힘든 살림에서 그를 꾸려 가기
도 어려운 그들의 주머니를 털어 너희
들이 그 성전을 지으며, 너희들이 필
요한 그 건물들을 호화롭게 지어 너희
들이 살아가는 데 편의를 제공하도록

하며, 나의 피조물 만백성을 계속 그
곳에 끌어모아 그곳에 와 경배하고
기도하는 자만이 구원을 받는다고 그
리 현혹하여 끌어가고 있음이니, 너희
종교 지도자가 지금 어찌 가고 있는
것인지 아는가?
14 너희야말로 나의 피조물 만백성이요,
가난하고 불쌍한 나의 창조물들을 지
옥으로 인도하며 그들을 그리 끌고 가
고 있음이니,
15 너희들이 나의 피조물 만백성을 지옥
으로 인도한 그 죄에 대해 정녕 감당
키 어려운 그 무서운 벌을 받을 날이
머지않았음이니,
16 너희들이 바로 서는 그 깨달음이 없이
는 너희들이 정녕 구원의 길을 인도할
자도 못 되며, 너희들이 인도한다고
나의 피조물 만백성을 지옥으로 인도
한 그 숫자만큼 너희들은 그들이 받는
고통보다 몇백 배 더 고통스러우며 너
희 스스로 감당키 어려운 그 벌을 받
는다는 것을 잊어서는 아니 될 것이니
라.
17 지금 내가 나의 피조물 만백성을 구하
기 위하여 내리는 법전을 읽고 깨우쳐
변화되는 삶을 살지 아니하는 자는 정
녕 죽어 와서 감당키 어려운 그 죄의
벌 속에서 영원히 살아가야 함을 잊어
서는 아니 될 것이니라.

3,385 번째 하나님 말씀

2002년 9월 17일 01시 12분

1 사랑하는 나의 아들아!
2 "네, 아버님! 말씀하옵소서."
3 내가 사랑하는 너를 나의 아들이요,
선지자요, 목자라 명하고 나의 피조물
만백성을 구하기 위하여 나의 가슴을
태워 나의 성령을 네 가슴에 전함이니,
4 그를 받아 네가 지금 160권이라는 책
으로써 세상에 엮어 내어 천 년 후에
이루어지는 지상의 아름다운 낙원을
이루기 위하여 네가 그 역사의 대명을
받아 시행하고 있음이니,
5 많은 종교 지도자나 믿음에 저희 모두
를 다 바쳤다 하며 저희들이 나의 아
들 예수로 하여금 구원을 받았다고 하
는 그들이 지금 무어라 말하는가?
6 저희들에게 성령이 임하지 아니하고
아무것도 모르는 나의 아들 너에게 성
령이 임하였으니, 이는 진정한 성령이
아니고 나 여호와의 가르침도 아니고
나 여호와의 메시지가 아니며, 오로지
저희들만이 받아야 되는 것이며,
7 저희들이 받았을 때만이 나 여호와의
성령이요, 나의 메시지요, 그리고 만
백성을 구하는 구원의 빛이라고 저희
들은 말할 것이니라.
8 지금 나의 아들인 네가 받기 때문에
법전과 나의 메시지를 전하는 것을 저
희들은 지금 질투와 시기 속에서 사탄
이요, 이단이라 말할 것이며, 이를 가
지고 시시비비를 할 것이며, 옳고 그
름을 갑론을박할 것이니라.
9 그와 같이 저희들이 시시비비를 하며
갑론을박을 하며 나의 아들이 사탄이
요, 이단이요, 마지막 시대에 오는 가
짜 선지자라 그와 같이 말을 하는 것
은 저희들이 깨우치지 못한 그 욕심에
서 그리 이루어짐이니라.

10 진정한 믿음을 향하여 나의 피조물 만백성을 구원하는 자나 성경이라는 것을 깊이 깨달아 그 의미를 알고 깨우친 자라면, 나의 아들이 지금 160권을 세상에 내는 것을 가지고 시비하지 아니할 것이니라.

11 진정으로 깨우친 자라면 제 할 일만을 알아서 할 것이요, 나의 뜻에 의하여 나의 아들에게 내리는 이 영광된 기적과 그 역사에 대해 시비하지 아니할 것이니라.

12 그러나 너희들이 진정한 나의 선택된 종교 지도자로서 진정한 성경의 깊이를 모르며, 지키라는 십계명의 깊은 뜻을 지키지 아니하고 그를 알지 못하기에, 너희들은 너희 할 일만을 해야 될 것을 창조주 나의 뜻에 거역하는 행위를 하며,

13 너희들이 직접 받지 못함을 가지고 그와 같이 나의 아들에게 시시비비하며 나의 아들을 세상에 존재치 못하게 하고자 하는 것이 너희들의 본연의 마음이니,

14 그와 같은 행위를 하는 자는 진정 사탄이요, 사악한 종교 지도자로서 둔갑한 자들이며, 너희야말로 말세에 나의 이름을 팔아 만백성을 현혹케 하는 가짜 지도자임을 알아야 될 것이니라.

15 나의 법전이 어떤 형태로 세상에 내려가든, 나의 아들이 어떠한 형태로써 나의 피조물 만백성을 구원하여 하늘에 오르는 길로 인도하든 거기에 대해 시시비비를 하는 자는 정녕 진정한 종교 지도자가 아님이니라.

16 진정한 종교 지도자요, 나로부터 선택된 자요, 내가 원하는 뜻을 알며 내가 이루고자 하는 뜻을 알며 나의 뜻에 의하여 나의 명을 받아 움직이는 종교 지도자는 제 할 일만을 충실히 할 것이며, 제가 할 일을 묵묵히 할 것이니라.

17 그리하여 남의 일에 시시비비할 시간이 없으며, 남이 하는 일에 시시비비를 하지 아니하는 그와 같은 자는 진정한 종교 지도자이며, 나의 법전을 가지고 갑론을박 시시비비하는 자는 깨우침도 없는 자요, 진정한 믿음이 무엇인가를 모르는 잘못된 사악한 자이니, 그와 같은 자에게 너희들이 모두를 바쳐 구원받는 영광된 것을 버리지 말라.

18 너희들이 지금 믿고 믿지 아니함은 너희 영혼의 구원을 위하는 것이고, 영원히 사는 그 영혼을 위하여 너희들이 지금 선택된 길을 가느냐 안 가느냐 하는 것이지, 육의 삶에 의하여 너희들이 시시비비를 하는 것이 아니니라. 영혼을 구함이니라.

19 나의 법전이 세상에 나가며 나의 아들이 성령으로써 강론함을 보고 시시비비하는 그와 같은 자는 잘못된 종교 지도자이니, 너희들이 그들을 단죄할 수 있는 용기를 가져야 할 것이니 그리 알라.

3,386 번째 하나님 말씀

2002년 9월 17일 01시 22분

1 사랑하는 나의 아들아!

2 "네, 아버님! 말씀하옵소서."

3 내가 너희들에게 무어라 가르쳤던가?
4 너희들의 가장 아름다운 성전은 이 지
상이며 이 세상이라고 말하였음이니
라.
5 내가 만든 이 지구가, 이 지상이 가장
아름다운 성전이라고 내가 말하였으
며, 이보다 더 성스럽고 더 위대한 성
전은 없다고 말하였음이니라.
6 너희들은 내가 만든 이 성전에서 나에
게 기도하고 경배하며 내가 내린 계명
에 따라 살아가는 그와 같은 마음 자
세를 가짐으로써 구원의 길에 오를 수
있다고 하였음이니라.
7 그러나 너희들은 이와 같은 나의 아름
다운 지상의 성전을 생각하지 못하며,
십계명이요, 나의 율법과 계명에 따라
살아가고자 아니 하고, 잘못 가르치는
종교 지도자들이 지은 그 성전이라는
곳을 찾아가 거기에서 구원을 받고자
하는 그 순간에 너희들은 너희 발목에
쇠사슬로 만든 족쇄를 채워, 족쇄를
채운 그 쇠줄을 거짓 종교 지도자들의
손에 넘겨줌이니, 지금 너희들이 그와
같은 형국에 가고 있는 것이니라.
8 그리하여 너희들이 인간이 지은 그 성
전에 가서 '아멘!'이요, '할렐루야!' 하
며 기도하고 경배하는 그 순간에 너희
들은 너희 스스로 너희 발목에 족쇄를
채워 그 족쇄의 끈을 종교 지도자들에
게 갖다 바침이니,
9 그리하여 너희 스스로 노예가 되어서
살고자 하는 것이 지금 너희들이 가고
있는 믿음의 형국이라는 것을 알겠는
가?
10 너희 스스로 너희 발목에 족쇄를 채워
그들이 끄는 대로 끌려가는 형국으로
써 너희 스스로 자초한 그와 같은 형
국이 너희들이 나의 지상의 낙원에서
기도하고 경배하며 계명대로 살아가
고자 아니 하고, 너희 인간의 손으로
지은 그 성전에 가서 구원을 받고자
찾아가는 자의 형태이니라.
11 그리하여 지금 거짓 선지자요, 거짓
종교 지도자요, 잘못 가르치는 그들은
그 끈을 잡는 순간 그 끈을 이끌고 너
희들에게 재물이요, 금화를 거두어들
여 마음껏 저희들의 육의 삶에 너희들
을 우롱하며 이용하다 너희들을 지옥
으로 끌고 가는 것이니라.
12 그와 같이 너희 스스로 지옥 불로 끌
려가고자 선택한 것이 너희들의 지금
의 믿음이요, 너희들이 지금 구원을
받는다는 그 신앙 속에 가서 허덕이는
모습은 그와 같은 형국으로써 너희들
이 자초하여 만든 결과임을 알아야 될
것이니라.
13 순박한 나의 백성들로부터 그들의 몸
과 마음의 자유를 송두리째 빼앗아 간
자들이니, 그와 같은 자들이 거짓 위
장된 종교 지도자임을 너희들은 알아
야 될 것이니라.
14 아무것도 모르고 가난하고 순박하며
어렵게 살아가는 나의 백성들로부터
몸과 마음의 모든 자유와 행복까지 빼
앗아 간 자들이 진정 거짓된 종교 지
도자요, 위선자라는 것을 너희들은 알
아야 될 것이니라.
15 그리고 그들은 너희들에게 무어라 말
하는가?
16 재물을 바치고 광란의 기도를 드리면

너희들이 나에게 바친 것만큼, 저희들
이 지은 성전에 와서, 종교 지도자의
성전에 와서 바친 것만큼 구원의 축복
을 받는다는 그 허황된 거짓말로 나의
백성들의 자제력을 잃게 하며 욕심에
부채질하여, 그들이 수천 년 동안 막
대한 금화와 은화를 너희들이 성전이
라 하는 곳에 바쳐 왔음이니, 그 성전
이 바로 무엇이더냐?
17 모든 나의 피조물 만백성의 죄의 온상
이 이루어진 그와 같은 곳이니라.
18 그리고 너희들은 '나에게 바쳐라. 나
의 설교를 들어라. 나의 교리를 따라
라. 그리고 너희들은 나를 심판할 수
없으며, 오로지 창조주밖에 나를 심판
할 수 없다.'는 그와 같은 허망한 굴레
로써 나의 피조물 만백성을 지금 이끌
어 가고 있음이니라.
19 그리하여 저희들의 삶에도 가난하고
힘들고 어려운 자, 사업이라는 것을
하다가 도산한 자, 가정이 파괴된 자,
세상을 비관하며 의지할 곳 없는 자,
그리고 모든 인간을 원망하며 나 여호
와를 원망하며 나 여호와가 존재하는
것 자체도 믿지 아니하는 인간들, 그
와 같은 나의 백성들을 인도하고 깨우
치는 것이 종교 지도자의 본분이고 임
무이며 그들이 바른 삶을 살 수 있도
록 그들을 인도하며 바로잡아 주는 것
이 종교 지도자이거늘,
20 너희들은 그와 같은 자들은 바라보지
아니하고 그와 같은 자들은 챙겨 보살
피지 아니하며, 다만 너희들이 많은
신도들과 큰 성전을 이루는 데만 급급
하고 있음이니,
21 가진 자에게 아부하는 자와 같은 종교
지도자의 형태로 변하여져 있음이니
라.
22 그리하여 너희들은 많은 재물을 거두
어들이느니라.
23 그리고 재물을 많이 거두어들인 자,
재물을 많이 바치는 광신의 신도를 많
이 데리고 있는 자, 그리고 웅대한 성
전이라 하여 궁궐보다도 훌륭하게 지
은 그와 같은 자를 종교 지도자로서
성공한 자라 그리 말함이니,
24 너희들은 이 지구가 아름다운 하나님
의 성전이라는 것을 먼저 알아야 될
것이며, 그와 같은 집단 속에 가서 몸
담고 있는 자 중에 스스로 그를 버리
고 그곳에서 뛰쳐나와 새로운 구원의
빛인 나의 법전을 보는 그와 같은 영
광을 얻는 자만이 구원을 얻을 수 있
음을 잊지 말라.

3,387 번째 하나님 말씀

2002년 9월 17일 01시 38분

1 사랑하는 나의 아들아!
2 "네, 아버님! 말씀하옵소서."
3 어리고 착한 나의 백성들을 구원하고
자 하는 각종 종파의 종교 지도자는
어찌 살아가야 하는지 알겠는가?
4 "네, 아버님! 알고 있사옵나이다.
5 제가 아버님의 말씀을 받아 160권의
법전을 쓰기 위해서 저 자신의 모두를
다 버려야만 된다는 것을 깨달았사옵
나이다. 그리고 그리 실천하여 가고
있사옵나이다."
6 나의 아들아!

7 "네, 아버님!"
8 그러하니라.
9 영원히 사는 그 구원의 길로 인도한다
는 종교 지도자는 자기 자신을 버리
지 아니하면 어떠한 길도 갈 수 없음
이니, 저 자신을 먼저 버리는 것이 소
중하고 중요함을 알아야 될 것이니라.
10 저 자신을 먼저 버리고, 저희들의 집
단이나 인류 전체를 위하여 생각하며
인류 전체를 위하여 깨우침을 가르치
는 것이 종교 지도자의 가르침이요,
그들이 가야 하는 길인 것이니라.
11 그러나 지금의 작고 큰 모든 종파의
종교 지도자라 하여 가는 그들의 형태
는 어떠하던가?
12 정녕 나에게 오르고자 갈구하는 백성
들의 믿음의 형태로써 그들이 지금 구
원의 길로 인도할 수 있다 생각하는가?
13 과연 그들은 나의 피조물 만백성을 하
늘로 인도하여 천국의 문을 열게 한다
하면서 어떠한 생각을 하고 어떻게 가
르치는 자들인가?
14 그들은 개인적인 것을 먼저 생각하며,
작고 큰 모든 종교 집단이 이기주의이
며, 인류를 먼저 생각하기 전에 자신
들의 집단에 소속해 있는 자만을 생각
하며, 그들하고만 화합하며, 같은 믿
음의 집단에 소속되지 아니한 자는 저
희들의 형제요, 부모까지도 경원시하
며 적대시하는 풍토의 흐름에 지금 있
음이니,
15 그와 같은 자들이 이웃을 알며, 집단
의 소속을 위해서 노력하며, 저희들과
관계없는 모든 나의 백성, 인류를 위
하여 봉사하고 희생하는 마음으로 살
아가는가?
16 지금 종교 지도자들이 지금의 저희들
의 집단을 위해서만 생각하며 그 속에
서만 화합하며 살아가는 그와 같은 생
활의 믿음에서 그 의식을 전환하지 아
니한다면, 그들은 나의 피조물 만백성
을 구할 자격이 없는 자들이며, 구원
의 길을 인도할 자격이 없는 자들이니
라.
17 오로지 만백성을 위하여 저희 모두를
다 바치며 그들을 바로 깨우쳐 주는
그와 같은 가르침 속에서 개인을 버리
며 소수의 집단의 길을 열어 주며, 그
리고 모든 인류가 참길을 갈 수 있도
록, 모두 남을 위하여 살아갈 수 있는
그와 같은 자세의 전환을 위하여 가르
치고 깨우치는 것이 종교 지도자들이
가야 하는 길이니라.
18 그러니 모든 종교 지도자들이 지금의
믿음에서 180도 반대 방향으로 돌아
보는 그와 같은 의식 전환이 없이는
아니 되느니라.
19 지금의 종교 집단은 나 여호와의 생각
과는 아무 관계도 없는 그와 같은 위
치에서 나의 뜻을 거역하며 반대 방향
의 믿음으로 향하여 달려가고 있는 형
태이니라.
20 앞으로 좀 더 그 뿌리가 내려지며 세
월이 지남으로 인하여 너희들은 창조
주인 나 여호와 자체도 부정할 것이며
그를 인정하지 아니하는 그와 같은 사
악한 종교 집단으로 전락하는 것이 머
지않았으니,
21 그리 전락되었을 때 나의 피조물 만백
성을 구원할 길이 없어, 내가 제3의

시대를 열어 너희들에게 행하여 살 것
과 행하여 구원받을 것과 행하여 천국
의 문에 들어설 수 있는 것을 강력히
깨우쳐 주며 길을 인도하고 있음이니,
22 이 법전을 읽고도 깨우치지 못하는
자, 너희들의 그 어리석음으로 인해
영원히 지옥 불에 와 너희들이 지은
죄의 벌을 받으면서 그 고통과 후회의
눈물은 감히 상상할 수 없을 것임을
알라.

3,388 번째 하나님 말씀

2002년 9월 17일 01시 44분

1 사랑하는 나의 아들아!
2 "네, 아버님! 말씀하옵소서."
3 나의 피조물 만백성이 얼마나 어리석
고 우매하던가?
4 이 세상의 모든 자연의 동식물과 그
모두는 너희들이 취하며 살아갈 수 있
도록 너희들을 위하여 내린 것이라 말
하였거늘,
5 너희들 중에 그와 같은 동식물을 우상
으로 섬기는 자가 있는가 하면, 또 짐
승을 우상으로 섬기는 자 있으며, 나
는 새를 우상으로 섬기는 백성이 있느
니라.
6 그런가 하면 소라는 동물을 신성시하
여 저희들이 굶주려도 소라는 동물을
양식으로 삼아 그 굶주린 배를 채워
해결하며 살아가지 아니하는 그와 같
은 민족을 보고 너희들은 이해하지 못
할 것이며 어리석은 백성이라 그리 생
각할 것이니라.
7 그리고 그들의 생활 풍습을 또한 너희
들은 더욱 이해하기 어려운 그와 같은
의문점을 가지고 살아가는 것이며, 그
들이 모자라는 민족이라 생각하는 자
도 수없이 있을 것이니라.
8 그러나 너희들은 그들을 우매하고 부
족한 백성이라 말하기 전에, 내가 만
든 나의 아름다운 이 지상의 성전에서
너희들이 스스로 나의 십계명을 지키
며 기도하고 경배하면 너희들은 구원
의 길을 볼 것이며 구원을 받게 될 것
이거늘,
9 너희가 스스로 만든 성전에 가서 기도
하고 재물을 수없이 바치는 그와 같은
길만이 구원의 길이라 하여 그리 가르
치는 것을 내가 보기에는, 너희들이
소라는 동물을 신성시하여 굶주리면
서도 양식으로 쓰지 않는 백성을 어리
석고 우매하다는 것보다 너희가 더 우
매하고 어리석은 백성이라는 것이 너
희들을 내려다보고 있는 나의 생각임
을 너희들은 알겠는가?
10 구원의 길이 아닌 지옥의 길로 가는
믿음의 형태가 바로 너희들이 지금 가
고 있는 그 믿음이니라.
11 내가 만든 이 지상의 성전에서 기도하
고 경배하면 구원을 받는다 그리 말하
였거늘, 그 이치 하나도 깨우치지 못
하는 너희들이야말로 내가 창조하여
너희들에게 먹고살라 하여 내려 준 모
든 것을 우상화하고 신성시하여 기도
하는 그 백성보다 더 어리석고 불쌍한
자들임을 알아야 될 것이니라.
12 내가 이룬 성전인 자연의 아름다움 속
에서 너희들이 계명을 지키며 나에게
기도하고 깨우치면 하늘에 오르는 길

을 볼 수 있다 하였거늘,
13 너희들을 구원한다, 그리고 천국의 문
에 인도한다 하여 나의 어리고 불쌍한
백성들이 굶주리며 모은 재산을 갈취
하며, 저희들이 지은 죄의 온상인 그
성전에 가서 기도하고 경배하는 것만
이 구원을 받는다 그리 생각하는 그
신도라는 백성들이요, 그리고 순박한
나의 백성들에게 이방인이요, 이단이
라 그리 말하는 너희들이 소라는 동물
을 굶주리면서도 양식으로 쓰지 아니
하는 이상한 민족이라며 바라보는 그
들보다도 더 어리석고 이상한 백성들
임을 알아야 될 것이니,
14 나 여호와가 내려다보기는 너희들이
더 이상하며 더 어리석은 백성임을 알
아야 될 것이니라.

3,389 번째 하나님 말씀

2002년 9월 17일 08시 24분

1 사랑하는 나의 아들아!
2 "네, 아버님! 말씀하옵소서."
3 너희들의 모든 믿음이요, 종교 집단의
그 잘못된 가르침이 세상에 들어오기
전에, 너희들은 너희 자신의 머리카락
하나요, 피 한 방울이요, 살점 하나도
너희들 것이 아니라 부모로부터 받은
것이라 하여 그를 함부로 생각하지 아
니하였으며, 그를 소중히 생각하는 그
와 같은 효성스런 나의 백성들로서 성
장하여 왔음이니라.
4 머리카락 하나라도 부모로부터 받은
것이니 너희 임의로 소홀히 할 수 없
다는 그와 같은 깨달음이요, 그와 같
은 마음 자세로 살아왔음이니,
5 너희들이 순수하게 나 여호와가 존재
함이며 나로부터 생명을 받아 나갔다
는 것을 그대로 잘 깨우쳤다면 과연
너희들이 나를 경배하며 나를 따르는
마음 자세가 어떠하겠는가?
6 그와 같이 순박하고 아름다웠던 나의
백성들이 너희들의 종교요, 믿음의 가
르침이라는 것이 이 세상에 들어와 뿌
리를 내림으로 인하여 몇천 년 역사가
흐른 지금에 와서는 어찌 되었는가?
7 머리카락 하나, 발톱 하나, 피 한 방
울, 살 한 점도 낳아 준 부모 것이라
하여 그 소중함을 하늘과 같이 알던
그 백성의 후손들이 지금은 어찌 되었
는가?
8 부모가 말을 하여도 그 부모의 말을
듣지 아니하며, 저희들을 낳아 주고
길러 준 그 부모에게, 저희들은 부모
의 즐거움으로 세상에 태어났으니 저
희를 책임지라는 그와 같은 형국으로
변하여졌으며,
9 아무리 부모가 자식을 관리하고 깨우
치고자 하여도 어린아이들까지도 부
모의 말을 거역하며 그를 따르지 아니
하는 이와 같은 험악한 시대가 되었음
이니,
10 이 책임이 과연 누구에게 있다 생각하
는가?
11 이 책임은 지금의 가장 큰 집단인 종
교 집단 너희들이 잘못 가르치며 말로
는 사랑을 베푼다 하나 행함이 그리하
지 아니함에 있으니,
12 그것이 바로 너희들의 가장 큰 죄임을
알아야 될 것이며, 너희들의 책임이라

는 말에 너희들은 변명 한마디도 해서는 아니 되는 것을 알아야 될 것이니라.
13 내가 나의 아들을 통하여 책에 기록하여 전하지 아니하였던가?
14 너희들은 노인의 잔치요, 행사에 가서도 젊은 종교 지도자가 '아멘!'이요, '할렐루야!'를 찾고 나서 상석에 앉아 그 노인을 제쳐 놓고 대우를 받는다 하였으니,
15 그 한 가지만 가지고 깨우친다 해도 너희들이 그와 같이 아이들이 부모의 말을 듣지 아니하며 어른의 말을 듣지 아니하는 이와 같은 형국으로 만들어 놓은 것이 그것이니라.
16 말로는 노인을 공경하라 하면서 너희 종교 지도자는 노인보다도 더 위대한 자라 하여 더 상석에 앉아 더 높은 대우를 받는 그와 같은 형국으로 몇천 년 동안 흘러왔으니,
17 그걸 보고 자란 아이들의 심성을 너희들이 그리 뒤틀리게 만들어 놓았음이니, 이게 바로 너희들의 죄의 형국이니라.
18 그리고 너희들의 종교 집단이 세상에 들어와 너희들이 나의 십계명대로 가르치고 제대로 가르쳤다 하면,
19 자기의 머리털이요, 손톱, 발톱까지도 부모 것이라 하여 함부로 하지 못하던 나의 착하고 어리던 백성들에게 나 여호와로부터 영혼의 생명을 받아 간 것을 그대로 가르쳤다면,
20 그들은 지금 얼마나 아름답고 선한 모습으로 나를 경배하며 나를 두려워하며 내가 존재함을 알고 살겠는가?
21 그 모두를 다 망가트린 것이 너희들이며 무너트린 것이 너희들이니, 인간의 모든 관계를 다 파괴한 것이 너희들이니라.
22 그리하여 이 세상의 모든 동식물을 내가 가꾸고 먹고살라 하는 것 외에 너희들에게 먹지 말라는 것까지 건강에 좋다 하여 다 먹는 그와 같은 흉악한 환경 파괴범과 같이, 나의 백성들의 순진하고 아름다운 그 마음을 다 망가트리고 파괴한 그 원흉이 너희들이니, 여기에 너희들 자신이 책임을 져야 될 것이니라.
23 그리하여 너희들의 지금과 같은 방법으로써는 더 이상 나의 백성들을 구원할 수가 없으니, 자식이 부모의 말을 듣지 않는 것은 고사하고 부모에게 대드는 그와 같은 험악한 꼴이 더 이상 생기기 전에 그를 바로잡고자 하니,
24 내가 내려가 너희들을 통제한다 해도 너희들이 내 말을 믿고 나를 따르지 아니할 것이며, 나의 아들 예수가 내려가 너희들을 다스리고자 재림하였다 해도 그를 듣지 아니하고 그를 더 사악한 방법으로 너희들이 제거할 것이니,
25 오로지 너희들을 구원할 수 있는 것은 너희들이 태워도 찢어도 버려도 존재하는 나의 법전이요, 책으로써 너희들을 구원하는 길밖에 없음이니,
26 그리하여 지금 나의 아들을 통하여 160권이라는 법전의 장서를 써서 세상에 내려보낸다는 이 나의 애절하고 간곡한 부탁을 너희들이 저버려서는 아니 될 것이니 그리 알라.

3,390 번째 하나님 말씀

2002년 9월 17일 08시 36분

1 사랑하는 나의 아들아!
2 "네, 아버님! 말씀하옵소서."
3 정녕 하늘에 오르고자 하며 구원의 길
을 보고 하늘에 오르는 길을 향하여
달려오는 너희들의 믿음의 자세는 모
두를 다 가슴에 안으며 세상사의 모두
를 다 소중히 여기는 그 마음의 바탕
속에서 너희들이 진정한 하늘에 오르
는 빛을 볼 수 있는 것임을 알아야 될
것이니라.
4 가장 어리석은 자요, 가장 하늘에 오
르는 길을 저버리며 하늘에 오르는 길
을 보지 못하는 자들은 저희들이 가고
있는 길만이 옳은 길이요, 저희들이
믿는 그 믿음만이 옳다고 고집스럽게
주장하며, 이웃의 믿음이요, 남들이
가고 있는 행함을 바라보지 아니하고,
오로지 제 것만이 위대하다 하여 손에
꽉 쥐고 놓을 줄 모르며 외곬의 길을
가는 자이니,
5 그와 같은 믿음의 길을 가는 자는 구
원의 길을 보지 못하며, 그것은 구원
의 길이 아님을 너희들은 알아야 될
것이니라.
6 나 여호와가 만백성을 구하는 길은 너
희들이 세상사의 육의 삶의 모든 것을
체험하며 깨닫는 그 속에서 높은 지식
과 상식을 얻어 질서에 어긋나지 않는
행위를 할 수 있는 그 마음의 다스림
으로부터 이웃 것을 보고 남의 것을
보고 연구하고 깨우쳐 폭넓은 그 속에
서 무엇인가 진리를 알게 되는 것을
알아야 될 것이니라.
7 그러나 지금 너희들은 어찌하는가?
8 그저 제 것만이 소중하다 하여 손에
꽉 쥐고 놓지 아니하며, 제 가슴속에
깊이 끌어안고 놓을 줄 모르며, 바라
볼 줄 모르며, 남들과 견주어 생각할
수 없는 그와 같은 외골수의 믿음으로
가는 자가 가장 어리석고 불쌍함을 너
희들은 알아야 될 것이니라.
9 내가 말하지 아니하였느냐?
10 열 명도 안 되는 종교 집단에서 저희
들만이 구원을 받으며, 오로지 그 길
만이 하늘에 오르는 길이요, 저희들의
지도자만이 나로부터 선택된 자요, 저
희들이 기도하는 그곳에 오는 자만이
구원을 받는다 그리 말하니, 수십억의
인구를 놓고 저희 자신을 모르는 그와
같은 어리석은 믿음이 바로 무엇이더
냐?
11 저희들밖에 모르는 외골수의 믿음이
니라.
12 그 고집 때문에 너희들이 하늘에 오르
는 길을 모름을 알라.
13 너희들은 직접 몸소 체험하여 육의 삶
에서 살아가면서 얻은 살아 있는 그
지식 속에서 진정한 구원의 길을 볼
수 있음이니,
14 이 세상 모두를 다 사랑하며 연구하고
너희들이 직접 체험하는 속에서 깨닫
게 되어 있는 것이 하늘에 오르는 길
이요, 참진리의 빛을 볼 수 있는 것이
니라.
15 그리하여 너희들이 세상 속에 들어가
체험하고 깨우치는 그 모든 살아 있는
지식과 생활 속에서 너희들이 변화를

얻을 수 있는 것이니라.
16 오로시 한 줄을 잡고 그 길만이 구원
에 오르는 길이라 하여, 그 줄이 썩어
있는지, 상해 있는지, 중간에 끊어지
고 있는지, 그것도 모르는 그와 같은
고집스러운 자가 정녕 어리석은 자이
니,
17 너희들이 체험으로써 직접 깨닫고 느
낀 그중에서 진정한 믿음을 선택하는
현명함을 아는 자만이 참진리의 길을
볼 수 있으며 구원의 길을 볼 수 있음
이니 그리 알라.
18 이 세상 모두는 다 내가 창조했다 너
희들이 말하며 세상에 필요로 하여 내
가 다 내보내는 것이라 말함이니, 너
희들이 세상사의 모든 것을 직접 체험
하고 깨닫는 그 속에서 얻을 때, 너희
들은 외곬으로 가는 사람보다 구원의
진정한 참빛을 볼 수 있다는 것을 잊
지 말라.
19 너희들은 세상을 넓게 보며, 모두를
접하며, 모두를 다 사랑하며, 모두가
다 나 여호와의 뜻에 의해 세상에 나
온 것이라 하여 너희 것으로 만들고
깨달음을 얻는 그 속에서 진정한 나
여호와의 뜻을 바라볼 수 있다는 것을
잊지 말라.

3,391 번째 하나님 말씀

2002년 9월 17일 08시 40분

1 사랑하는 나의 아들아!
2 너희들이 세상에 태어날 때 영혼은 나
로부터 받아 세상에 나가며 육은 부모
로부터 받음이니, 너희의 믿음에 있어
서 너희들의 육의 삶만이 진정한 삶이
아니요, 육의 삶으로써 너희들의 영혼
을 구원하는 그와 같은 영원히 사는
영혼의 세상이 있음을 너희들은 알아
야 될 것이니라.
3 육의 삶의 부귀영화만을 위하여 노력
하는 자가 아니라, 영혼의 구원에 관
하여 깨닫고 그 길을 위하여 살아가는
자만이 아름다운 승자의 삶을 살았다
말할 수 있음이니라.
4 너희들이 영혼을 구원하는 데 있어서
는 한 번의 실수가 있어도 아니 되며,
한 치의 소홀함도 있어서는 아니 됨이
니라.
5 영혼을 구하는 소중함을 너희들이 안
다면, 영혼을 구하는 그 믿음에 대하
여 너희들이 얼마나 신중히 생각해야
되며, 어렵게 생각하며 소중히 생각해
야 되는가를 깨달아야 할 것이니라.
6 한 치의 소홀함이 있어서는 아니 되느
니, 잘못 가르치는 종교 지도자들에
의하여 너희들이 지배당하는 믿음이
아니라, 지금의 너희들 자신으로서 자
신을 깨우치며 자신이 주인이 되어 자
신을 선택하는 그와 같은 용기 있는
믿음으로써 가야만 될 것이니라.
7 지금 너희들이 믿음이라는 그 길을 가
고 있는 형국이 과연 어떠하던가?
8 너희들은 너희들 자신이 종교 지도자
라는 자들에게 지배당하며 그들이 끄
는 곳으로 따라감이니, 너희들 자신이
주인이 되어 자신이 선택하는 그와 같
은 용기가 없음이니라.
9 그리하여 이제는 너희들이 믿음에 있
어서 구원을 받는 것은 너희들 자신이

라는 것을 알아, 자신이 주인이 되어
진정한 용기 있는 자가 하늘에 오르
는 길을 보게 됨이라 그리 내가 너희
들에게 다시 깨우쳐 주니 그리 알라.
10 자신을 자기가 선택하는 용기, 그러한
깨달음이 없이는 너희들은 구원의 길
을 볼 수가 없음이니라.
11 지금 나의 피조물 만백성 너희들은 잘
못 가르치는 지도자의 그 간악한 방법
에 의하여 너희들의 의지를 상실한 상
태에서 그저 끌려가는 믿음을 가고 있
음이니, 그게 바로 무엇이냐?
12 죽음의 길로 너희들이 끌려가고 있음
을 알아야 할 것이니라.
13 이제 너희들 자신이 체험하며 자신이
주인이라는 그 당당한 의식 아래 너희
들이 선택하는 그 믿음을 바로 보고
바로 선택해야 될 것이니라.
14 이를 위하여 내가 너희들에게 말하였
듯이, 육의 삶의 많은 체험과 세상의
모든 것을 다 사랑하여 가슴으로 안는
그 속에서 너희들이 진정한 진리의 경
지를 하나씩 하나씩 깨닫게 됨이니,
그게 바로 하늘에 오르는 계단을 오르
는 것임을 알라.
15 자신이 주인이 되는 그 믿음을 가라.
16 자신을 팽개치며, 자신의 의지를 버리
며, 남이 이끌어 가는 대로 가는 그 믿
음 생활은 그 잘못 가는 지도자를 선
택하는 그 순간에 너희들은 구원이 아
닌 지옥으로 감을 알라.
17 이제 나의 법전을 세상에 내려보내니,
너희들 자신이 나의 법전을 선택하여
스스로 읽고 깨우쳐 그 속에 구원의
빛이 있는지 없는지를 너희 스스로 평
가하고 판단하라 함이니,
18 나의 법전의 뚜껑을 여는 것도 두려워
하며 나의 법전을 보지 못하게 말리는
그와 같은 우매한 종교 지도자들에게
너희들의 인생을 맡기는 그와 같은 불
행한 일을 행하지 말도록 그리하라.

3,392 번째 하나님 말씀

2002년 9월 17일 08시 45분

1 사랑하는 나의 아들아!
2 "네, 아버님! 말씀하옵소서."
3 믿음이라는 그 길을 가는 것은 자신의
형제와 부모와 이웃과 또 남들에게 피
해를 준다거나 그들에게 마음의 상처
를 준다거나 남들로부터 눈살을 찌푸
리게 하는 그와 같은 삶을 살아가는
것이 아니며 그와 같이 가르치는 것이
아니니라.
4 전체 사회의 모든 인간들에게 도움이
되지 않는다면 이는 진정한 나 여호와
의 뜻에 의하여 만백성을 하늘로 인도
하는 지도자의 가르침이 아님을 너희
들은 알아야 될 것이니라.
5 그리고 그와 같이 살아가는 백성은 나
로부터 선택된 백성이 아님이니, 진정
선택된 백성이요, 지도자는 나의 뜻에
따라 이웃을 사랑하며, 형제를 사랑하
며, 이 지상에 존재하는 모든 백성들
을 사랑하며, 모두를 다 사랑하는 그
와 같은 마음이요,
6 그들에게 살아감에 도움이 되며 그들
이 존재하는 데 도움의 역할을 하도록
가르치는 그와 같은 자가 나로부터 선
택된 종교 지도자요, 나의 백성임을

알아야 될 것이니라.
7 그와 같지 아니한 자는 정녕 나로부터
선택된 종교 지도자가 아님을 너희들
은 알아야 될 것이니라.
8 또한, 믿음을 가르치는 종교 지도자는
저희들이 가르치는 신도들을 그 사람
의 교육 수준이요, 또한 신도가 가지
고 있는 재산이요, 나의 백성들이 가
지고 있는 가정환경이요, 그가 가지고
있는 직업의 직위에 따라서 그들의 가
치를 매기며 점수를 따져 그들을 사랑
하고 미워함에 그를 적용한다면, 정녕
그는 진정한 종교 지도자가 아님을
알아야 될 것이니라.
9 그와 같은 외형적인 것으로써 가치를
따지는 것이 아니라, 나 여호와의 뜻
을 거역하지 아니하고 나의 뜻에 따라
살아가는지, 그리고 진정 계명을 지키
고자 노력하는지, 그리고 원초적인 마
음의 심성을 가지고 살아가는지, 그것
을 보고 너희들이 나로부터 선택된 백
성이요, 진정한 나의 백성인가 아닌가
를 너희들의 그 믿음의 진실 여부를
보는 자가 정녕 종교 지도자이니, 너
희들은 이를 알아야 될 것이니라.
10 너희들이 그가 가진 외형적인 것이요,
그가 가진 재물이요, 그가 가진 교육
수준이요, 그가 살아가는 모든 환경을
가지고 나의 피조물 만백성을 평가하
는 종교 지도자가 된다면, 그와 같이
평가하고 가르치는 종교 지도자는 정
녕 나와는 아무런 관계도 없는 자이
며,
11 그와 같은 자의 밑에 가서 너희들이
천날 만날 기도하고 경배하며 그를 따
른다 해도 너희들은 눈먼 자가 눈먼
자를 인도하여 구렁텅이로 빠지는 그
와 같은 형국에서 벗어나지 못하는 것
이라 내가 깨우쳤음이니, 이와 같이
가르치는 나의 뜻에 거역하는 자가 없
도록 그리하여야 될 것이니라.
12 너희들이 잡고 있는 그 줄만이 하늘에
오르는 길이라 하여 그를 놓지 못하
고, 이웃의 단단하고 구원을 받을 수
있는 그 계단을 오르지 아니하며, 오
로지 그저 썩어 가는 동아줄 하나를
잡고 그것이 구원의 길이라 하여 손에
서 놓을 줄 모르며, 너희들이 그를 빼
앗는 자를 적대시하며 그를 공격하여
죽일 것 같은 사악한 마음으로 감이
니, 그러고도 너희들이 어찌 구원을
받을 수 있다 생각하는가?
13 썩어 가는 동아줄을 잡고 하늘에 오르
는 밧줄이라 하여 매달리는 그 옹고집
의 삶에서 벗어나지 못한다면, 너희들
은 결과가 무엇인가를 알게 될 것이니
라.
14 이 세상 모두를 체험하는 넓은 마음
자세로, 세상을 다 가슴에 안는 넓은
마음으로써 변화되지 아니하고 너희
들의 가슴을 열지 아니한다면 너희들
은 정녕 구원의 길을 볼 수 없음을 알
아야 할 것이니라.

3,393 번째 하나님 말씀

2002년 9월 17일 08시 48분

1 사랑하는 나의 아들아!
2 "네, 아버님! 말씀하옵소서."
3 진정한 종교 지도자는 나 여호와가 추

구하고자 하는 그 미래의 뜻을 아는
자이니, 그와 같지 않은 자는 나의 백
성들이 말 한마디 하는 그 음성 속에
서 그가 무엇을 생각하고 있는지, 그
가 어떤 마음 자세인지 그를 다 들여
다볼 수 있다 하였음이니라.
4 지금 나의 선지자는 너희들이 말 한마
디 던지는 그 음성을 듣고 너희들의
마음을 다 읽느니라.
5 깨우치지 못하면서 깨우친 것같이 행
하는 자, 마음을 비우지 못하면서 마
음을 비운 체하는 자, 이와 같이 하는
너희들의 음성을 듣고 다 알면서도 그
를 아름다운 쪽으로 생각하며 아름다
운 쪽으로 받아들여야 되는 나의 아들
의 그 가슴 아픈 마음을 너희들은 아
는가?
6 그것을 알면서도 지적하지 아니하고
그가 변하기를 바라면서 그의 모두를
다 사랑하며 아름답게 받아들이며 그
를 이끌어 가고자 하는 나의 아들의
그 어려운 마음의 자세를 너희들은 아
는가?
7 너희들은 알아야 될 것이니라.
8 지도자의 마음이요, 지도자의 음성이
라는 것이 무엇이더냐?
9 지도자가 진실로 깨우치지 아니하고
진심으로 너희들을 가르치지 아니하
며 밝은 곳과 어두운 곳에서 하는 행
동이 다르며 진정한 나의 율법대로 살
아가지 아니하며 거짓 행위를 할 때,
10 그 지도자의 입에서 나오는 그 말을
듣는 것은 너희들 제자 또한 공허함을
느낄 것이며, 진심으로 너희들 가슴에
와 닿지 아니함을 알아야 될 것이니라.
11 이제 나의 법전을 읽고 공부하며 깨우
친 너의 제자들 또한 그와 같이 판단
함의 느낌을 알 수 있는 경지에 올랐
음이니,
12 너희들이 지도자의 음성을 들을 때나
상대방이 말을 할 때 그 말이 진실한
말이 아니면 너희들의 귀를 스쳐 가는
공허한 말로써 들림이니, 이와 같은
이치의 깨달음을 너희들이 지금서부
터 훈련에 들어가도록 하라.
13 그리하면 누가 와서 무엇을 말하든 어
떤 자가 무엇을 말하든, 그가 말하는
것이 위선인지 진실인지를 너희들이
알게 될 것이니, 이를 명심하여 행하
도록 하며, 너희들이 깨우침을 얻어
한 단계 경지에 오르는 그 역사를 이
루도록 그리하라.
14 그리하면 너희들이 사탄이요, 이단이
요, 참진리요, 진정한 지도자가 누구
인가를 알게 될 것이니라.

3,394 번째 하나님 말씀

2002년 9월 17일 09시 32분

1 사랑하는 나의 아들아!
2 "네, 아버님! 말씀하옵소서."
3 나의 피조물 만백성을 구원의 길로 인
도하는 그 자격을 갖춘 진정한 종교
지도자는 자신의 마음을 속이지 않고,
자기 자신을 다스릴 수 있고, 자기 자
신의 마음에 한 점의 부끄러움이 없는
그와 같은 생활과, 그가 행동하고 말
하는 그 모두가 일치함으로써 자신의
잘못을 스스로 반성하고 깨달으며, 그
와 같이 점검하며 살아가는 자가 정녕

진정한 지도자이니라.
4 언행일치의 행동은 바른지, 실행되는
지, 그리고 자기 자신을 속이며 살아
가는 것은 없는지, 이중적인 언행과
생활은 정녕 하지 아니하고 있는지,
항상 자기 자신을 깨달아 보고 반성하
여 고쳐 나가는 그와 같은 용기가 있
는 자가 진정 만백성을 구하는 지도자
요, 그리하여 타의 모범이 되는 자세
로 살아가야 함을 너희들은 알아야 할
것이니라.
5 그와 같은 삶을 살지 못하는 자는 정
녕 종교 지도자로서 나의 피조물 만백
성을 구원한다 하여 저희들이 강론하
고 교리를 가르칠 자격이 없음을 너희
들은 알아야 될 것이니라.
6 그리고 나 여호와가 존재함을 알며,
나를 알고 있으며, 나 여호와가 세상
을 지배하며, 만백성을 구하고자 하
며, 너희들이 죽어 와 나로부터 심판
을 받는다는 것을 진정 믿고 그를 인
정하는 종교 지도자는 그가 아무리 어
렵고 힘든 삶에 부딪친다 해도, 그리
고 도저히 넘을 수 없는 고비의 장애
와 역경이 닥친다 해도 그를 이겨 낼
수 있는 용기와,
7 그에 두려워하여 그 자신이 무너지는
추한 방법들과 결탁하지 아니하며, 자
신을 잃는 그와 같은 사악한 악의 씨
가 자신의 몸에서 일어날 수 없도록
자신의 힘으로써 자신의 마음속에 있
는 사악한 씨앗을 물리치는 그와 같은
삶을 살지 못한다면,
8 그들은 천국의 문을 들어서는 것은 감
히 상상할 수도 없음이니, 저 자신이
구원의 길에 들어서지 못하는 자가 어
찌 남을 인도하여 나 여호와의 고유의
권한인 천국의 문에 들어설 수 있도록
인도한다 그리 말하는가?
9 그들은 천국의 문 그 자체도 바라보지
못하게 될 것이며, 그와 같은 문이 어
디에 있는지조차도 모르며, 스스로 저
희들이 지은 죄에 대한 대가를 받게
되어 있음을 알아야 될 것이니라.
10 그러나 지금의 종교 지도자들이 이끌
어 가는 방법은 어떠하며, 나의 피조
물 만백성을 구원한다는 지도자의 자
세가 어떠하던가?
11 그들은 정녕 나를 향하여 한 점의 부
끄러움 없는 삶을 위하여 어렵고 힘든
인내와 고통의 세월을 살아가고 반성
과 회개로써 나에게 경배하며 깨우쳐
스스로 전진하는 그와 같은 삶을 사는
가?
12 지금의 종교 집단의 모든 지도자들이
과연 어떠하다 생각하는가?
13 저희 스스로 잘못 가고 잘못 가르치는
것을 알면서도 그 길을 중단하지 아니
하며, 회개와 반성을 하지 아니하는
자는 과연 없는가?
14 저희 스스로 정녕 자신은 인간을 하늘
에 오르는 길로 인도할 자격이 없는
자라는 걸 알고 있지는 아니한가, 그
리고 자신은 인도할 능력이 없다는 것
을 스스로 깨닫고 있지는 아니한가?
15 그러하면서도 그들이 그 길을 계속 그
저 인간의 육의 삶을 위해서 이끌어
간다 하면, 오늘의 육의 삶에서 얻는
그 행복의 몇백 배 더 고통스러운 벌
을 영원히 사는 지옥의 세상에서 치른

다는 것을 잊어서는 아니 될 것이니, 그들의 가슴에 이를 전하여 깨우쳐 주도록 그리하라, 나의 아들아!

3,395 번째 하나님 말씀

2002년 9월 17일 11시 51분

1 사랑하는 나의 아들아!
2 "네, 아버님! 말씀하옵소서."
3 너의 제자들에게 일깨워 깨우쳐 주라.
4 너희들의 지금 삶이 무엇이던가?
5 너희들은 죽음이 무엇인가를 생각해
보았는가?
6 너희들은 죽음이라는 그 선을 피해 갈
수도 없으며, 그를 넘지 않을 수 없는
것이니라.
7 그러니 내가 너희들의 그 죽음을 대비
하여 어떠한 삶을 살아야 한다 말하였
는가?
8 너희들은 그 죽음을 대비하여 아름다
운 너희들의 추억을 만드는 그와 같은
삶으로써 살아가야 한다 하였음이니
라.
9 아름답게 살다 나에게 와 구원을 받은
자는 천국에서 그 추억의 아름다움을
음미하면서 살 것이며, 육에 잘못 살
아 지옥으로 떨어진 자는 너희들의 육
의 삶의 추억 하나하나가 너희 뇌리를
스치며 많은 사탄들이 그를 지옥에서
들추어낼 때 너희의 고통이 말할 수
없다 그리 말하지 아니하였는가?
10 그러하니 너희들은 아름다운 추억이
요, 너희들의 아름다운 삶의 역사를
만드는 데 최선을 다해야 할 것이니라.
11 너희들은 누구나 그 죽음의 선을 안
넘을 수 없으며 그를 피해 갈 수 없기
에 반드시 이와 같은 삶을 살아야 될
것이니라.
12 지금 나의 아들을 따르는 제자 너희들
은 과연 어떠한 일을 하는가?
13 너희들은 만백성을 구하고자 역사하
며, 그들을 하늘에 오르는 천국의 문
으로 인도하고자 함이니라.
14 그러나 너희들이 살아감에 있어서 속
과 겉의 마음이 하나가 되지 아니하고
너희들의 마음이 깨우치지 못했을 때,
너희들은 이 세상에 나온 나의 피조물
만백성을 구원하여 그들을 하늘에 오
르게 하는 그 역사를 이룰 수 있으나,
15 막상 너희들의 마음이 비워지지 아니
하였으며 너희들이 바로 깨우침의 삶
을 살지 못한다면, 너희들은 나를 향
하여 만백성을 깨우쳐 그 크나큰 배에
태워 바다를 건너 천국에 오르는 그
배를 출발시키면서 정작 너희들은 탈
자리가 없을 것이니, 너희들은 그와
같은 슬픈 인생을 살아서는 아니 될
것이니라.
16 너희들이 깨우쳐 배에 태워서 나에게
보내진 그 백성들이 너희들이 잘살고
잘못 삶을 알고 있음이니, 그들이 너
희들의 손을 받아 너희들을 환영하여
태울 자리가 있느냐 없느냐 하는 것은
너희들이 겪어야 하는 너희 삶의 한
단면임을 알아야 될 것이니라.
17 너희들은 그들이 너희들을 환영하여
태우는 자가 되어야 될 것이지, 만일
그들이 너희들에게 탈 자리가 없다 하
여 손을 거부하며 너희들을 태우지 못
하고 그 배가 출발하여 나를 향하여

올 때 너희들이 초라하게 서 있을 것
을 생각해 보라.
18 과연 너희들은 어찌 견딜 수 있으며,
무엇으로 그 슬픔과 아픔을 바꿀 수
있는가?
19 나 여호와는 정녕 그러한 너희들이 되
지 아니하기를 바라노라.
20 나의 아들 또한 그러하니라.
21 그가 살아감에 있어서 내 뜻을 거역하
며, 내 뜻에 순종하여 살아가지 아니
할 때, 나의 아들 또한 그 배를 탈 수
없는 그와 같은 운명이니, 이게 곧 공
의의 나 여호와요, 창조주이니라.
22 너희들이 나의 피조물 만백성을 천국
에 오르는 배에 태워 보내면서 그들이
너희들을 반겨 태울 자리가 없다 하
면, 너희들의 그 모습을 다시 한 번 생
각해 보라.
23 너희들은 어찌하여야 하겠는가?
24 천국이란 무엇이더냐?
25 너희들이 아름답게 삶을 살아 나에게
와, 너희들의 육의 삶에 아름답게 살
아 나에게 구원받았던 그 모두를 너희
들이 서로 이야기하고 즐기며 사는 그
영광 또한 이루 말할 수 없음이니,
26 그와 같은 너희들의 미래에 영혼이
구원받는 그 삶을 생각하여 너희들이
정녕 속마음과 겉마음이 다르지 않은,
완전히 변한 삶을 살아야 할 것이니,
그것이 너희들이 가야 할 길이니라.
27 너희들이 그 배를 태울 때, 너희들이
깨우치고 가르치며 너희들이 전한 그
법전을 받아 깨우친 백성들이 그 자리
를 다 채우고 너희 한 사람 탈 자리가
없다면, 너희들이 못 오는 그 가슴 아
픔은 물론이요, 거기에 너희들의 자리
가 없어 태우지 못하는 나 여호와의
아픈 마음은 얼마나 천 갈래 만 갈래
갈라지겠는가?
28 이와 같은 나의 아픔을 생각해서라도
너희들은 반드시 그 배를 탈 수 있는
나의 선택된 백성이요, 나의 아들의
제자요, 열여섯 가정의 신부로서 하나
의 부끄러움이 없고 손색이 없는 삶을
살라.
29 모두를 다 놓으라.
30 너희들의 손을 쥐었다 펴 보라.
31 그 안에 있는 공기가 따라가는 것이
보이며 날아가는 것이 보이더냐?
32 인간 세속의 삶의 그 모두를 그와 같
은 마음으로 끈을 놓고, 영혼을 구하
는 그 삶에 너희들이 전진하여 아름답
게 살아가야 할 것이며, 너희들이 잘
못됨을 너희 스스로 다스려 이기는 그
와 같은 용기 있는 자로서 살아가야
될 것이니,
33 너희들이 정녕 이 어렵고 힘든 고비를
넘어 나의 법전을 세상에 전하며, 천
년에 걸쳐 그 역사의 대업을 이루는
나로부터 선택된 나의 아들의 신부요,
내가 사랑하는 나의 아들딸 너희들이
정녕 하늘에 오르는 그 배를 타지 못
한다 할 때, 나 여호와의 가슴이 얼마
나 아프겠는가?
34 나를 울리지 말아야 될 것이며, 나를
울리는 그 죄를 범하지 말라.
35 너희들의 자리가 없으면 그 누구도 태
울 수 없음이니, 너희들의 탈 자리가
비워져 있을 때 너희가 그 자리에 앉
아 그 배를 타고 나에게 오를 수 있는

영광을 얻음을 잊지 말라, 사랑하는
나의 백성들아!

3,396 번째 하나님 말씀

2002년 9월 17일 21시 02분

1 사랑하는 나의 아들아!
2 "네, 아버님! 말씀하옵소서."
3 내가 너희들에게 무어라 말하였느냐?
4 나에게는 아무런 재물이 필요 없으며,
너희들이 나에게 재물을 바쳐 구원을
받는 것이 아니요, 너희들의 믿음에
대한 아름답고 고운 마음이요, 사랑이
요, 나누며 살아가는 그 마음의 정성
이면 그것으로써 내가 더 바랄 것이
없으며,
5 그게 곧 너희들이 나로부터 구원을 받
는 근본이라 내가 말하였거늘, 너희들
은 어찌 살아가는가?
6 너희들은 부정한 방법으로써 취한 재
물을 너희들이 지은 그 성전에서 종교
지도자라 하는 그와 같은 자들에게 바
치면서, 너희들이 부정한 방법으로써
그 재물을 모을 수 있었으며 부정한
방법으로써 금화와 은화를 채울 수 있
었으며 부정한 방법으로써 명예를 얻
을 수 있었던 그와 같은 형국에 대해
서도 나 여호와의 이름을 팔아 감사하
다는 그와 같은 기도를 드리는 것이
지금 믿음의 길을 가고 있는 나의 백
성 너희들이 하는 짓이요,
7 너희들을 가르치는 종교 지도자들 또
한 그와 같은 형국으로써 저희들이 부
끄러운 줄을 모르고 그와 같은 길로
가고 있음이니라.
8 그와 같은 종교 지도자요, 또 그곳에
서 배우는 백성이요, 그들의 자식들은
또한 어떠한 형국으로 가는가?
9 저희들이 사회생활을 하면서 남보다
배로 노력해도 이룰 수 없는 그와 같
이 어렵고 힘든 시험의 관문을 통과할
때, 제가 노력하여 얻은 실력으로써
통과하지 아니하고, 남의 것을 보거나
부정한 방법으로 그 시험에 합격했을
때,
10 너희들은 자신의 부끄러움을 알며 부
정한 방법으로써 취한 그 시험의 결과
를 반납할 수 있는 그런 마음 자세가
아니라, 그 또한 무릎 꿇고 '하나님!
감사합니다.' 하고 나에게 기도를 드
리는 것이 지금 믿음의 길을 가는 신
도들이요, 가르치는 지도자들이요, 그
2세의 자식들이 또한 그와 같은 형국
으로 가고 있음이니라.
11 그러하니 과연 저희들이 부정한 방법
으로써 이익을 취하며, 어려운 시험의
관문을 통과하며, 부정한 방법으로 얻
었던 그 실력을 가지고 나 여호와가
저희들에게 은혜를 준 것이라 하여
'하나님! 감사합니다.' 하고 기도드리
는 너희들 자식이 사회에 나가 이 세
상을 지배하며 나의 피조물 만백성을
다스리는 자로 군림했을 때,
12 과연 너희들은 어찌 되는 것이며, 어
떠한 형국으로 그 자손들이 살아갈 것
이며, 그 자손들이 지배하는 세상은
과연 어떠한 형태로 이루어질 것인지
를 너희들은 과연 모르는가?
13 그와 같은 자들이 세상을 다스릴 때,
너희들은 불신이요, 서로 경쟁자로서

그 경쟁의 도가 지나쳐 평소에 살아가
면서도 전쟁의 형국에까지 이르는, 형
용할 수 없는 사회 구성원으로서 너희
들이 성장하며, 또한 그 구성원이 사
회의 흐름을 그리 만드는 것이 그들이
하는 짓일 것이니라.
14 그와 같은 형국으로써 얻은 자들이 세
상에 살아가면서 불신의 씨를 뿌릴 것
이며, 그들은 경쟁이 지나쳐 전쟁에
가까운 험악한 마음으로써 세상을 지
배하고자 하며 저희들이 군림하고자
하는 그와 같은 사악한 자들이 이 세
상을 지배하는 형태로 변화될 것이니,
15 그와 같은 자들이 지배하는 이 세상은
과연 어찌 될 것인가?
16 너희들은 한번 생각해 봐야 될 것이니
라.
17 그와 같은 자들이 이 세상을 지배할
때 그들은 스스로 이기주의요, 저희들
이 원하는 것을 이루기 위하여 수단과
방법을 가리지 않는 그와 같은 삶을
살아갈 것이니,
18 인간과 인간의 관계요, 나라와 나라의
관계도 전쟁을 불사하며, 너희들이 화
합과 평화의 자세로 가는 것이 아니라
극에서 극으로 이끌어 갈 것이니라.
19 그리하여 국가와 국가끼리 전쟁을 할
때도 지금의 종교 지도자들은 과연 어
찌 기도를 하겠는가?
20 국가와 국가요, 집단과 집단 간에 전
쟁을 할 때, 너희들이 소속된 집단이
요, 너희들이 소속된 국가와 국가 간
에 전쟁을 할 때, 지금의 종교 지도자
너희들은 무어라 기도하겠는가?
21 그 전쟁 자체도 너희들의 승리로 이끌
어 달라 그리 기도하는 부끄러운 자세
로써 너희들은 경배할 것이며 나에게
또한 기도한다 할 것이니라.
22 지금의 너희 종교 지도자들의 자세가
그러한 형국이니라.
23 너희들이 인간 세속에 살아가면서 너
희 인간의 자식들도 남과 싸워 상처를
입는 것을 싫어할 것이니라.
24 하물며 창조주인 나 여호와가 나의 백
성들이요, 나의 자식들이 싸우는 것을
원하겠는가?
25 그러나 너희는 내가 그리 원하는 것처
럼 너희들의 집단이 싸워 이기는 것을
기원하며 기도하여 나에게 소원할 것
이니,
26 그와 같은 기초의 자세도 되지 아니한
것이 지금 종교 집단의 자세이며 그를
이끌어 가는 지도자들의 자세이니라.
27 그 이치 하나도 깨우치지 못하는 그러
한 자들이 어찌하여 나의 피조물 만백
성을 하늘에 오르는 길로 인도한다 그
리 말할 수 있는가?
28 너희들은 그와 같은 자들의 밑에 가서
너희 자신을 바치는 그와 같은 어리석
은 믿음을 행하지 말라.
29 너희 스스로 그와 같은 잘못 가르치는
종교 지도자요, 너희 손으로 지은 성
전에 너희들을 갖다 던지는 그 순간부
터 너희들은 지옥으로 가는 훈련을 쌓
는 것이며,
30 아름다운 삶을 사는 것이 아니라, 사
악한 무리 속에서 너희 자신만 아는
이기주의 심성을 길러 내는 그 속에서
살다가 너희들이 하늘에 오르는 구원
의 길을 보지도 못하고 지옥으로 가는

그와 같은 삶을 마치게 된다는 것을
잊어서는 아니 될 것이니라.

3,397 번째 하나님 말씀

2002년 9월 17일 21시 08분

1 사랑하는 나의 아들아!
2 "네, 아버님! 말씀하옵소서."
3 너희들이 나 여호와 창조주로부터 생
명을 받아 세상에 나가니, 세상에 나
가 한 생명이 태어나는 순간에 너희들
은 반드시 죽음이라는 그 길을 면할
수가 없음이니라.
4 한 생명이 태어나는 그 순간부터 그
죽음의 길을 향하여 살아가는 것이 너
희들의 운명이니라.
5 그리하여 너희들은 그를 피할 수도 없
으며, 그를 돌아갈 수도 없으며, 그를
너희 생활에서 지워 버릴 수도 없는
것이니라.
6 그리하여 너희들이 언젠가는 겪어야
하고 치러야 하는 것이 바로 너희들의
죽음이라는 것이니라.
7 너희들은 과연 그 죽음이라는 것이 무
엇이며, 죽음이 어떠한 형태로써 이루
어지며, 너희들의 죽음 그다음의 세상
은 무엇으로써 이루어지는가를 과연
생각해 보았는가?
8 이제는 너희들이 죽음이 무엇인가를
생각해 볼 때가 되었음이니라.
9 너희들의 죽음이란 너희들의 육체 즉,
영혼의 집에서 너희가 떠나는 것과 마
찬가지임을 알아야 될 것이니라.
10 너희들의 육은 영혼을 관리하며 영혼
은 그 집 속에 있음이니, 너희들이 죽
음의 순간에 들어서는 그때부터 그 집
에서 너희 영혼이 떠나는 것이며,
11 떠나온 영혼은 새로운 세상에서 너희
들의 육과 영혼이 겸비하여 살아온 그
삶에서 지은 죄의 대가요, 또는 너희
들이 아름답게 살아온 그 삶에 대한
보상을 받게 되는 그와 같은 삶이 다
시 시작되니, 너희들은 이를 잊어서는
아니 될 것이니라.
12 너희들이 어찌 살아왔느냐에 따라서
너희가 말하는 지옥이요, 천국이라는
그 갈림길에 너희들이 서게 됨이니,
13 너희들은 그와 같은 삶의 형국이 너희
들에게 반드시 이루어진다는 것을 깊
이 깨우쳐, 너희 삶을 아름다운 모습
으로 살아가야 될 것이니라.
14 너희들이 지옥에 간 자는 지옥에 가서
너희들이 지은 죄상에 대한 그 부끄러
움이요, 육의 삶에 대한 너희들이 살
아온 그 모습 하나하나를 되씹어 보면
서 통곡하고 후회하는 그와 같은 삶을
사느니라.
15 육에 살았던 생활의 그 모든 추하고
더러웠던 그 추억들을 지워 버리고자
발버둥치며 몸부림치는 것이 바로 너
희들이 지옥에서 행하는 길이니라.
16 그러나 선하고 착하게 살아 나로부터
구원을 받아 천국에 올라와 사는 자,
너희들은 또한 육의 삶에서 아름답게
살았기에 나로부터 구원을 받았음이
니,
17 너희들이 육의 삶의 아름다운 그 추억
을 하나하나 그리면서 그 속에 살아가
는 축복을 누리는 것이니, 이보다 더
한 영광이 어디에 있는가?

18 너희들은 과연 어느 곳에서 육의 세속
에 대한 추억을 만들어 가야 된다고
생각하는가?
19 너희들이 지옥 불로 떨어져 너희들의
그 인간의 삶의 추억을 하나하나 되씹
어 볼 때 부끄럽고 창피해 그때마다
너희들의 죄목이 무거워지는 그와 같
은 지옥에서 너희들이 인생의 삶을 추
억할 것인가,
20 그렇지 않으면 내가 이루어 놓은, 너
희들이 감히 생각할 수도 없으며 그려
볼 수도 없는 천국이라는 나의 나라에
와 너희들이 육에서 아름답게 살았던
그 추억을 하나하나 되씹어 생각하면
서 기쁜 대화를 나누며 즐거운 삶을
영원히 사는 그 생활을 영위하고자 하
는가?
21 너의 제자들에게 너는 일러야 될 것이
니라.
22 너희들이 살아가는 인생의 추억의 한
토막은 영원히 너희들에게서 떨어질
수 없는 것임을 알라.
23 너희들이 선한 사람들끼리 육의 삶에
서 아름다웠던 추억을 이야기하면서
나의 나라에 와 행복한 삶을 선택하는
그 추억을 만드는 삶을 살 것인가,
24 지옥에 가서 하나하나 들추어 낼 때마
다 괴로우며 그 죄목이 무서워 더 무
서운 지옥 속으로 떨어지는, 그와 같
은 인간으로서는 행할 수 없는 그 추
하고 무섭고 더러운 삶의 추억을 만들
것인가?
25 여기서 너희들이 어떠한 길을 선택하
든 그것은 너희들의 자유이니라.
26 너희들이 어떠한 추억의 인생의 삶을
그리느냐 하는 것은 오늘 이 순간부터
너희들이 살아가는 그 마음 자세에 달
렸음이니, 이를 잊지 말아야 할 것이
니라.
27 그리고 이를 명심하여 너희들이 아름
답고, 영원히 되씹어 보고 되씹어 봐
도, 그리고 이야기하고 또 이야기해도
지루하지 아니하고 행복하며 축복의
나의 나라에 올 수 있는 그와 같은 추
억을 만드는 너희들의 오늘의 삶을 살
아야 함을 잊어서는 아니 될 것이니
그리 알라.

3,398 번째 하나님 말씀

2002년 9월 17일 21시 13분

1 사랑하는 나의 아들아!
2 "네, 아버님! 말씀하옵소서."
3 나의 백성 너희들이 살아가는 생활의
방식이요, 자기 자신이 가고 있는 믿
음의 자세를 바로 보기 위해서는 너희
들이 가고 있는 그 믿음의 자세가 바
로 구원의 길인지, 그렇지 아니하면
나 여호와의 뜻을 거역하는 길로 가는
것인지를 수시로 점검해 보고 깨우쳐
야 함을 알아야 할 것이니라.
4 내가 너희들에게 일찍이 말하기를, 선
과 악은 좁쌀이라는 그 작은 알의 높
이만큼도 차이가 없다 하였음이니라.
5 그리하여 너희들은 스스로 너희들이
살아가는 그 생활을 점검하며, 너희들
이 지금 행하고 있는 그 믿음의 길이
과연 어디에 있으며 어찌 가고 있는지
수시로 그 믿음을 점검하지 아니하면
너희들은 항상 잘못된 길로 갈 수 있

는 것이라 내가 말하였음이니라.
6 그리하여 너희들이 바른길이요, 바로
구원의 길에 오를 수 있는 그 마음 자
세는 너희들 자신이 주관적인 입장을
저버리고, 항상 제3의 입장에서 너희
들이 지금 가고 있는 그 믿음의 형태
를 점검해 보고 두드려 보며 또 판단
해 보며 객관적인 입장에서 바라보는
그와 같은 현명한 자세로써 살아가지
아니한다면 너희들은 바로 볼 수 없음
을 알아야 할 것이니라.
7 나의 피조물 만백성 너희들은 살아가
면서 너희 자신의 믿음의 형태는 보지
못하면서, 남들이 가고 있는 믿음의
형태는 비교적 정확히 판단하며, 가혹
하리만큼 그들이 잘 가고 있는지 잘못
가고 있는지, 그들의 마음까지도 너희
들이 알고자 하며, 그들을 파헤치며,
너희들이 그리 남의 믿음에 대해 평가
하는 것은 무서우리만큼 가혹함이니
라.
8 그러나 남의 믿음에 대해서는 그와 같
이 정확히 판단하며 가혹하리만큼 그
들의 옳고 그름을 평가하는 능력을 가
진 너희들이 자신의 믿음에 대해서는
어찌 보는가를 다시 한 번 너희 자신
을 돌아다볼 줄 아는 그와 같은 현명
함을 가져야 될 것이니라.
9 너희들은 너희 자신을 돌아다보는 데
는 그리도 인색하며, 너희들 자신에게
는 그리도 후한 점수를 주는 그와 같
은 판단의 착오에 의하여 구원의 길이
아니요, 지금 가고 있는 그 믿음이 지
옥의 길로 가고 있음을 어찌 생각하지
를 못하는가?
10 너희들은 지금 자만과 오만에 젖어 있
음이니라.
11 너희들은 이미 구원을 받았으며, 구원
을 받았다는 그 축복의 마음에 도취되
어, 너희들이 구원을 받았다고 그리
믿고 가는 그 마음의 작용 때문에 사
욕을 버리지 못하며 올바른 판단을 하
지 못함이니,
12 지금까지 너희들이 옳다 믿어 온 그
믿음이 잘못된 것이며 나의 뜻과는 전
혀 관계도 없이 너희들이 정반대의 길
을 달려가는 그와 같은 믿음의 형국으
로 가고 있는 그 자체도 모르고 있는
것이 지금의 형국임이니라.
13 너희들은 너희 자신을 돌이켜 보며 냉
철히 평가하고 판단하며 너희들 자신
을 무서우리만큼 매서운 눈초리로써
관찰하여 너희 믿음의 자세를 항상 점
검해 보고 두드려 보며
14 너희들이 남의 믿음을 보고 분석하는
것보다도 더 강하고 무서운 마음 자세
로써 너희 자신의 믿음을 돌아다보며
점검해 보는 그와 같은 마음 자세로써
가지 아니하면 아니 됨을 알아야 될
것이니라.

3,399 번째 하나님 말씀

2002년 9월 17일 21시 20분

1 사랑하는 나의 아들아!
2 "네, 아버님! 말씀하옵소서."
3 너희들이 살아가는 세속에 이러한 말
이 있느니라.
4 '제 꾀에 제가 넘어간다.'는 말이 있지
아니하던가?

5 지금 나의 종교 지도자들이요, 또 그 지도자들이 가르치는 그 속에 가서 구원을 받겠다고 그리 나를 경배하며 눈물의 기도를 드리는 너희들은 과연 어떠한 형국으로써 지금 믿음의 길을 가고 있는가?

6 천국의 문을 열고 안 여는 것은 나 여호와의 고유의 권한이라 말하였거늘, 너희들은 이와 같은 나의 뜻까지도 거역하면서 말하기를, 나의 아들 예수의 보혈로써 너희들은 구원을 받았으며, 너희 손으로 지은 그 성전에 가서 맹종하고 무한한 재물을 바치며 어떠한 명분으로 거두어들이는 그 재물에 순종하는 그와 같은 자는 구원을 받았다 그리 말하며 너희들은 구원되었다 그리 말함이니라.

7 잘못 가르치는 종교 지도자들이 저희들의 성전에 오는 그 순간에 구원을 받았으며 너희들은 구원되었다는 그 말에 도취되어, 지금 너희들이 믿음의 길을 올바르게 판단하는 그 자제력까지 상실하여 가고 있는 그 형국이 무엇이더냐?

8 너희들이 파 놓은 우물에 너희들이 빠지는 것이요, 너희 자신의 죄에 의하여 너희들이 넘어가는 그와 같은 무서운 형국에 있음을 알아야 될 것이니라.

9 너희 스스로 구원을 받았다 그리 자만하는 자, 그리고 너희들은 구원받았다 그리 말하는 자, 너희들이 얼마나 어리석은 자들인가를 죽어 나에게 왔을 때 알 것이니,

10 너희들이 파 놓은 우물에 너희 스스로 빠지며, 너희 종교 지도자는 물론이요, 그곳에 가서 구원을 받겠다고 울부짖는 나의 백성들까지도 다 너희들의 죄에 너희들이 빠지는 그와 같은 형국의 믿음을 지금 가고 있음이니, 이를 과연 어찌해야만 되겠는가?

11 너희들은 내가 지은 이 아름다운 자연의 성전에서 경배하며 기도하면 되는 것을, 이를 바로 보지 못하고 너희들이 어찌하여 이렇게도 어리석고 우매한 백성들이 되었다는 말이던가?

12 내가 너희들에게 이 세상의 모든 동식물을 통제하며, 사탄과 너희들이 싸워서 이길 수 있는 동등한 그와 같은 지혜와 능력을 주었다 하였거늘,

13 너희들은 너희들의 구원에 대해서는 너희들이 판 우물에 너희 스스로 빠지는 그와 같은 형국으로써 그를 벗어나지 못함이니, 이제는 어찌하여야 되겠는가?

14 이제는 나의 법전을 읽고 깨우치는 그 길밖에 없으며, 너희들이 나의 법전을 읽고 깨우치며 내가 불로 써 내린 그 십계명만을 지키고 살아야 된다는 그와 같은 깨달음을 스스로 얻지 못하는 자, 그리고 지금까지 온 잘못을 깨닫지 못하는 자, 너희들은 이와 같은 형태에서는 절대로 구원을 받을 수 없음을 알아야 될 것이니라.

15 이제는 너희들이 정녕 제3의 객관적인 입장에서 너희 자신을 스스로 바라보는 그 지혜를 총동원하여, 너희들이 구원을 받는 진정한 하늘에 오르는 믿음의 길이 무엇인가를 깨달아야 될 것이니라.

16 지금까지 흘러오는 관습이요, 믿음의

형태로써 너희들이 구원을 받았다 말
하는 그 오만함에 젖어 그 길을 계속
가는 것이 과연 구원을 받을 수 있는
것인가,
17 아니면 내가 나의 아들을 통하여 성령
을 기록하여 너희들을 구원하는 나의
법전이라 명한 이 책을 읽고 깨우쳐
구원을 받을 것인가?
18 이는 너희들이 생각하며 판단할 때가
되었음을 알아야 될 것이니라.
19 이제는 구원받았다는 그와 같은 말에
스스로 넘어지는 그와 같은 너희들의
형국이 되어서는 아니 될 것이니라.
20 너희 스스로 구원을 받았다는 너희들
의 그 얕은꾀에 의하여 너희들이 지옥
으로 가는 그와 같은 불행한 일을 더
이상 지탱해서도 아니 되며 그와 같은
것에 현혹되어서도 아니 됨이니,
21 이제 너희 스스로 판단하는 그와 같은
현명한 지혜를 얻어, 나의 법전을 읽
는 이 순간에 너희들이 바로 서야 됨
을 잊어서는 아니 될 것이니 그리 알
라.

3,400 번째 하나님 말씀

2002년 9월 17일 21시 27분

1 사랑하는 나의 아들아!
2 "네, 아버님! 말씀하옵소서."
3 창조주인 나 여호와가 너희들에게 일
찍이 깨우쳐 주었음이니라.
4 너희들이 인간사 세속에 살아가면서
너희들의 마음으로 간음하는 것이 행
동으로 간음하는 것보다 더 죄가 무겁
다 하는 깨우침을 내가 너희들에게 일
러 주었으며,
5 이것이 곧 나 여호와가 존재하는 하늘
나라의 법이라 내가 너희들에게 알려
주었음이니라.
6 그러나 육보다 마음이 더 중하다는 이
와 같은 이치 하나를 깨닫지 못하고
살아가는 것이 지금 너희들의 살아가
는 형국이니라.
7 마음이 육보다 더 소중하다는 것을,
너희들의 생각 자체가 더 소중하다는
것을 너희들은 깊이 마음속에 새기고
살아야 될 것이니라.
8 너희들이 육보다 마음에 생각하고 사
는 것이 더 소중하다고 느낄 때, 모두
를 바르게 생각하며 바르게 보는 마음
의 깨달음이 너희들에게 있을 것이며,
이와 같은 깨달음이 소중함이니라.
9 이와 같은 깨달음이 없이는 정녕 구원
의 길에 들어설 수 없음을 알아야 되
는 것이니라.
10 몸으로써 행동하는 그것보다도 그 행
동을 지배하는 마음이요, 생각이 더
소중하며 그게 잘못하는 범죄가 더 무
서운 죄라는 것을 깨닫고 살아갈 때,
너희들은 구원의 길에 들어설 수 있으
며 구원의 길을 알게 될 것이니라.
11 그러나 지금 너희들의 믿음의 형태는
어찌 가는가?
12 정녕 나의 피조물 만백성을 종교 지도
자가 바로 가르치며 바르게 생각하며
바르게 살아갈 수 있도록 너희들의 생
각을 그리 잡아 주며 너희들을 인도하
고 간다고 생각하는가?
13 지금의 종교 지도자들은 그와 같은 것
을 망각하고 사느니라.

14 그들은 바른 생각이요, 바른 자세요, 바른 뜻을 가지고 살아가는 것으로써 나의 피조물 만백성을 하늘에 오르는 길로 인도하는 것이 아니며 나 여호와의 참진리요, 나의 뜻을 가르침이 아님이니, 나 여호와의 아픈 마음을 과연 너희들은 어찌하여야 바로잡을 수 있다 생각하는가?
15 이를 바로잡는 것은 나의 법전을 읽고 깨우친 나의 아들의 제자들이요, 나의 법전을 손에 들고 읽은 만백성 너희들만이 이룰 수 있는 것임을 알아야 될 것이니라.
16 지금 모든 종교 집단이요, 종파들이 창조주인 나의 뜻과는 전혀 관계없는 그와 같은 방향으로 흘러가고 있음이니, 과연 그들을 어찌하여야 되겠는가?
17 그들이 지금과 같은 믿음으로써 계속 지속할 때, 나의 백성들을 우롱하며 나의 피조물 만백성을 지옥으로 이끌어 가는 그와 같은 악순환만을 반복하여, 영원히 그 악순환 속에서 너희들이 존속되는 그와 같은 삶이 지속됨이니,
18 하늘에서 이루어진 것 같은 그 낙원을 이 지상에서 이룰 수 없음이니라.
19 지금 하늘에서 이루어진 것같이 이 지상의 낙원을 이루는 것이 나의 뜻이며, 선한 자, 천사와 같은 심성을 가진 나의 백성들만이 살아갈 수 있도록 너희들을 존재케 하고자 함이니,
20 이와 같은 백성으로서 너희들이 나의 뜻에 따라 변화될 수 있는 것은, 마음으로 하는 그 생각이 육으로 하는 행동보다도 더 소중하다는 것을 깊이 깨우쳐, 너희들이 바른 마음, 바른 생각, 바른 자세로써 살아가는 그와 같은 삶을 살아가야만 된다는 것을 내가 이 밤 나의 아들을 통하여 나의 법전에 기록하여 너희들에게 간곡히 전함이니, 나의 뜻을 깊이 받아 행하여 구원의 길을 보도록 그리하라.

3,401 번째 하나님 말씀

2002년 9월 17일 23시 51분

1 사랑하는 나의 아들아!
2 "네, 아버님! 말씀하옵소서."
3 나의 피조물 만백성 너희들이 살아가면서 말을 하며 똑같은 입으로써 의사를 전달하고 그리 살아가느니라.
4 그러나 너희들이 같은 말을 해도 나의 뜻이요, 나의 진리에 의하여 하는 말은 천사와 같은 말인 것이며, 사악하고 모질며 남을 시기하고 질투하는 그와 같은 말이 너희들의 입에서 나온다면 너희들은 사탄이 되어 사탄의 자식으로서 행함이니, 이를 알아야 될 것이니라.
5 너희들의 입에서 나오는 말이 아름다운 말이며, 나의 진리요, 내 뜻에 의하여 살아가고 편안한 그 깨우침에서 이웃을 위하며 모든 나의 피조물 만백성을 위하여 너희들이 깨우치고 가르침이 되는 그와 같은 말을 할 때, 이는 천사로서 하는 말이 되는 것이며,
6 너희들이 사악한 일이요, 간악한 일이요, 남으로부터 부끄러운 행위를 할 수 있는 그와 같은 말을 하는 것은 곧 무엇이냐?

7 사탄으로서 너희들이 하는 말이니, 한
입을 가지고 너희들이 말을 어찌하며
어떤 생각으로써 말을 전하느냐에 따
라서 그와 같이 엄청난 차이가 있음이
니라.
8 그러니 너희들은 정녕 살아가면서 천
사의 입으로써 천사의 아름다운 말을
하고 살 것인가, 사탄의 입으로써 사
악한 말만을 전하며 살아갈 것인가 그
것은 너희들이 생각하기에 달렸으며,
너희들 자신의 깨달음에 달렸음이니
라.
9 너희들이 정녕 나로부터 구원을 받고
자 하며 나로부터 선택된 나의 백성이
라 말한다 하면, 너희들은 천사와 같
은 뜻을 전하는 그와 같은 말만을 하
는 삶을 살아가야만 할 것이니라.
10 그렇지 아니하면 너희들은 정녕 구원
을 받을 수도 없으며 구원의 길에 오
를 수도 없다는 이 이치를 깊이 깨우
쳐야 될 것이니라.
11 한 입을 가지고 말을 하는 것도 그와
같이 나의 진리요, 나의 뜻에 의하여
천사의 말을 하는 것과 사탄의 자식으
로서 사탄의 말을 하는 그와 같은 차
이가 있음이니,
12 이와 같은 이치를 깨달아 너희들은 나
의 참진리의 성서의 뜻만을 전하는 그
와 같은 삶으로 살아가야 됨을 잊어서
는 아니 될 것이니라.

3,402 번째 하나님 말씀

2002년 9월 17일 23시 57분

1 사랑하는 나의 아들아!
2 "네, 아버님! 말씀하옵소서."
3 너희들이 살아가는 세상 속에 '물보다
피가 더 진하며 소중하다.' 그리 말하
느니라.
4 그러나 나의 성령을 읽고 깨우치는,
나로부터 선택된 나의 아들이요, 딸이
라 명하는 너희들은 하나를 더 알아야
될 것이 있음이니라.
5 너희들에게 피보다 더 진하고 귀한 것
이 있음이니, 그는 바로 무엇이더냐?
6 나로부터 받아 나간 너희들의 그 성령
이 소중함이요, 너희들의 영혼을 소중
히 알아야 될 것이니라.
7 나로부터 너희들이 영혼을 받아 세상
에 나가 인간으로서 모든 생각을 하며
지배하며 마음을 다스리는 그와 같은
삶을 사는 것이니,
8 너희들에게 피보다 더 귀하고 소중한
것이 있다 하면, 그것은 바로 너희들
이 나로부터 생명을 받아 가진 그 영
혼임을 알아야 될 것이니라.
9 너희들의 육이요, 피는 너희 육의 세
상의 삶에서 한 줌의 흙으로 돌아가
없어지나, 그 속에서 내가 너희들에게
내린 생명의 그 영혼은 나에게 와서
심판을 받는 그와 같은 삶이 남아 있
음이니라.
10 그리하여 육의 삶을 보지 아니하고 영
혼의 삶의 미래를 볼 수 있는 그와 같
은 삶을 사는 자가 정녕 삶의 승자라
말할 수 있음이니,
11 너희들의 영혼이 사는 다음 세상을 보
지 못하여, 너희들이 육의 세상에서
그 모두가 끝나는 것처럼 육의 향락과
즐거움에 너희 모두를 다 바치고 산다

하면,
12 너희들은 영혼의 심판을 받을 수 없으
며, 그 영혼의 삶이 얼마나 고통스럽
고 어려운 것인가를 너희들이 나로부
터 심판을 받을 때, 그때서야 깨우치
게 됨이니라.
13 그러하니 너희들은 지금에 보이는 너
희들의 그 육의 삶을 위하여 모두를
다 바치고 살아가는 그와 같은 삶에
서, 다음 세상에 영혼의 새로운 세상
의 삶이 있음을 깨우쳐야 될 것이니라.
14 너희들이 죽어 나로부터 그 영혼이 심
판을 받을 때, 육의 삶이 얼마나 맹목
적이었으며, 다만 너희들에게 아무것
도 남지 않는 그 삶을 위하여 그와 같
이 시기하고 질투하며 살아왔던 것이
얼마나 너희 자신이 허무하며 잘못된
삶인가를 그때서야 깨닫게 됨이니,
15 너희들은 죽어 나에게 와 심판을 받을
때 그때서야 그 모두를 깨닫게 됨이니
라.
16 내가 나의 법전에 기록하여 너희들에
게 전함이니, 지금 육의 삶에 의하여
정도의 길을 가지 아니하며 천사와 같
은 아름다운 마음으로써 살아가지 아
니하고,
17 너희들이 육의 삶을 위하여 욕심을 버
리지 못하며, 남을 시기하고 질투하며
경쟁하는 마음으로써 남을 짓누르는
그와 같은 마음으로 육의 세상을 살아
온 자, 그것이 얼마나 부질없는 삶이
며 얼마나 잘못 산 삶인가를 너희들이
죽어 영혼이 심판을 받을 때 그때 내
려다볼 수 있음이니,
18 지금 너희들의 육의 삶에서 내가 내려
준 나의 영혼이 너희들의 육의 집에
존재할 때 너희들이 삶의 지세를 바꾸
어야 될 것이며, 너희들이 지금까지
잘못 살아온 그 모든 죄를 용서받는
그와 같은 참회의 삶이요, 회개하며
반성하는 삶을 살아야 될 것이니, 이
를 너희들이 저버리고 잊어서는 아니
될 것이니라.
19 내가 사랑하는 너희들을 구원하기 위
하여 너희들에게 다시 전함이니, 너희
들은 육의 삶의 차원을 뛰어넘어 새로
운 삶이 열리는 그 영혼의 삶을 위하
여 아름답고 곱게 살아가 그 기틀을
잡아 주는 것이 너희들의 진정한 삶이
요, 삶의 승자라는 것을 잊지 말고 그
리 살아가도록 하라.
20 그를 잊어버리는 자는 가장 어리석으
며 우매한 나의 백성이니, 그는 결코
하늘에 오르는 그 찬란한 영광을 받지
못하고, 지옥으로 가 너희들이 상상할
수 없는 시련과 고통 속에서 영원히
살아가는 그 길로 가게 되어 있음이
니, 이를 명심하고 또 명심하여 깨우
쳐야 할 것이니라.

3,403 번째 하나님 말씀

2002년 9월 18일 0시 05분

1 사랑하는 나의 아들아!
2 "네, 아버님! 말씀하옵소서."
3 너희들 인간 세속에 살아가며 전하는
말이 있음이니, 남의 눈에서 눈물이
흐르도록 하면 저 자신의 눈에서는 피
눈물을 흘리는 그와 같은 시련과 고통
을 겪는 것이 인간사의 법도라 너희들

이 말하며, 반드시 그 대가를 지불한
다는 그와 같은 말이 있음이니라.
4 그러니 너희들이 남에게 시련을 주고
고통을 주면 반드시 그 몇 배의 고통
과 시련을 받는다는 그와 같은 말의
뜻이며, 이 또한 하늘의 이치이며 하
늘의 뜻임을 너희들이 알아야 될 것이
니라.
5 지금 나의 피조물 만백성의 종교 지도
자로서 나의 백성들을 구원의 길로 인
도한다는 너희들이 과연 너희들의 믿
음의 길이 무엇이며, 너희들 자신이
믿음으로써 구원을 받았다는 그와 같
은 확신 속에서 나의 피조물 만백성에
게 교리를 가르치며 설교하며 강론하
는가?
6 너희들의 대부분은 저 자신도 구원을
받을 수 있는 것인지 구원을 받지 못
하는 것인지도 모르며, 제가 가고 있
는 것이요, 제가 가르치고 있는 그 형
태가 과연 나 여호와의 뜻에 의하여
행하는 것이며 나 여호와의 뜻에 임하
고 있는 것인지를 저희 자신도 모르는
그와 같은 착각 속에서
7 너희들이 그저 하늘에 오르는 길이라
하여 나의 피조물 만백성으로부터 시
간과 재물과 그 모두를 거두어들이며,
그를 많이 바치고 너희들 성전 앞에
많이 쌓아 놓는 자는 더 큰 은혜를 받
는다 그리 그들을 현혹하여 기복 신앙
의 원천적인 행사를 하고 지금 나의
피조물 만백성을 지옥으로 이끌고 감
이니,
8 너희들의 그 죄가 과연 얼마나 두려운
것인가를 생각해 보았는가?
9 너희들 자신이 정녕 나로부터 선택된
것인지, 내가 원하는 그 진리를 깨달
아 너희들이 가르치는 것인지, 너희들
이 설교하는 것이 과연 나 여호와의
하늘에 오를 수 있는 가르침인지 그
자체의 소신도 없으며, 거기에 대한
자신도 없으며,
10 거기에 대해 누가 물을 때 대답할 수
도 없는 너희들이 지금 종교 지도자라
하여 나의 피조물 만백성을 이끈다 하
며 그들을 잘못 인도하여 지옥 불로
인도함이니,
11 너희들이 그들을 지옥으로 보내어 그
들이 고통스러운 벌을 받도록 한 너희
들의 죄가 과연 얼마나 무섭고 두려운
것인가를 생각해 보았는가?
12 너희들이 나의 피조물 만백성을 잘못
인도하고 잘못 가르쳐 지옥 불에 밀어
넣어 그들이 영원토록 그 고통 속에
사는 것의 열배 백배 더 고통과 험악
한 그 죄의 대가를 너희들이 치러야
된다는 것을 생각이나 해 보았는가?
13 잘못 가르치는 종교 지도자들이 나의
피조물 만백성을 잘못 인도하고 잘못
가르쳐 그들을 구원의 길이 아니요,
지옥으로 가도록 인도하는 그 죄가 바
로 무엇이던가?
14 너희들은 남의 눈에서 눈물이 나도록
하면 너희 눈에서는 피눈물이 난다 하
였음이니, 그보다 열배 백배 천배 더
고통스러운 대가를 치르는 것이 지금
잘못 가르치는 종교 지도자 너희들이
니라.
15 너희들이 지금 육의 삶에 있어서 나의
피조물 만백성을 우롱하며 너희들의

세 치 혓바닥으로 그들에게 공갈과 협
박을 하다시피 하여 그들로부터 재물
을 거두어들여 너희들의 육의 삶을 영
위하고 있음이니,
16 오늘의 너희들이 그들로부터 재물을
거두어들여 편안히 살아온 그것보다
너희들은 영원히 사는 나의 나라에 와
몇 배 더한 대가를 치른다는 그 엄연
한 사실 앞에, 너희들은 이를 믿으려
하지 아니하며, 그와 같은 것은 있지
아니할 것이라 하여 너희 종교 지도자
들이 말도 안 되는 방법으로써, 또 교
리나 진리의 그 뜻도 모르면서 그저
육의 삶을 위하여 나의 피조물 만백성
으로부터 재물을 거두어들이는 데만
혈안이 되어 너희들의 삶을 영위하고
있음이니,
17 나의 피조물 만백성으로부터 재물을
거두어들인 그 죄와 그들을 지옥 불로
인도한 그 죄가 얼마나 너희들에게 무
서운 형벌로써 다가가는지를 너희들
은 잊어서는 아니 될 것이니라.
18 설마 그러한 역사는 없을 것이라는 그
런 안일한 생각에서 너희들이 자신과
소신도 없으며 저 자신도 모르면서 오
늘도 내일도 나의 피조물 만백성에게
구원의 길로 인도한다 하여 그들의 재
물을 거두어들이는 사악한 행위를 중
단해야 될 것이니,
19 이를 알면서도 중단하지 아니하는 자,
너희가 얼마나 무서운 죄의 대가를
받는가를 머지않아 너희들이 깨달을
것이며 몸으로 직접 받을 것이니 그리
알라.

3,404 번째 하나님 말씀

2002년 9월 18일 09시 33분

1 사랑하는 나의 아들아!
2 "네, 아버님! 말씀하옵소서."
3 너희들의 마음을 다 비우며 자신이 존
재하지 아니한다는 그 깨달음을 얻어
행할 수 있을 때까지 너희들은 가슴을
도려내는 그 아픔과 시련을 겪고 또
넘기지 아니하면 그와 같이 너희들은
변할 수 없음이니라.
4 그리하여 하늘에 오르는 그 길이 어렵
고 힘들어 만백성이 그 길을 가지 못
하고 중도에 포기하며 중도에 다 쓰러
지는 그와 같은 삶을 사는 것이니라.
5 칼로 너희들의 심장을 도려내는 그 아
픔을 정녕 인내하고 견디며 싸워서 이
기며, 자신과 싸워서 한 점의 부끄러
움이 없이 바로 설 수 있는 그와 같은
고통의 세월을 보내지 아니하며 그곳
에서 승자가 되지 아니하면 결코 너희
는 갈 수가 없음이니라.
6 사랑하는 나의 아들아, 모든 너의 제
자들에게 일러 일깨워 주어야 될 것이
니라, 그 길이 얼마나 힘들고 어려운
것인가를.
7 그와 같은 마음 자세로써 너희들이 가
지 못하면 결국 바로 설 수 없음이니
라.
8 그러나 너희들의 심장을 도려내는 그
아픔을 한 번만 겪고 난다면 너희들은
두 번 다시 그를 도려낼 이유가 없음
이니, 너희들은 갈 수 있고 해낼 수 있
음을 알아야 될 것이니라.
9 너희들이 육의 삶의 부귀와 영화를 위

하여 온갖 것을 다 누리고 산다 말하
나, 너희들은 그것이 인생의 승자요,
인생의 행복이 아님을 알아야 될 것이
니라.
10 백 년도 못 사는 육의 삶을 위하여 모
두를 다 바쳐 너희들이 정녕 영혼을
저버리는 그와 같은 삶을 사는 어리석
은 백성이 되어서는 아니 될 것이니라.
11 영혼의 세상이 있으며 다음의 영원히
너희들이 사는 세상이 있다 하였거늘,
그 세상의 삶을 위하여 대비하지 아니
하며 오로지 너희들의 육의 삶에 눈이
어두워 그저 허덕이다 죽어 와 너희들
이 나로부터 심판을 받을 때,
12 너희들이 얼마나 미련하고 우매하고
어리석은 삶을 살았는가, 얼마나 공허
하고 잘못 살았으며 맹목적인 삶을 살
았는가를 피눈물을 흘리며 후회하고
통곡한다 하였음이니, 너희들은 여기
서 다음 세상의 삶을 대비하는 아픔을
이겨야 할 것이니라.
13 사랑하는 나의 아들아, 내가 무어라
말하였던가?
14 너희들은 만백성의 죄를 너희 가슴에
안고 지옥으로 가는 그와 같은 기도를
하라 하였음이니라.
15 그러니 이 세상의 육의 삶에서 너희들
이 그보다 더한 고통과 그보다 더한
역사 속에서 그보다 더한 시련과 고통
을 스스로 인내하고 감내하며 견디고
살아가는 것만이 하늘에 오르는 길을
볼 수 있음을 알라.
16 오늘 내가 너희들에게 명하는 이 뜻을
깊이 깨우쳐 너희들이 가야 할 것이니
라.

3,405 번째 하나님 말씀

2002년 9월 18일 09시 50분

1 사랑하는 나의 아들아!
2 "네, 아버님! 말씀하옵소서."
3 너희들이 구약 시대에도 영혼의 생명
을 얻어 영원히 사는 그 나라에 오고
자 추구해 왔으며, 그리하여 내가 모
세를 통하여 너희들의 생명이 영원히
존재하는 그와 같은 역사를 이루고자
하여 너희들이 지키고 구원을 받는 그
계명을 내렸으나,
4 너희들은 너희 손으로 우상을 만들어
광란의 짓을 하였으며, 그리하여 내가
너희들로부터 마음을 돌리게 하였음
이니, 그와 같은 역사 속에 너희들이
지금 온 것이 무엇이던가?
5 너희들은 영혼의 생명을 얻고자 함이
니라.
6 너희들은 영원히 죽지 않는 그 생명을
얻고자 나에게 기도하고 경배하며 그
리 왔음이니라.
7 그러나 신약 시대에 또한 그와 같이
너희들은 나의 아들이 나의 모든 성령
의 뜻을 전할 수 없도록 문을 닫게 하
였음이니, 그리하여 암흑의 세상이 지
금까지 흘러왔음이니라.
8 2천여 년이라는 길고도 긴 암흑의 세
월이 흘러 지금 내가 나의 성령을 태
워 나의 아들을 통하여 너희들을 구원
하고자 세상에 나의 법전이라 하여 책
을 내려보내니, 이는 바로 무엇이더냐?
9 너희들의 영원한 생명을 구원하고자
하는 나의 뜻임을 알아야 할 것이니라.
10 그리하여 지금까지 믿고 온 너희 종파

들의 잘못된 점을 하나하나 지적하여
내가 나의 법전에 기록하여 너희들에
게 깨우쳐 주며 어느 것이 진정 생명
을 구하는 길인가를 너희들에게 가르
쳐 줌이니,
11 지금까지 이끌어 왔던 그들이 생활 터
전을 잃을 것이며 그들의 성전이 문을
닫게 될 것이며 그곳에 거미줄을 치는
그와 같은 역사가 생기니,
12 그들의 안전을 위협받는 나의 성령이
요, 나의 법전이 세상에 나감이니, 그
들이 얼마나 무서운 힘으로써 나의 법
전이 세상에 존재하지 못하도록 하겠
는가?
13 이제는 나의 아들을 따르는 제자들과
나의 법전을 읽고 깨우친 만백성, 너
희들은 두려워하지 아니하는 자만이
존재함을 알아야 될 것이니라.
14 두려워하는 자는 정녕 존재할 수 없으
며, 두려워하는 자는 정녕 구원을 받
을 수 없음을 알아야 될 것이니라.
15 나의 아들 예수를 따랐던 그 제자들
또한 왜 나의 아들로부터 등을 돌렸는
가?
16 그들은 육의 생활에서 벗어나지 못하
며 육의 두려움 때문에 나의 아들에게
서 등을 돌렸으며 그와 같은 사악한
행위를 하였으니,
17 나의 아들 예수를 따르던 그 제자들이
그와 같이 두려움 앞에 저희 자신을
버렸으며 예수를 배신하였으며 나 여
호와를 배신하며 나 여호와가 존재함
을 부정하는 그와 같은 사악한 행위의
역사를 너희들은 한 토막 한 토막 읽
어 너희 것으로 만들어야 할 것이니라.
18 이제 수천 년 동안 헤아릴 수 없는 많
은 집단들이 뿌리를 내렸으며 각종 종
파들이요, 신흥 종교 집단들까지도 그
수를 헤아릴 수 없이 세상에 나의 피
조물 만백성을 구하는 길이라 하여 그
리 설치고 있으니,
19 그들의 생활권을 위협하며 그들의 조
직을 위협하며 그들이 지은 그 성전을
유지하는 것까지 위협하는 나의 성령
이요, 진정한 참진리요, 하늘의 빛이
세상에 내려감이니,
20 이를 읽고 깨우치는 백성들이 이제는
그들이 현혹하고 유혹하는 것에 넘어
가지 아니함이니, 그들의 성전이 문을
닫게 되며 그들의 생존의 생활권이 위
협을 받는 그 역사를 이룸이니,
21 그들은 나의 아들 예수를 해했던 자들
보다도 더 무서운 힘으로써 지금의 나
의 아들을 해하고자 할 것이며 나의
법전을 세상에 존재치 못하도록 하며
읽지 못하도록 걷어 들이려 할 것이니,
22 이제는 너의 제자들 중에서 두려워하
지 아니하는 자, 나의 법전을 읽고 깨
우친 백성들 중에서 두려워하지 아니
하는 자만이 존재하고 살아남을 수 있
으며, 두려워하지 아니하는 자만이 나
의 뜻을 이루어 나의 나라에 올라올
수 있는 자격이 있음을 너의 제자들에
게 일깨워 주어야 될 것이니라.
23 두려워하는 자, 무서워하는 자, 그와
같은 자는 정녕 하늘에 오를 기회가
없음이니,
24 이제 너희들은 두려워하는 마음을 버
려야 될 것이며, 두려워하지 않는 마
음으로써 굳건히 무장하여 어떠한 형

국으로써 나의 아들을 핍박하든, 어떠
한 형태로써 나의 법전이 세상에 존재
하지 못하게 하든 너희들은 끝까지 지
탱하고 싸우는 용기를 가져 승자가 되
는 그 영광을 안아야 될 것이니 그리
알라.
25 이제 너희들은 두려워하지 않는 마음
으로 굳건히 무장하여야 됨을 알라.

3,406 번째 하나님 말씀

2002년 9월 18일 10시 19분

1 사랑하는 나의 아들아!
2 "네, 아버님! 말씀하옵소서."
3 내가 너희들에게 한 송이의 피어 있는
그 꽃을 보며 그 꽃 속에 너희들의 마
음을 들여보내 그 꽃이 무엇을 생각하
고 있는지 그와 대화할 수 있는 그와
같은 믿음의 경지에 오르는 것이 너희
들이 가야 할 길이라 말하였으며, 모
든 사물과 만물을 다 그리 보라 하였
음이니라.
4 그리하여 그들에게 너희 마음을 넣어
네가 그 꽃이 되고 네가 그 상대방이
되라고 하였음이니라.
5 하물며 너희들이 천 가지 만 가지 생
각을 할 수 있는 지혜를 가지고 있는
나의 백성들과 상대하고 대화하면서
그 사람의 심성에 너희들의 마음을 보
내지 아니하고, 그 사람의 마음이요,
그 사람의 입장에서 생각하고 대화하
지 아니한다면,
6 정녕 너희들은 진정한 친구요, 진정한
이웃을 얻을 수 없음을 알아야 될 것
이니라.
7 너희 마음을 그에게 보내 그가 생각하
고 있는 것, 그를 기쁘게 할 수 있는
것, 그리고 그를 이해할 수 있는 그와
같은 마음 자세요, 너희 자신은 존재
하지 아니하고 상대방만이 존재하는
그와 같은 마음 자세로써 그들과 대화
하고 행동할 때,
8 너희들은 진정한 이웃을 얻을 수 있으
며, 진정한 친구를 얻을 수 있으며, 나
의 법전을 같이 공부하며 구원의 길로
그를 인도하는 그와 같은 역사를 이룰
수 있음을 알아야 될 것이니라.
9 너희들 자신을 먼저 존재시켜 놓고 너
희 자신이 있는 그 바탕 위에서 아무
리 설법을 하며 아무리 좋은 말로써
나의 법전에 있는 내용을 가지고 그들
을 이해시키고 깨우치려 해도 그들은
너희들을 따르지 아니할 것이니,
10 너희 마음을 열지 못하였으며 너희 마
음을 주지 못하였기에 그들이 한 권의
법전을 접하고도 너희들과 같이 동참
하는 사람이 될 수 없음이니라.
11 그 모두는 너희들이 마음을 비우지 아
니하였으며, 너희들의 행동이 바르지
못하며, 너희들의 생각하는 모든 것이
사랑으로써 이루어지지 아니함이니,
12 거기에는 너희 자신을 먼저 생각하며
너희 자신을 존재시켜 놓고 대화하며
나의 법전을 전하고 만백성을 인도하
는 그와 같은 마음 자세로 행동하고
대화하기 때문임을 알아야 될 것이니
라.
13 너희들 자신이 존재하지 아니하고 오
로지 상대방만이 존재하며, 그가 원하
는 것, 그가 하고자 하는 것, 그의 생

각을 너희들이 볼 줄 알고 그에게 보
조를 맞추며 그 뜻을 맞추어서 그와
생각을 같이하고 있을 때, 그는 하나
의 동질감을 얻을 것이며, 그를 이해
하고 사랑이 무엇인가를 그 스스로 느
끼게 될 것이니,
14 그와 같이 깨달음을 얻은 백성이 너희
들의 가는 길을 따라오고자 할 것이
며, 너희들이 전하는 그 법전을 정독
하여 스스로 구원의 길을 얻을 수 있
음이니,
15 너희들이 그리하여 한 사람 한 사람의
생명을 구하는 역사를 이룰 수 있음을
알아야 될 것이니라.
16 너희들 자신을 먼저 깊이 세워 놓은
다음에 어떠한 역사를 이루려 해서는
아니 됨을 알아야 될 것이니라.
17 나의 아들에게 와 공부하는 제자라 말
하는 너희들, 그리고 나의 백성이요,
나의 법전을 읽고 깨우치는 너희들에
게 내가 명하지 아니하였는가?
18 너희들의 가장 나쁜 습관을 하나씩 버
리라 하였거늘, 과연 너희들은 그를
버렸는가?
19 너희들의 작은 이익과 이해관계를 위
해서는 너희들이 스스로 버렸다는 그
마음이 용수철이 튀듯이 솟아나와 너
희들 자신도 모르게 감내하지 못하는
그와 같은 행위가 이루어짐이니, 그러
고도 너희들이 정녕 그를 버렸다 생각
하는가?
20 너희들의 마음으로써 그를 버렸으며
그러한 행위를 하지 않는다고 너희들
은 나의 아들에게 약속하나,
21 너희들의 작고 큰 이해관계가 성립되
었을 때, 경쟁적인 입장이 되었을 때,
너희들의 가장 큰 하나의 악습을 버린
것이 너희도 모르는 사이에 마음속 구
석에서 용수철처럼 튀어나와 너희들
을 악한 곳으로 인도하며, 너희들이
언제 깨달은 자이며 언제 변화된 자인
가를 너희 자신이 놀랄 만큼 그와 같
이 너희들의 성격이 수시로 변한다 하
면,
22 이는 너희들이 그 악습을 버린 것이
아니며 그저 그를 감추어 놓았을 뿐이
니라.
23 그리고 숨겨 놓은 것뿐이니, 너희들이
다시 그와 같은 행위를 할 수 있다는
것은 나 여호와를 속이는 것이며 나에
게 거짓된 맹세를 하는 것이니,
24 그러고도 너희들이 어떠한 영광과 은
혜와 축복이 있기를 바란다면 이는 너
희들의 망상이요, 헛된 꿈임을 알라.
25 어떠한 상황에도 너희들이 버렸던 그
습관이 두 번 다시 나와서는 아니 되
며, 그와 같은 행위가 있어서는 아니
될 것이니라.
26 이번 한 번으로써 모든 것은 끝날 것
이며 두 번 다시 행하지 않을 것이라
하여 너희들이 또 그 악습을 행한다
면, 너희들은 그러한 방법이 계속 반
복됨으로써 영원히 나를 기만하는 것
이며, 너희들이 깨우치지 못하고 버리
지 못함이니,
27 그 하나의 악습을 버림으로 인하여 내
가 너희들에게 모든 은혜를 내린다 하
였으나, 너희들이 그 악습을 버리지
못하고 유사시에 너희들의 그 마음이
튀어나오며 그와 같은 악습의 행위를

하는 것은 너희들이 정녕 마음을 비운
것이 아니요, 나 여호와를 기만하는
죄만을 하나 더 지음을 알아야 될 것
이니라.
28 너희들이 정녕 하나의 악습을 버렸다
면 어떠한 상황이나 어떤 사태가 돌발
했을 때도 그 악습이 두 번 다시 너희
들에게서 나와서는 아니 되는 것이니
라.
29 정녕 그와 같이 너희들의 잘못된 악습
을 버린 자가 있는가?
30 그리하고도 너희들이 나로부터 축복
을 받지 못한다면 너희들이 정녕 나
여호와가 존재하지 아니함을 믿어도
내가 너희들을 벌하지 아니할 것이니
라.
31 너희들은 그 하나의 악습을 버려야 바
로 서는 나의 제자로서 다시 태어남을
잊지 말라.

3,407 번째 하나님 말씀

2002년 9월 18일 14시 33분

1 사랑하는 나의 아들아!
2 "네, 아버님! 말씀하옵소서."
3 나의 아들 예수가 사탄으로부터 얼마
나 많은 시험을 받았느냐?
4 세상 것을 다 주어 부귀영화를 누리도
록 해 준다고 하였으며 그를 그들이
유혹하고 시험하였음이니라.
5 그러나 그는 그들에게 넘어가지 아니
하였으며 그들과 대적하지 아니하였
음이니, 오로지 창조주 나 여호와가
존재함을 그는 알고 있었기 때문이니
라.
6 지금 네가 마음의 경지가 높아지고 깨
끗해져 가며, 또 나의 법전 160권을
세상에 낸다 할 때 그 누구도 믿지 아
니하였으나, 네가 3부를 이제 다 돌파
해 가는 이와 같은 시점에 사탄과 사
악한 자들이 비상이 걸려 있음은 말할
것도 없느니라.
7 어떻게 해서라도 너를 쓰러트리려 하
며 어떻게 해서라도 네가 이 세상에
존재하지 못하도록, 지금 각종 종파들
이 너를 시기하고 질투하며 너를 공격
하는 그들의 그 무서운 힘보다도 더
무서운 힘으로써 너를 공격하며 너를
쓰러트리고자 하는 것이 사탄이요, 사
악한 자들의 마음 자세이니라.
8 너는 여기서 깨우치고 지켜야 할 것이
있음이니라.
9 모든 사탄들이 너를 유혹함에 있어서,
네가 질서에 어긋나는 짓을 하지 아니
하고 너에게 가장 불리한 쪽으로 모든
것을 생각해서 판단하지 아니하면 너
는 사탄의 시험에 넘어지며 사탄으로
부터 견딜 수 없는 무서운 과오를 범
하게 됨이니,
10 나의 법전을 세상에 내지 못하는 것은
물론이요, 나 여호와의 존재함마저도
상실되게 함이니, 너는 모든 생각이
너를 지배할 때 그 생각에서 가장 너
에게 불리한 쪽으로, 그리고 너에게
어려운 쪽으로 그와 같은 길을 선택하
지 아니하면 너는 사탄의 시험에 무너
지며 넘어짐이니라.
11 사탄이 온갖 방법을 가지고 너를 유혹
할 것이며 너를 쓰러트리고자 갖은 간
계를 다 쓸 것이니, 그때마다 네가 가

장 불리한 쪽을 선택하고 나 여호와의
뜻인지 아닌지를 묵상과 기도로써 나
에게 그때그때 직접 답을 받지 아니하
면 네가 쓰러질 수 있음이니, 그리 알
아야 될 것이니라.
12 네가 나에게 묵상을 드리고 기도하여
받지 않은 답은, 그 어떠한 너를 즐겁
게 하며 기쁘게 하는 역사라 하더라도
그것은 다 잘못된 것이며, 너를 무너
트리기 위한 사탄들의 간교한 계략임
을 너는 알아야 될 것이니라.
13 예수보다도 더 어렵고 힘든 그 모든
시험과 그들의 거치는 그 시험에서 네
가 견디지 못하면 하루아침에 무너짐
을 알아야 될 것이니라.
14 오로지 너는 질서가 아니고 도덕적이
아닌 한 점의 부끄럼이 있는 삶을 행
해서도 아니 되며, 모든 것은 나로부
터 묵상과 기도를 받아 행하여야 될
것이니라.
15 그렇지 아니하면 네가 한순간에 모두
를 다 잃게 되며 무너짐이니, 이를 네
가 명심하고 또 명심하여 행하여야 될
것이니라.
16 어렵고 힘든 그 고비를 넘길 때마다
너에게 축복이 있을 것이며, 그 어렵
고 힘들 때 너를 유혹하는 그 유혹의
소리를 네가 들어서는 아니 될 것이
며, 그 유혹의 소리를 들어 네가 그들
과 같이 행하는 역사가 있어서는 아니
될 것이니라.
17 잠깐 깜빡하는 순간에 모두가 다 무너
짐을 잊지 말라.
18 지금까지 네가 잘 버티고 견디어 왔음
이니, 너는 어떠한 상황에서도, 나 여
호와를 즐겁게 하는 일이라 하더라도
항상 묵상과 기도로써 해야 될 것이
며, 나의 법전을 세상에 모두 전하는
역사를 하겠다는 사람이 나온다 해도,
너 스스로 답하여 결행해서는 아니 됨
을 알라.
19 그들에게는 함정이 있으며 너를 유혹
하는 것이 있음이니, 그 사탄들의 무
지막지한 장난이요, 간계에 네가 걸려
들면 일어설 수가 없음이니,
20 이제 너를 쓰러트리려는 외부의 많은
종파들의 집단이 태풍보다도 강한 힘
으로 몰아붙이는 것을 견디며, 내면으
로써는 네가 네 영혼을 쓰러트리고자
하는 그 사탄들의 간교한 방법에 넘어
져서는 안 되니, 그를 잊지 말고 자신
을 굳건히 지키며 모두를 나에게 경배
와 기도로써 임하도록 그리하라, 사랑
하는 나의 아들아!

3,408 번째 하나님 말씀

2002년 9월 18일 14시 40분

1 사랑하는 나의 아들아!
2 "네, 아버님! 말씀하옵소서."
3 내가 세상에 불로 십계명을 써서 모세
에게 내렸으니, 그것이 얼마나 소중하
고 위대한 것이던가?
4 구약과 신약의 모두를 집약한 것이 십
계명이며, 내가 직접 불로 썼음이니
그것에는 오자와 탈자나 너희들의 생
각이 하나도 들어 있지 아니함이니라.
5 그를 지킴으로써 그것이 너희들의 영
혼의 구원의 양식이라 내가 말하였음
이니, 그 시대의 백성들은 어찌 살아

왔는가?
6 지금 신약 시대에 살아가는 너희들이
너희 자신을 돌아다본다면, 구약 시대
에 나의 십계명을 버리며 우상을 만든
그 광란의 시대에 그와 같이 사람의
목숨을 함부로 해하며 금으로 만든 우
상 앞에서 나 여호와를 저주하며 버리
는 그와 같은 행위를 한 자들과 그들
의 행태를 보면서 너희들은 무어라 생
각하는가?
7 그 백성들의 어리석음과 그들의 오만
함에 너희들은 치를 떨 것이니라.
8 바로 지금 내가 바라보는 입장에서 나
의 아들 예수를 죽게 하여 신약 시대
에 믿음의 굴레를 만들어 가고 있는
너희들이 그들과 똑같다면 너희들은
어찌하는가?
9 정녕 너희들이 사랑을 베풀고 나누며
사는 자들인가? 그리고 이웃의 어렵
고 힘듦을 도우며 사는가?
10 종교 지도자가 무엇이더냐?
11 마약에 지쳐 있는 자, 가정을 버리는
자, 스스로 타락한 자, 그와 같은 자를
구원하고 살리는 것이 종교 지도자 너
희들의 해야 할 일이니라.
12 그러나 과연 너희 손으로 지은 성전이
라는 곳에는 어떠한 사람들이 모여드
는가?
13 너희들은 그저 재물과 금화를 많이 바
치는 자를 우선으로 생각하며, 그와
같은 자가 믿음이 대단하며 믿음이 강
한 자라 하며 그들 위주로 지금 가고
있음이니,
14 불쌍한 나의 피조물 만백성을 구하고
사랑을 베푸는 그와 같은 역사의 행위
를 하고 있지 않음이니, 수천 년 동안
지금의 믿음의 집단이 흘러온 그 과정
이나 형태가 바로 무엇이더냐?
15 모세를 배신했으며 십계명을 배신한
백성들이 나의 아들을 죽게 하였으며,
나의 아들을 배신한 너희들이 지금 믿
음을 향하여 가는 그 길이 구약 시대
에 우상을 만들어 놓고 광란의 짓을
했던 백성들과 똑같은 형태로 그리 나
에게 등을 돌리며 나를 버린 믿음으로
가고 있다면 너희들은 믿겠는가?
16 내가 하늘에서 내려다보는 지금의 종
교 지도자들이 가르치는 것이나 그곳
에 가서 구원을 받겠다고 몸부림치는
너희들이나 모두 그와 같은 형국이니,
17 내가 보기에는 그때나 지금이나 조금
도 다름이 없는 형국으로 가고 있음이
니라.
18 너희들이 그곳에서 벗어나지 아니하
고 그곳에서 탈출하지 아니하는 한 너
희들은 구원의 영광의 찬란한 빛을 볼
수 없음이니라.
19 내가 너희들에게 그리 말하는 이유가
무엇이던가?
20 많은 종교 지도자들이 바로 가르쳤다
면 나의 피조물 만백성이 이와 같은
지금의 삶의 형국을 가겠는가?
21 지금 나의 백성들이 어찌 생각하는가?
22 이 세상에 살아가는 나의 피조물 만백
성은 남을 생각하지 아니하며 저만 좋
으면 된다는 생각과 저만 좋으면 그뿐
이라는 그 사고방식이 만연되어 있으
며,
23 정녕 저를 위주로 살고 남의 고통과
시련을 바라보지 아니하며, 남에게 어

떠한 피해와 어떠한 고난을 준다 해도
저 자신만 좋으면 그뿐이라는 생각에
젖어 있으며 그 삶을 위하여 살아가는
것이니,
24 이것이 바로 너희 종교 지도자들이 하
늘에 오르는 길로 나의 백성들을 깨우
쳐 인도한 지금의 2천 년이 흐른 역사
의 결과이니라.
25 내가 구약 시대보다도 지금의 너희들
이 하고 있는 작태가 더 험악하고 사
악한 방법이라 말하였으니, 그 내용을
일일이 내가 너희들에게 기록하여 깨
우쳐 주어야 깨닫겠는가?
26 지금 믿음을 가르치는 지도자나 배우
는 자나 조건부에 의하여 계산하는 너
희들이 얼마나 사악한 자들인가?
27 너희들은 지금 자기 자신만을 위하여
사는 삶 그 자체 하나를 보더라도 너
희들의 부끄러움을 알아야 될 것이며,
내가 말하는 뜻이 어디에 있는가를 알
아야 될 것이니라.
28 정녕 사랑을 모르고 사랑이라는 행위
를 외면하며 사는 지금 이 시대의 모
든 책임은 나의 피조물 만백성을 사랑
으로 베풀며 천국으로 인도하며 나에
게 오르는 길을 가르친다고 하는 그
집단들이 져야 함을 알아야 할 것이니
라.

3,409 번째 하나님 말씀

2002년 9월 18일 14시 47분

1 사랑하는 나의 아들아!
2 내가 나의 피조물 만백성 너희들을 사
랑함이 극진하며, 이 세상 그 무엇도
너희들보다 더 사랑함이 없음이니라.
3 그리하여 너희들이 나로부터 세상에
나가 너희 삶을 아름답게 살다 나에게
구원을 받으라 그리하였으며, 그 길을
위하여 예수를 세상에 내보내 너희들
에게 참진리의 빛을 가르치고자 하였
음이니라.
4 그러나 너희들은 나의 아들 예수를 그
와 같이 버렸으며, 그 참진리의 가르
침이 세상에 내려갈 수 있는 길을 막
았음이니라.
5 너희들이 소중하고 너희들을 사랑하
며 아끼기에, 그리하여 내가 시도했던
것은 너희들을 근본으로 너희들의 주
관으로 하여 모든 것이 이루어져 살아
나가도록 이 세상을 내가 만들었음이
니라.
6 그리고 내가 바라는 것이 그것이었음
이니라.
7 이 세상의 모든 동식물이요, 내가 만
든 자연의 그 모두를 너희들이 화합하
며 통제하며 가꾸어 너희 삶에 도움이
되도록, 너희들을 위주로 하여 세상의
모두를 다 만들었음이니라.
8 그리하여 너희들이 나에게 오르는 구
원의 길 또한 인간 너희들을 존중하고
사랑하며 너희들이 존재하는 그 바탕
위에서, 너희들의 기본권이요, 너희들
의 인권이요, 너희들의 삶을 보장하는
그와 같은 것 위에서, 너희들이 믿음
의 길에서 깨우쳐 나에게 오르도록 그
리 가르쳤음이니라.
9 그리고 그것이 내가 추구하는 길이며
내가 원하는 방법이니라.
10 그러나 너희들은 어찌 가고 있는가?

11 지금의 믿음은 어찌 가는가?
12 내가 가장 소중히 아끼는 나의 백성
너희들의 존재 가치를 찾아볼 수 없으
며, 너희들이 존재하는 것을 위해서,
너희들을 위해서 지금의 믿음의 길을
가고 있는 것이 아님이니라.
13 지금 너희들의 믿음은 너희 스스로 잘
못 가르치는 종교 지도자들 속에 노예
화되어 가고 있으며, 노예가 되고자
하여 믿음에 입문하는 그와 같은 형국
이 되어 있음이니, 너희들은 이를 어
찌하여야 되겠는가?
14 너희들의 손으로 지은 성전에서 설교
하는 종교 지도자는 나의 뜻이 무엇인
지도 모르니 인간의 존엄성을 모르며,
너희들 자신을 위주로 하여 모든 성서
를 가르치며 삶의 질을 높여 가는 것
이 아니라,
15 그저 믿음이라는 그것으로써 저희들
이 지은 성전에 왔을 때 영혼이 구원
을 받았으며 선택되었다고 그리하여
나의 피조물 만백성이 저희 감언이설
을 듣고 저희 성전을 찾아갔을 때, 그
때부터 나의 피조물 만백성은 저희들
로부터 노예화되며 노예가 되는 그와
같은 삶의 형국으로 이루어져 감이니,
16 인간의 존엄성과 나의 백성들의 존귀
함을 싹 짓밟아 무너트리는 것이 지금
의 종교 집단이니라.
17 나의 백성 너희들은 어찌하여 그와 같
이 너희 스스로 노예가 되고자 하는
그 잘못 가르치는 종교 집단이요, 그
들이 지은 성전이라는 곳에 가서 그들
의 간악한 말장난에 너희들 자신을 버
리는가?
18 이것이 지금 바로 너희들이 가고 있는
믿음의 형국임을 알아야 될 것이니라.
19 그곳에서는 인간의 존엄성이 없으며
사랑이 없으며 나눔이 없음이니라.
20 정녕 내가 원하는 것이 무엇이더냐?
21 사랑이요, 나눔이니라. 그리고 모두를
베풀어 줌이니라.
22 그것이 내가 원하는 것이나, 너희들이
지은 그 성전에서는 그를 행하며 산다
고 말은 하나, 너희들의 삶의 생활에
서는 그와 같은 진실한 것을 전혀 찾
을 수 없으며, 나의 피조물 만백성을
노예화하여 그리 부리고 써먹다가 너
희들이 지옥으로 가며 그들 또한 지옥
으로 가도록 그와 같이 하고 있는 것
이 지금의 너희들의 형태이니라.
23 지금 나의 피조물 만백성에게는 사랑
이 없음이라.
24 그들은 사랑을 모르며, 경쟁하고자 하
는 마음뿐이며, 그리고 경쟁에서 이겨
저희 자신이 행복한 육의 삶을 사는
것에만 모두를 다 집착하고 있음이니,
그와 같이 경쟁의 심리를 길러 놓은
너희들이 바로 무엇이더냐?
25 사랑을 실천하고 가르친다고 하면서
종교 지도자 너희들은 실제로 사랑이
라는 그 아름다움을 파괴시키는 그와
같은 행동으로써 지금까지 이끌어 왔
음이니라.
26 그러니 너희들이 경쟁하는 심리요, 욕
심이라는 것을 버리지 못하고 사랑을
파괴하는 그와 같은 행위가 즉, 무엇
인 줄 아는가?
27 그것이 바로 지옥으로 통하는 길임을
알아야 될 것이니라.

28 사랑을 파괴하는 너희들의 그와 같은
행위가, 너희들의 그 삶이 바로 지옥
으로 향하는 것이며 지옥으로 가는 통
로임을 알아야 될 것이니라.
29 그러하니 지옥의 통로로 달려가면서
도 너희들이 구원을 받는다, 구원을
받았다 하며, 또 우리 부자의 이름을
팔아 구원받았다 그리함이니, 우리 부
자의 이름을 너희들의 더러운 입으로
부르지 말라.
30 너희들이 그곳으로 달려가기 시작하
였을 때는 이미 나를 버린 것이요, 나
의 아들 예수를 버린 것이며, 지금 내
가 나의 아들을 통하여 세상에 전하는
나의 법전을 버렸으며, 나의 성령의
뜻을 버린 자이니, 너희들은 지옥으로
가는 그 통로를 향하여 계속 달려가는
것만이 너희들의 남은 과제이니, 이제
라도 깨우쳐 나의 법전을 손에 들고
돌아서는 자는 구원을 받을 수 있음을
알라.

3,410 번째 하나님 말씀

2002년 9월 18일 14시 54분

1 사랑하는 나의 아들아!
2 "네, 아버님! 말씀하옵소서."
3 나의 피조물 만백성 너희들은 살아가
면서 서로 사랑하며, 서로의 마음을
이해하며, 서로 마음의 조화를 이루어
진정한 참진리의 길을 찾아 하늘에 오
르는 길을 오르라고 내가 너희들에게
가르치고 일깨워 주었음이니라.
4 그러나 너희들의 지금의 가는 형국은
어떠하던가?
5 내가 가르친 나의 뜻은 접어둔 채, 너
희들은 너희 집단에 와서 같이 경배하
지 아니하며 너희들이 행하는 행사에
참석지 아니하고 너희들의 집단에 소
속되지 아니하는 백성은 경시하며 그
들을 인간 이하의 대접을 하며 살아가
는 오만함에 젖어 있는가 하면,
6 종파와 종파끼리는 서로 적대시하며
전쟁 직전과 같은 살벌한 분위기로써
너희들이 제 것만 옳으며 제 것만 위
대하다며 그와 같이 살아가는 형국이
니라.
7 나 여호와가 너희들에게 바라기를, 서
로 사랑하고 아끼며 하나의 조화를 이
루어 진정한 화합의 참진리를 찾는 그
와 같은 것으로써 너희들이 살아가야
할 것이며, 그를 깨우치지 못하는 나
의 백성들을 선도하고 인도하기 위하
여 그와 같은 가교의 역할을 하는 것
이 너희들이 해야 할 길이라 하였느니
라.
8 그러나 너희들은 서로 이해하는 화합
의 믿음의 장으로 가는 것이 아니라,
서로 경쟁하고 시기하고 질투하며, 한
명을 데리고 가르치는 자도 제가 제일
위대하다 하며, 열 명을 가르치는 자
도 저만이 구원의 길을 인도하는 자며
저만이 나로부터 선택된 자라 하며,
백 명을 거느리는 자도, 만 명을 거느
리는 자도 다 그와 같이 다른 종파는
다 이단이요, 사탄이라 그리 말하며
서로 불신하고 저만이 최고라 그리 생
각하고 살아가는 것이 무엇이더냐?
9 자기 자신을 먼저 버리지 못했기 때문
이요, 자신을 돌아보지 못함이며, 너

희들이 욕심을 버리지 못했기 때문이
니라.
10 한 명을 놓고 가르치는 종교 지도자도
저만이 위대하다고 하며, 만 명을 놓
고 가르치는 종교 지도자도 제가 위대
하다고 하며, 너희들이 똑같은 욕심의
굴레를 벗어나지 못하고 서로 저만이
최고라 주장하는 것은 사람을 많이 가
르치는 자나 적게 가르치는 자나 똑같
은 것이니라.
11 너희들이 그와 같은 마음 자세로 어찌
나의 피조물 만백성이 신성시하는 하
늘에 오르는 길을 볼 수 있으며 하늘
에 오르는 참진리의 빛을 볼 수 있다
고 말하는가?
12 지금의 너희들 종교의 믿음의 형태가
저만이 최고요, 저만이 위대한 자요,
저를 따르는 자만이 구원을 받는다고
그리 목소리를 돋우고 있음이니,
13 그 모두가 다 지옥으로 가는 안내자로
서 너희들이 나의 피조물 만백성을 지
옥으로 이끌어 가는 그와 같은 행위임
을 알아야 될 것이니라.
14 내가 너희들에게 무어라 말하였느냐?
15 사랑을 나누며, 그 사랑하는 마음으로
써 조화를 이루어 아름다운 하늘에 오
르는 길을 보고 너희들이 나의 품에
돌아오라 그리하였으나, 너희들은 이
를 적대시하며, 항상 적과 같은 마음
으로 전쟁 직전에 서로 맞대고 으르렁
거리는 그와 같은 형국으로 살아가며,
서로 죽이고 사는 그 짐승들의 한판의
장이 벌어지기 전에 서로 힘을 겨루며
으르렁대는 그와 같은 형국으로 너희
들이 살아가는 것이니,
16 이것이 과연 나로부터 높은 지혜를 받
아 사랑을 나누는 백성들이 할 길이며
하늘에 오르는 천국의 문을 들어서는
길을 인도한다는 종교 집단 너희들이
할 수 있는 형태인가?
17 그 얼마나 너희들이 추하고 부끄러운
모습인가를 돌아다보라.
18 서로 먹기 위하여 으르렁거리는 짐승
의 한판의 결투가 벌어지기 직전의 그
와 같은 형국으로써 너희들이 매일 살
아가는 것이니,
19 너희들의 삶이 얼마나 공허하고 얼마
나 무의미하며 너희들의 삶이 얼마나
가치 없는 삶인가를 알아야 될 것이니
라.
20 하나의 나는 나비와 꽃 한 송이의 아
름다움도 보지 못하고 사는 것이 지금
종교 집단 너희들이 가고 있는 행위이
니라.
21 그저 저희들과 같이하지 아니하는 자
를 경원시하며, 저희들의 종파의 이름
과 다르다고 적대시하며, 전쟁 속과
같은 그 긴장과 불안함 속에서 살아가
는 것이 너희들이니,
22 이 세상 내가 만든 자연의 아름다움도
바라보지 못하며 살다가 그저 그냥 지
옥으로 가는 그 삶을 위하여 너희들이
으르렁대고 있다는 것을, 그리고 항상
너희들이 서로 적으로 생각하고 살기
에 불안함과 초조함과 공허함과 허무
한 마음속에서 살다가, 숨을 막 거두
어 죽기 직전에 하늘과 땅과 천국과
지옥을 알게 될 때, 돌이킬 수 없는 그
때서부터 너희들의 그 고통이 얼마나
무서운 것인가를 체험할 날이 머지않

았음이니라.
23 바로 서야 될 것이니라.
24 진정한 그 빛을 보아 너희들이 진정한
나의 뜻이요, 나의 성령이 무엇이며
창조주가 너희들에게 가르치고자 하
는 음성이 무엇이며 내가 전하고자 하
는 말뜻이 무엇인가를, 나의 법전을
접하는 자는 그 모두를 알게 될 것이
니라.
25 그것만이 구원의 길임을 잊지 말라.

3,411 번째 하나님 말씀

2002년 9월 18일 15시 04분

1 사랑하는 나의 아들아!
2 "네, 아버님! 말씀하옵소서."
3 하늘의 뜻을 알며 나 여호와의 뜻을
알며 내가 이루고자 하는 길을 가고자
하는 만백성은 알고 깨우쳐 가야 할
것이 있음을 알라.
4 정녕 하늘에 오르는 진정한 믿음이란
무엇이더냐?
5 참빛이요, 참진리요, 진정한 믿음의
길이요, 나 여호와의 뜻은 영원히 멸
망하지 아니하며 영원히 지속되는 것
이라는 것을 너희들은 알아야 될 것이
니라.
6 수백 년, 수천 년의 역사가 흘러도 나
의 참빛이요, 참진리는 변하지 아니하
는 것이며, 내가 너희들에게 내린 가
르침은 변화되지 아니함을 알아야 될
것이니라.
7 지금 수천 년 동안 흘러오면서 우리
부자의 이름을 팔며, 나의 성서를 가
지고 하늘에 오르는 길에 나의 피조물
만백성을 가르치고 인도한다는 너희
들은 많은 그 세월 속에 너희들의 믿
음이 퇴색되고 변질되었으며,
8 너희 인간이 만든 그 계명에 따라 종
교 집단이요, 그 성전을 운영하는 방
법으로써 너희들이 완전히 탈바꿈하
였으며, 또한 집단과 집단의 이해관계
와 그 소속에서 너희들이 얻고 잃는
것에 따라서 나의 성서의 가르침의 모
두가 퇴색되고 변하였으니,
9 2천 년이라는 세월이 흐르는 동안에
너무나도 많이 변하여 멀리 흘러가 있
음이니, 이를 돌이키려 해도 도저히
돌이킬 수 없는 지금의 입장에 와 있
는 것이 너희들이 지금 달려가고 있는
믿음의 현주소임을 알아야 될 것이니
라.
10 진정한 진리는 변하지 아니하며 멸망
하지 아니하는 것이니라.
11 그러나 2천 년 동안 변질되고 변화된
그 종교의 가르침에 따라 지금의 종교
집단이 어떠한 형국으로 흘러가는가?
12 너희들을 믿고 따르는 그 성전의 신도
들의 그 후손들이 지금 어찌 가는가?
13 그들이 너희들처럼 성전을 찾는 자가
점점 늘어나며 너희들에게 힘을 실어
주는 그와 같은 역사가 이루어지는가?
14 그렇지 않고 너희들이 쥐고 있는 그
신도들의 후손들이 너희들로부터 등
을 돌리며 너희들로부터 서서히 떠나
가는 그와 같은 현상은 이루어지지 아
니하는가?
15 너희 조상들과 지금의 믿는 백성들처
럼 너희 손으로 지은 그 성전에 와서
맹신하며 맹종하는 그와 같은 백성들

이 가면 갈수록 점점 늘어나며 더 맹
신하고 복종하며 맹종해 가고 있는가?
16 너희들은 이를 돌이켜 보아야 될 것이
니라.
17 너희들이 나의 피조물 만백성을 구원
한다는 그 성전에서 진정한 진리를 가
르치며 진정한 나의 참뜻을 가르쳤다
면 그곳에는 수없는 나의 백성들이 모
여들었을 것이며, 너희 후손 또한 더
열과 성의를 다하여 너희들의 성전에
와서 너희들이 가르치는 그 설법을 들
었을 것이니라.
18 그러나 그들은 이제 흑백을 가르기
시작함이니, 지금까지 맹신, 맹종했던
너희들의 신도들과는 달리, 그 후손들
은 서서히 너희들을 평가하기 시작하
며 그 내막을 들여다보며 너희들에게
갑론을박하기 시작함이니,
19 너희들이 이제 불안하고 초조한 마음
을 견딜 수 없을 것이며, 이 세상을 구
원할 자 올 것이며 이 세상을 다시 이
루는 자 올 것이라는 너희들의 그와
같은 말로써 지금 나의 피조물 만백성
을 이끌어 온 그 성전에서 너희들이
군림하여 나의 피조물 만백성을 노예
처럼 부려왔으나,
20 이제는 너희들이 그 성전을 관리하고
운영하기 위한 성전의 노예로 너희 스
스로 전락하고 있는 그 불안하고 초조
한 마음을 종교 지도자 너희들은 부정
할 수 없을 것이며, 그곳에서 믿고 있
는 신도 너희들 또한 그와 같은 현상
을 피부로 느낄 것이니라.
21 이제는 너희들 조상들처럼 너희 아들
딸들은 지금같이 맹종하며 맹신하는
그런 믿음으로 절대 가지 아니할 것이
니라.
22 그러니 과연 너희들이 지금까지 이끌
어 온 그 믿음이 2천 년 역사가 흘러
세상을 다 덮는 듯하나, 너희들의 그
믿음의 성전에서 다음 세대를 이끌어
갈 너희 자손들이 서서히 등을 돌리고
돌아선다는 것은 곧 하부의 조직이 없
어지며 하부의 받쳐 주는 힘이 없으니
그는 곧 무너져 갈 것이니라.
23 지금의 나의 피조물 만백성이 살아가
는 농촌의 삶의 실태처럼, 젊은이들이
다 떠나고 난 다음에는 곧 죽음의 문
앞에 있는 사람들이 저희들의 형제나
동료가 죽어 가면 그를 땅에 묻어 주
며 저 자신도 머지않아 그리 갈 것을
생각하며 그들에게 그들만이 지금 존
재하며, 그들을 받쳐줄 만한 후손이
존재하지 아니하며 그 백성이 존재하
지 아니함이니, 그들의 초조하고 불안
한 마음은 이루 형용할 수 없을 것이
니라.
24 지금 농촌에 늙어 나이 먹은 자들만이
존재하며 그 후손도 받쳐 주지 아니하
는 그와 같은 불안한 형국에 있는 것
과 똑같이, 지금의 믿음의 길을 가고
있는 너희들 또한 그와 같이 불안과
초조와, 너희들 성전으로부터 너희들
이 지배자가 아니라 성전의 노예로 전
락하는 그와 같은 형국을 너희들은 보
고 있을 것이니라.
25 그러니 이것이 이와 같이 잘못 변하여
흘러간다면, 서서히 갈수록 너희들이
퇴조하며 너희 성전에서 젊은 세대들
이 등을 돌리는 그 형국이 이루어진다

면, 과연 너희들이 진정한 참빛이요,
참진리의 믿음이요, 진리의 길을 가르
쳐 왔다고 생각하는가?
26 너희들은 너희 스스로 알아야 될 것이
니라.
27 이제 너희들이 스스로 지탱하기 어려
워져 가는 그 상황을 너희 스스로 실
감하기 시작할 것이니라.
28 이게 바로 내가 역사하는 것이니라.
29 내가 제3의 시대의 역사를 이루어 너
희들의 뿌리를 다 제거하고자 함이며,
내가 새로 내리는 나의 법전으로써 나
의 피조물 만백성이 하늘에 오르는 길
을 깨우치며, 그들 스스로 지상의 자
연이 내가 만든 성전이요, 그곳에서
기도하고 경배하는 자는 구원을 받을
수 있다는 그와 같은 깨달음으로써 믿
음의 방향을 전환하고 바꿀 때,
30 너희들이 그와 같은 시대의 변화를 이
루지 아니한다면 정녕 너희들은 스스
로 너희 무덤을 파는 그와 같은 결과
가 될 것이며, 너희들 시대에서 모든
성전이 거미줄을 치며 그곳을 찾는 자
없게 됨이니,
31 지나가는 자가 그곳에 돌을 던지며 침
을 뱉는, 그리고 너희들의 허상이 무
엇이었는지 낱낱이 드러나는 시대가
이루어지며 지금 그리 변화되고 있음
이니, 너희들은 이와 같은 형국을 알
아야 될 것이니라.

3,412 번째 하나님 말씀

2002년 9월 18일 15시 11분

1 사랑하는 나의 아들아!
2 "네, 아버님! 말씀하옵소서."
3 너희들이 나로부터 생명을 받아 세상
에 나가 60점이라는 내가 정해 준 그
테두리 안에서 너희들이 노력하는 만
큼 얻고 살 수 있는 그 모두를 주었음
이니,
4 그리하여 인간 너희들이 육의 생활을
진실하게 영위하는 것이 정녕 소중한
것이며, 그것이 내가 너희들에게 내린
그 축복에 너희들이 보답하는 길이라
는 것을 알아야 될 것이니라.
5 그리하여 너희들이 무엇보다도 육의
삶 자체도 소중함이니라.
6 나로부터 이루어진 축복이요, 그 모든
내가 너희들에게 내린 소중한 은혜이
니, 그 육의 삶의 생활 자체도 소중함
을 알고 잘 관리하고 살아야 하는 것
이 너희들이 나에게 보답하는 길이며
나의 은혜에 보답하는 길임을 알아야
할 것이니라.
7 그리하여 너희들의 육의 삶도 소중하
며, 너희들이 그 세속의 삶에서도 남
에게 부끄럽고 한 치의 뒤떨어진 그와
같은 삶을 너희들이 살아서는 안 될
것이니라.
8 그리하여 너희들의 영혼의 집인 육의
삶을 얼마만큼 아름답게 살았느냐 하
는 그 삶은 또한 너희들의 영혼을 받
쳐 주는 그와 같은 삶이기에 그 삶이
소중함은 두말할 것이 없느니라.
9 그러나 너희들은 여기서 한 계단 더
높은 차원의 세상이 있음을 알아야 될
것이니라.
10 너희들의 육이 살아가는 그 삶도 소중
하며 육을 위해 노력하고 사는 것도

소중하나, 너희들은 한 차원 높은 다
음 세상을 바라보고 사는 깨달음을 얻
어야 될 것이니라.
11 너희들이 한 차원 더 높은 영혼을 위
하여, 영원히 사는 그 영혼의 삶을 위
하여, 영혼이 구원을 받는 그 길을 구
축하며 살아가는 데 역점을 두지 아니
하면 아니 됨을 알아야 될 것이니라.
12 너희들은 육의 삶에 있어서 한 점의
부끄러움이 없는 바른 삶을 살아가며,
그 속에서 너희들이 그 삶으로써 만족
하는 것이 아니라, 영혼이 구원을 받
으며 영혼이 심판을 받아 영원히 사는
한 차원 높은 그 길을 위하여 노력하
는 삶을 바라보지 아니하면,
13 그 미래를 모르고 미래를 위해 노력하
지 아니하는 자는 거두어들일 수 없는
그와 같은 무서운 결과를 이루게 됨이
니, 그를 알아야 될 것이니라.
14 나의 은혜 속에 받은 그 육의 삶을 충
실히 아름답게 살아 너희들의 영혼의
집을 잘 관리함으로써 그 영혼이 너희
들의 집을 관리하고, 또한 너희들의
육의 집이 영혼을 잘 받듦으로 해서
너희들은 하나의 완벽한 영혼을 세상
에 성장하도록 하는 것이며,
15 그리하여 너희들의 육이 죽어 간 다음
그 영혼은 나한테 와서 심판을 받으며
그 삶에 대한 점수에 의하여 벌을 받
고 대가를 치르는 것이니,
16 그와 같은 다음 세상의 차원 높은 삶
을 위하여 너희들은 항상 준비하고 연
구해야 될 것이니라.
17 육의 삶 속에서 이를 같이 겸비하며
살아가는 자, 그가 정녕 깨달음을 얻
을 것이며, 진정한 삶을 살아가는 자
임을 알아야 될 것이니라.
18 이제 육의 삶에 충실하며, 영혼의 구
원의 길을 구축하는 데 너희들의 모든
삶의 본질이 맞추어져야 될 것이니라.
19 너희들이 짧은 육의 삶에 너희 모두를
바쳐 허덕이며 살다가 죽어 나에게 와
서 너희들의 그 육의 세상을 바라볼
때, 너희들이 얼마나 허무하고 허망하
며 잘못된 것을 따라 살기 위해서 노
력했으며 거짓된 것을 위하여 얼마나
모두를 바치며 따라갔는가, 진실을 외
면했던 너희 자신이 그리도 비참하고
통탄함이니,
20 이미 그때는 너희들이 그 죄의 대가를
받는 선상에 서 있음이니, 돌이킬 수
도 없으며 후회해도 후회할 수가 없으
며 돌아갈 수 없는 삶이 너희들에게
있음을 알라.
21 그때를 대비하여 너희들은 오늘의 육
의 삶에 충실하며, 다음 차원의 영혼
의 삶을 위해 같이 노력하고 같이 연
구해 가는, 육의 집과 영혼 그 둘을 같
이 관리하고 다스려 나가는 그와 같은
현명한 삶을 살아야 할 것이니, 이를
잊지 말라.
22 이 모든 하늘의 뜻을 내가 너희들에게
가르쳐 심어 줌이니, 이는 곧 창조주
나 여호와만이 할 수 있는 말이며 너
희들에게 명할 수 있는 삶이니, 이 모
두가 하늘의 비밀이요, 하늘의 뜻임을
잊지 말라.

3,413 번째 하나님 말씀

2002년 9월 18일 15시 16분

1 사랑하는 나의 아들아!
2 "네, 아버님! 말씀하옵소서."
3 지금의 나의 피조물 만백성 너희들이 살아가는 형국이 어떠하며, 너희들의 구원이 목적인 너희 인생의 최대의 목적을 위하여 믿음이라는 길을 달려가고 있는 너희들 자체의 그 믿음을 바라보았는가?
4 너희들이 지은 성전에 가 금화와 은화를 가뜩 바치고 하늘에 많이 쌓아 놓으면 그만큼 복을 받으며 구원을 받는다는 그와 같은 잘못된 자들에게 현혹되어, 너희 스스로 자만심에 그득히 차 있으며 오기와 아집으로써 똘똘 뭉쳐 있는 것이 지금 피조물 만백성, 믿음의 길을 가는 너희들의 대표적인 예이니라.
5 그리하여 너희들은 형제지간의 사랑도 모르며, 자식과 부모 사이의 그 정도 모름이니라.
6 오로지 너희들과 같은 믿음이요, 같은 그 길을 가지 않는 자를 너희들은 경원시하고 인간으로서 생각하지 아니하며,
7 가련하고 불쌍한 동물과 같이 형제와 부모도 그리 취급하는 것이 지금 잘못된 믿음의 그 굴레에 빠져 가는 자들이니, 바로 너희들이 그와 같이 불쌍한 자들임을 알아야 될 것이니라.
8 차라리 잘못 믿음에 가서 그 죄를 짓는 것보다 나 여호와를 찾지 아니하고 스스로 선행을 베풀며 살아가는 자는 그 나름대로 구원의 점수를 받을 수 있을 것이니라.
9 그러나 지금 사랑을 베푸는 믿음을 간다는 너희들이 구원을 받았다는 그 허황된 자만심과 오기와 아집으로써, 이 세상의 만백성을 다 제 가슴에 안는 넓은 사랑을 베풀지 못하며, 저만이 살아가는 꽁꽁 얼어붙은 그 가슴의 한 싸늘한 단면을 가지고 살아가는 것이 너희들이니라.
10 그리하여 말로써는 사랑이라 하느니라. 그리고 베푼다며 살아가느니라.
11 그와 같이 너희들처럼 잘못 믿어 가는 자, 저희들만이 구원받은 자라 하는 그 오만한 자의 오기요, 오만한 마음이 차 있지 않은 백성들은 차라리 더 높은 차원의 시대요, 더 아름다운 삶을 위하여, 선을 위하여 그들이 스스로 행하고 살아가나,
12 너희들은 너희 집단 외에는 전혀 더 베풀 줄도 모르며, 대화하지 아니하려 하며, 인간으로서 취급할 줄 모르며, 인간으로서 세상에 태어난 것이 더 소중한 그 자체도 깨닫지 못함이니, 너희처럼 불쌍하고 어리석은 백성이 없음이니라.
13 그리하여 너희들만이 더 높은 차원의 세상이 있음의 그 깨달음을 모르니, 너희들은 스스로 고립을 자초하며, 너희 스스로 고립된 그와 같은 삶을 살아 그것이 지옥으로 가는 통로라는 것을 모르고 스스로 지금 너희들이 구원의 길이라며 달려가니, 그 길이 지옥으로 통하는 통로임을 너희들은 알아야 될 것이니라.

14 오로지 지옥의 통로로 달려가는 너희
들이 구원을 받았다고 말하며 선택된
백성이라고 말하는 것이 지금 너희들
이 가고 있는 그와 같은 믿음이니라.
15 그 모두는 스스로 자만심에 차 있으며
오기와 아집으로 똘똘 뭉쳐 있는 지금
의 종교 지도자, 그리고 그 밑에서 배
우는 너희들의 형국이기에, 그 가르치
는 자나 배우는 자나 똑같이 너희들이
지금 달려가는 것은 지옥의 통로를 위
해서 달려가고 있음을 알아야 될 것이
니라.
16 이를 내가 너희들에게 오늘 깨우쳐 줌
이니, 이와 같은 깨달음을 듣고도 너
희 스스로 자신을 점검해 보고 자신을
두드려 보는 그와 같은 현명함을 얻지
못할 때, 너희들은 영영 돌이킬 수 없
는 그와 같은 지옥으로 가는 그 통로
에서 벗어나지 못함을 알라.

3,414 번째 하나님 말씀

2002년 9월 18일 15시 36분

1 사랑하는 나의 아들아!
2 "네, 아버님! 말씀하옵소서."
3 구약 시대에 나로부터 하늘의 문을 닫
도록 하였으며 나의 마음을 아프게 한
것이 나의 백성 너희들이니라.
4 그리하여 내가 불로 쓴 그 십계명마저
도 저버리는 그와 같은 험악한 삶으로
써 너희들이 유지해 왔으며, 또한 신
약 시대는 어찌하였던가?
5 너희들이 신약 시대에도 또한 그와 같
이 나의 마음을 모두 닫도록 하였으
며, 나의 마음이 저려 오는 아픔으로
써 그 시대의 문을 닫도록 한 것이 너
희 백성들이 살아온 길이며 믿음을 이
끌어 오는 자들이 한 행위이니라.
6 그리하여 지금의 2천 년이라는 그 신
약 시대가 흘러오면서 너희들은 과연
어찌 되었는가?
7 내가 나의 아들을 통하여 성령을 내려
보내며 생명수를 내려보내려 했던 그
모두를 단절하였음이니,
8 지금 흘러온 2천 년은 나와 관계없는
암흑의 시대요, 암흑의 세상에서 흘러
왔다 말하였음이니라.
9 그리하여 내가 너희들이 지키고 살면
구원을 받을 것이라 한 그 십계명 자
체를, 너희들의 육의 삶의 생활에서
그를 지켜 육의 삶을 바로 살며 영혼
의 구원의 양식이라는 그 십계명을 너
희들은 지킬 수 없으며 지킬 필요도
없다고 그와 같은 사악한 형국으로 너
희들이 변하여져 왔음이니라.
10 너희들은 내가 지키며 살라 한 그 십
계명이 너희들과는 관계도 없으며 그
를 지킬 필요도 없다고 그와 같이 가
르치며 변질된 사실을 아는가?
11 그 나의 십계명이 무엇이던가?
12 너희들이 살아가는 육의 삶의 지표이
니라.
13 육의 형체를 가지고 있는 너희들이 세
속에서 살면서 그를 바로 지킴으로 인
하여 너희들이 육의 세상에서 삶을 아
름답게 영위하며, 그 아름다운 영혼의
집에서 영혼이 성장하여 그가 바로 구
원의 길에 들어설 수 있는 그와 같은
양식의 가르침이 나의 십계명이라 그
리 말하였느니라.

14 그와 같이 소중한 나의 십계명을 너희
들은 지킬 수 없다 그리 말하며, 너희
들의 육의 편의를 위해 만든 그 계명
을 가지고 지금 나의 피조물 만백성을
너희가 유도하고 인도한다고 하면서
그들로부터 모든 금화와 은화를 착취
하며 모두를 다 빼앗아 가는 그와 같
은 사악한 자들로서 이 세상이 지금
지배되고 있음을 알라.
15 너희들은 여기서 내가 너희들에게 명
하는 것을 반드시 깨우쳐 알아야 될
것이니라.
16 너희들이 지금 무어라 말하는가?
17 나의 십계명을 인간이기 때문에 지킬
수 없으며, 그것은 육의 세상에서 지
킬 필요가 없다, 영혼만 구원받으면
된다고 그리 말하느니라.
18 또한 너희들이 무어라 말하는가?
19 육의 행함은 구원과 아무런 관계도 없
으니, 그저 너희들의 손으로 지은 성
전에 와서 나의 아들 예수의 이름을
찾으며 나를 부르며 재물을 많이 갖다
바치는 자는 구원을 받는다고 그리 말
하니,
20 육이 행하는 것은 아무것도 아니요,
영혼의 행하는 것만이 구원을 받는다
그리 말하면서 너희들이 얼마나 이중
적인 행위를 하고 있는지 아는가?
21 너희들이 육의 행함은 관계가 없고 믿
음으로만 구원을 받는다면, 나의 백성
들이 재물을 바치며 시간을 바치며 너
희들이 원하는 그 감사 헌금을 노예처
럼 갖다 바치는 그것이 육의 행함이더
냐 아니면 영혼의 행함이더냐?
22 너희들은 여기서 하나를 짚고 넘어가
야 할 것이니라.
23 너희들이 육의 행함은 영혼이 구원받
는 것과는 아무런 관계도 없으며, 오
로지 영혼의 삶을 위해서 사는 것이라
했음이니라.
24 그리하여 육의 행함은 소중한 것이 아
니고 영혼의 행함만이 소중하다고 너
희들이 그리 말하였으니,
25 너희들이 재물을 하늘에다 많이 바치
는 것이 구원의 길이라는 것은 육이
행하는 것인가, 영혼이 행하는 것인가?
26 그 재물은 육에서 얻어서 바치는 것인
가, 영혼에서 구해서 바치는 것인가?
27 너희들이 거두어들이기 위해 수천수
만 가지 방법으로써 피를 빠는 거머리
보다 더 지독하게 금화와 은화를 거두
어들이는 그 행위는 육의 행위던가,
영혼의 행위던가?
28 그러면 너희들은 믿음이라는 것을 어
찌 보는가?
29 육의 행함은 아무런 관계도 없다고 하
면서, 너희들은 육의 노동력을 빼앗으
며 육의 시간을 뺏으며 육에서 벌어들
인 그 재물을 받아들이는 것이 육의
행함이 아니던가?
30 그러면 육이 행하는 것은 관계가 없다
고 하면서, 재물을 하늘에다 많이 쌓
아 놓는 것은, 너희들에게 바치는 것
은 육이 하니, 너희들에게 재물을 바
치지 않는 그 영혼의 삶은 과연 어디
서 어찌 찾으며, 영혼의 길은 어찌 하
늘에 오르는 길이며 영의 삶은 무엇이
던가?
31 너희들은 육의 삶을 구원과는 아무런
관계도 없다고 말하면서, 오로지 너희

들이 지은 성전에 와서 나의 아들 예
수의 이름을 찾고 나를 부르면 그것으
로써 구원받는다고 하며, 육의 행동은
중요하지 아니하다고 하면서 재물을
많이 바치는 자는 구원을 받으니 갖다
바치라 하니, 거두어들이는 그 방법은
육의 행동을 중요시함이 아니던가?
32 지금 내가 너희들에게 천기를 가르쳐
줌이니 들어야 할 것이니라.
33 너희들의 육의 삶의 그 형체는 바로
무엇이던가?
34 육의 형체로써 존재하는 것은 너희 영
혼을 위한 수행의 장임을 알아야 할
것이니라.
35 너희들에게 육의 형체를 가지고 살면
서 계명을 지키고 내가 내린 십계명대
로 살라 하는 것은, 너희들의 영혼을
구원하기 위한 육의 수행의 장을 지금
너희들이 살아가고 있음을 인식해야
될 것이니라.
36 거기에서 바로 사는 자만이 구원을 받
을 수 있다는 것을 너희들은 잊어서는
아니 될 것이니라.
37 너희들이 나에게 축복을 받는 가장 이
세상의 특별한 동물이라는 그와 같은
자만한 생각에 너희들은 젖어 있음이
니라.
38 그와 같은 자만에 젖어 있는 자들 중
에 저희 성전에 와서 기도하는 자만이
특별히 나로부터 선택된 백성이라 너
희들이 또 그리 생각하느니라.
39 그리하여 너희들은 형제와도 사랑을
나누지 아니하며, 형제와도 등을 돌리
는 그와 같은 삶을 삶이니라.
40 오로지 너희들은 구원을 받는 것만이
영광이라 생각하며 특별히 축복받은
백성이라 생각하니, 너희들은 그와 같
은 생각을 지금서부터 버려야 될 것이
니라.
41 내가 너희들에게 이 세상의 내가 만든
모든 것들을 다스리고 통제할 수 있도
록 생각하는 것과 지혜를 높이 주었음
이니라.
42 너희들이 나에게 특별히 선택된 것이
라면, 오로지 너희들이 많은 생각을
할 수 있는 지혜를 준 것 그것뿐이며,
너희들을 모든 동식물과 차별화하여
내가 만든 것이 아니며, 똑같은 형태
로서 너희들이 특별한 존재가 아님을
알라.
43 다만, 너희들에게 생각할 수 있는 지
혜를 높이 준 것은, 이 세상에 내가 만
든 모든 동식물이요, 생명력을 가지고
있는 모두와 화합하는 지혜로써 너희
들이 그를 다스려 나갈 수 있도록 높
은 지혜를 준 것이며, 그것 외에는 아
무런 특권도 준 것이 아님이니라.
44 그리고 너희들이 지은 그 성전에 와
육의 행위는 상관없다 하면서 너희들
이 금화와 은화를 육의 행위로 거두어
들이며 그를 찬양하는 그와 같은 죄의
온상인 그 믿음의 길에 가서 구원을
받고자 하는 자들은 특별히 나로부터
선택된 백성이라는 그 착각과 오만함
에서 벗어나라.
45 너희들이 그 환상에서 벗어나지 못하
며 깨어나지 못하면 정녕 구원을 받을
수 없음을 알라.
46 내가 너희들에게 높은 지혜와 깨달음
을 주어, 이 세상에 생명을 가진 모든

동식물과 잘 조화를 이루며 화합하며 그들을 이끌어 관리하도록 하였으나,
47 바로 그와 같은 너희들이 이 지구를 파괴시키며, 화합을 파괴로 조작하고, 화합을 경쟁으로써 이끌어 가는 그와 같은 형태가 되었음이니, 그와 같은 형태로 이루어진 것이 바로 무엇이더냐?
48 지금과 같은 형태를 이룬 것은 많은 집단을 이끄는 종교 지도자, 너희들이 잘못 가르쳤으며, 배우는 자가 잘못 가르치는 지도자 앞에서 배워 너희들이 구원받으며 특별한 인간이라 자처하며 자만하고 오만한 속에서 세월이 흐르는 동안에 이와 같은 형국이 되었음이니라.
49 지금 종교가 없는 짐승의 세계요, 동식물의 세계는 과연 어찌 살아가는가?
50 종교라는 그 가르침이 없는 동식물의 세계는 저희들이 그 자유를 유지하며, 저희들만의 그 자세를 유지하며, 자연에 순응하며 그리 살아가고 있음이니라.
51 다만, 인간 세상에만 종교라는 그 가르침의 잘못된 집단이 들어와 너희들이 경쟁하고 시기하며 자연을 파괴하는 주범으로서 살아가도록 만들었음을 알라.
52 내가 너희들에게 다시 한 번 가르치노라.
53 지금의 종교 지도자들이요, 나의 만백성이 무어라 말하느냐?
54 육의 행함은 아무것도 아니요, 영적인 믿음의 행함으로써 구원을 받는 것이라 그리 말하니, 그리 말하는 자는 재물을 거두어들이는 행위를 하지 말라.
55 그는 바로 육에서 너희들에게 바치는 재물이며, 육으로부터 너희들이 거두어들이는 것이니, 너희들이 믿음의 길이요, 나의 뜻과 나의 성령의 가르침을 그대로 전하는 그와 같은 형국으로 너희 삶이 변화하지 아니하면, 너희들은 하나의 입으로 두 마디를 하는 이중적인 그와 같은 간교한 자들임을 알라.
56 너희들은 여기서 알라.
57 육의 형체가 존재하는 것은 너희들의 영혼을 구원하기 위한 그 수행의 장이기 때문에, 너희들이 내가 내린 십계명을 지키며 그 속에서 깨달음을 얻어 육과 영혼이 더불어 바로 살 때, 너희들이 구원을 받는다는 것을 잊지 말라.

3,415 번째 하나님 말씀

2002년 9월 18일 15시 45분

1 사랑하는 나의 아들아!
2 "네, 아버님! 말씀하옵소서."
3 이 세상 그 많은 동식물과 그 모두를 다 창조하면서 내가 가장 아름답게 만든 나의 인간 너희들에게 모든 지혜와 능력을 주었으며, 너희들이 노력하는 만큼 상상을 초월하여 무섭게 변화할 수 있는 그와 같은 지혜를 내가 너희들에게 내려 주었다 하였음이니라.
4 그리하여 내가 유독 너희들에게 그와 같은 창조적인 지혜의 생각과 능력을 내려 준 것은,
5 내가 만든 이 지상의 모든 동식물을 너희들이 잘 이끌어 그들과 화합하고

조화를 이루어 살아갈 수 있도록 너희
들이 이끌어 가는 그와 같은 대명으로
써 내가 너희들에게 그 책임을 내려
주어, 너희들을 그와 같이 높은 지혜
로써 세상에 나가 그 모두를 관리하며
살아갈 수 있도록 너희들을 내가 그리
만들어 내려보냈음이니라.
6 너희들이 그 높고 높은 지혜와 창의력
을 가지고 세상에 나가 살도록 내가
만든 것은, 이 세상의 모든 동식물들
을 너희들이 잘 관리하고 그들을 보살
펴 그들과 화합하고 조화를 이루도록
하고자 너희들을 그리 만들어 세상에
내보냈음이라 내가 말하여 주었음이
니,
7 그리하여 모든 동식물을 통제하고 관
리하고 사는 너희들은 과연 어떠한 마
음으로 살아야 되는가?
8 그는 곧 너희들이 이 세상을 창조한
나 여호와의 심성으로써 존재하고 살
아야 나의 뜻에 거역하지 아니하는 것
이며, 내가 너희들의 지혜를 높이 만
든 그 뜻의 보람이 거기에 있음이니라.
9 그러나 너희들은 지금 어찌 살아가고
있는가?
10 너희들은 그 높은 지혜를 가지고 이
세상의 모든 동식물을 관리하며 그들
과 화합하고 조화를 이루며 더불어
사는 그와 같은 세상을 만들어 가는
것이 아니고, 파괴하며 이 세상이 존
재치 못하도록 흔들어 놓는 그와 같은
삶을 살아가고 있음이니라.
11 너희들이 창조주 나의 심성을 닮아 아
름답고 고운 마음과 천사와 같은 삶으
로 지속하는 삶을 살 때 너희들은 이
세상을 다스릴 수 있으며 그 모두를
지배하며 살 수 있다 하였거늘, 너희
들의 지금의 마음은 어떠하던가?
12 화합과 조화가 아니라 질투와 시기와
오만과 경쟁 속에 그저 자신만을 생각
하는 그와 같은 이기주의 형국으로 너
희들 마음이 바뀌었음이니,
13 바로 지금 너희들의 가장 큰 종교 집
단이 이 세상 나의 피조물 만백성의
마음속에 침투하고 또 그를 갖다 심어
놓은 그 후부터 이와 같은 사악한 시
대로 변하여졌음이니,
14 그 책임을 누가 져야 될 것이며 그를
누가 거두어들여야 되겠는가?
15 지금의 너희 집단으로써는 그를 거두
어들일 수도 없으며 그 방향을 바꿀
수도 없으며 이를 바로잡을 길이 없음
이니라.
16 그리하여 내가 마지막으로 나의 성령
을 태워 나의 아들을 통하여 '하늘에
오르는 길'이요, '하나님! 말씀하옵소
서.'라는 너희들이 읽고 깨우칠 수 있
는 책을 만들어 세상에 전함이니,
17 이것을 보고 너희들이 마지막으로 깨
우쳐 구원을 받으라 하여 내가 이리도
많은 시간과 많은 나의 뜻을 법전에
기록하여 전하거늘,
18 너희들은 도리어 이를 이단이요, 사악
한 자라고 핍박하고 돌아다보지 아니
하는 그와 같은 형국의 마음 자세가
되어 있으니, 과연 너희를 어찌 구할
수 있다 말하는가?
19 내가 너희들에게 묻노라.
20 나의 법전을 너희들이 이단이요, 사탄
이라 해도 좋으며, 나의 아들을 말세

에 오는 거짓 선지자라 말해도 좋으니
라.
21 그러나 너희들이 이 세상의 모두를 조
화를 이루어 잘 이끌어 갈 수 있도록
하기 위해 너희들에게 지혜를 높이 주
었다 함을 부정할 수 있겠는가?
22 너희는 이를 부정하지 못할 것이니라.
23 그리고 내가 만든 이 지상의 모든 동
식물을 통제하고 관리하며 살아갈 수
있는 너희들이 바로 나 창조주의 심성
을 닮아 그 심성대로 아름답고 곱게
살아간다면 이 세상을 통제할 수 있으
며 자연의 아름다움을 볼 수 있으며,
그리 살다 너희들이 나에게 와 구원을
받는 그 길을 자연스럽게 올 수 있다
하는 나의 뜻이 과연 잘못된 가르침이
던가?
24 이와 같은 나의 가르침이 너희들에게
위배되지 아니하고 진리에 맞으며 순
리에 맞는다 생각한다면,
25 너희들은 나의 법전이 정녕 나의 모두
를 태워 나의 아들을 통하여 너희들을
구원하기 위하여 세상에 내는, 생명수
보다 더 소중한 책이라는 것을 깨우
쳐, 이를 읽고 깨닫는 길에 너희 모두
를 다 바치는 노력을 경주해야 될 것
임을 잊지 말라.
26 나의 심성대로 사는 것이 너희들이 이
세상을 지배할 수 있으며 나에게 오르
는 길이라는 것을 너희들은 알아야 될
것이니라.
27 그리하여 너희들이 나의 심성이요, 천
사와 같은 마음으로 변했을 때, 너희
들은 이 지상의 만물이 조화를 이루어
야 되는 그 의미를 알게 될 것이며, 너
희들에게 높은 지혜를 주어 이 세상
모두가 화합하며 조화를 이루어 살아
갈 수 있도록 하는 그 존재 이유를 알
게 될 것이니라.
28 그리고 너희들이 왜 이 세상에 존재하
는가를 알게 될 것이며, 정녕 하늘에
오르는 구원의 길이 어떤 것이며 그
구원의 길의 대안이 무엇인가를 너희
들이 나 여호와와 같은 심성으로 변했
을 때만이 알 수 있음이니,
29 그리 변하지 아니하면 너희들은 영영
죽어 지옥의 통로로 달려갈 때까지 아
무것도 깨닫지 못한다는 엄연한 이 사
실을 지워서는 안 될 것이니라.

3,416 번째 하나님 말씀

2002년 9월 18일 16시 37분

1 사랑하는 나의 아들아!
2 "네, 아버님! 말씀하옵소서."
3 너희들이 살아가는 그 육체가 곧 무엇
이라 말하였느냐?
4 내가 내려보낸 영혼이 존재하고 사는
집이라 말하였느니라.
5 그러나 너희들은 그 집이 나의 영혼을
지배한다는 그와 같은 착각 속에 살아
가고 있음이니라.
6 그리하여 수천 년 동안 흘러온 종교
지도자들이요, 그곳에 가서 배우는 신
도와 그 자손들과 후손들이 무어라
말하느냐?
7 육의 행함은 별것이 아니며, 오로지
나 여호와와 나의 아들을 찾는 그 믿
음을 행하는 것만이 구원의 길에 들어
서는 것이며 구원을 받는 것이라 그리

말하고 있음이니라.
8 나의 영혼이 존재하는 그 육의 집을
지배하는 것은 너희들의 그 육이 아님
을 알라.
9 그 집을 지배하는 것은 영혼임을 알아
야 될 것이며, 나로부터 영혼의 생명
을 받아 나간 너희들의 그 영혼이 바
로 그 집을 지배하는 자이며 그 집의
주인임을 알아야 될 것이니라.
10 너희들은 어찌하여 그리 깨닫지를 못
하며, 그 집이 영혼을 지배하는 그와
같은 착각 속에서 사는가?
11 오로지 육의 행복과 육의 영화를 위하
여 너희들의 모두를 맞추어 살아가는
그와 같은 형국에 지금 흘러가고 있음
이니, 너희들이 어찌 이와 같은 깨달
음의 어리석음을 벗어나지 못하는가?
12 그리하여 너희들은 지금 착각 속에서
살아감이니라.
13 모두는 그저 너희 손으로 지은 그 성
전에 가서 나의 아들을 찾으며 나의
아들의 이름을 부르고 찬송을 부르며,
그 속에서 나의 아들의 보혈로써 구원
을 받았다는 그와 같은 생각 속에서
살아가며,
14 오로지 성전이라는 곳에 찾아가면 너
희들이 구원을 받는 것이요, 육의 행
함으로는 구원을 받지 아니하는 것이
라 그리 착각 속에 살아가고 있음이
니, 너희들은 이를 이제 깨우쳐야 할
것이니라.
15 그 육을 지배하는 것은 나의 영혼이니
라. 너희들의 육을 지배하는 것은 육
이 아님을 알라.
16 그리하여 너희들이 나에게 왔을 때 그
육의 삶을 어찌 살았으며 어찌 행했느
냐에 따라서 너희들이 심판을 받는 다
음 세상이 있음을 너희들이 잊어서는
아니 될 것이니라.
17 내가 나의 아들에게 일찍 깨우쳐 너희
들에게 전하였느니라.
18 너희들은 육의 행함은 중요하지 아니
하며 오로지 믿음을 향하는 것, 너희
손으로 지은 그 성전에 가서 나 여호
와를 찾는 것만이 구원의 길이라고 그
리 말하였으며, 그 육의 행함의 잘잘
못은 너희들이 관여치 아니함이니,
19 너희들의 육이 거짓 하며 육이 죄를
지으며 육이 자신만을 생각하고 남을
돌보지 아니하며, 남을 생각하지 아니
하고 자기 자신만의 편의를 위해 살아
가는 그와 같은 삶을 사는 것은 반드
시 그에 대한 대가를 치른다는 것을
잊어서는 아니 될 것이니라.
20 지금 모든 종교 지도자들이 수천 년
동안 흘러오는 그 역사 속에서 육의
행함은 중요하지 아니하고 영의 행함
이 중요하다 그리 말하였으며, 그저
저희들이 지은 성전에 오는 것만이 중
요하다 그리 말하였으니,
21 십일조나 각종 헌금이나 모든 재물을
거두어들이는 것이 육으로부터 거두
어들이는 것이 아니고 영으로부터 거
두어들이는 것이던가?
22 너희들은 영혼의 구원만이 중요하다
고 하며 육의 행함은 중요하지 아니하
다고 하면서, 어찌 육이 행하는 재물
을 하늘에 많이 쌓아 놓음으로써 구원
을 받으며, 너희 손으로 지은 그 성전
에 많은 재물과 금화와 상상할 수 없

는 각종 명분을 붙여 거두어들이는 거기에 많은 헌금을 바치는 자만이 구원을 받는다고 하는가?
23 그것은 너희들이 한 입을 가지고 두말을 하는 것이며, 육으로 행하는 것은 소중하지 아니하고 구원과 관계없다 하면서 금화와 은화를 거두어들이는 것은 육의 행함이 중요하다 함이니,
24 바로 십계명의 위대함을 벗어나고자 하며 그 어려운 것을 피해 가고자 하는 간악한 방법임을 알라.
25 십계명이 무엇이더냐?
26 내가 불로 쓴 것이며, 육으로 그 열 가지 계명을 행하고 지키는 자만이 구원을 받을 수 있다 하였음이니라.
27 그리하여 너희들은 그를 지킬 수 없으며 지키기 힘들다고 생각하며, 그를 지키라고 하면 나의 백성들이 너희들이 지은 성전에 오지 아니하고 너희들의 교리를 듣지 않을까 봐, 그것을 방지하기 위하여 육의 행함은 중요한 것이 아니고 십계명은 중요한 것이 아니며, 행위는 어찌하든 그저 성전에 와서 나의 아들 예수를 찾으며 나를 부르짖는 것으로써 구원을 받는다고 그리 말함이니,
28 너희들은 그러면서 육의 행함에서 수없이 금화와 은화를 육으로부터 거두어들이는 이와 같은, 한 입을 가지고 두말을 하는 그 추한 모습으로써 나의 백성을 구원한다고 하니,
29 이것이 바로 너희들이 지옥으로 가는 직통의 그 통로로 나의 피조물 만백성을 몰아넣는 것이며, 너희들이 죽어 나에게 와서 심판을 받을 때, 너희들은 그보다 몇천 배 고통스러운 죄의 대가를 치른다는 것을 나의 법전에 기록하여 내려보내니,
30 이를 읽고도 깨우치지 못하는 자는 정녕 얼마나 무서운 그 시련의 벌을 받는가를 너희들이 직접 체험할 때 알게 될 것이니라.

3,417 번째 하나님 말씀

2002년 9월 18일 16시 42분

1 사랑하는 나의 아들아!
2 "네, 아버님! 말씀하옵소서."
3 너희 인간 중에 아무리 담대하고 용기 있는 자며, 아무리 큰 권력을 쥐고 있는 자며, 이 세상의 재물을 다 소유하고 있는 자며, 세상을 지배하는 어떠한 능력을 가진 자라 할지라도,
4 또는 자신의 집단을 지배하며 한 민족을 지배하며 지금 나의 피조물 만백성을 천국으로 인도한다는 종교 지도자 너희들 자신도 스스로 죽음에 대한 공포에서 벗어날 자 없을 것이며, 그 죽음 앞에서 발버둥치지 아니하는 자 없으며, 그 공포의 두려움을 면할 자 없음을 알아야 될 것이니라.
5 너희들이 아무리 진정한 종교 지도자라 말해도 죽음 앞에서 공포를 느끼지 아니하는 자 없음이니, 이게 바로 너희들이 진정한 깨우침으로써 나의 피조물 만백성을 이끌어 가는 길을 제대로 가지 못하였다는 것을 증명함이니라.
6 내가 너희들에게 일깨워 주었음이니라. 너희들이 지금 사는 그 육이 무엇

이라 말하였더냐?
7 너희들의 육이 집이요, 영혼이 그 집
을 지배하는 그와 같은 삶을 사는 것
이라 하였음이니라.
8 그러나 너희들이 공포에 시달리며 인
간의 그 죽음의 고비를 넘지 않으려고
발버둥치는 것은 무엇이던가?
9 너희들이 지금까지 지배해 왔던 그 육
의 집에 대한 애착과 그 집을 떠나기
싫어하기 때문이 아니던가?
10 너희들이 지금까지 살아왔던 그 육의
삶이요, 그 환경과 그 모두를 떠나기
싫고 벗어나기 싫어 너희들은 그 집을
떠나지 아니하려고 발버둥치는 것이
니라.
11 그러나 너희들 중에 그 육의 집을 떠
나지 아니하는 자 없으며, 떠나지 않
을 수 없는 것이 너희들의 운명이며,
누구도 그 집을 떠나지 않고는 견딜
수 없으며 존재할 수 없는 것이 바로
죽음이니라.
12 그 집을 떠나지 않는 자 없음이니, 세
상에 그 누구도 영원히 육과 영과 분
리되는 그 집을 떠남을 벗어날 수 없
다는 것을 너희들은 너무나 잘 알 것
이니라.
13 그러면서 너희들의 육이 죽어 갈 때
새로운 세상의 영혼의 시대가 열리며,
그 영혼은 육의 삶에 의하여 재판을
받으며 천국과 지옥이라는 너희들의
삶에 대한 대가를 받는다는 것을 지금
인식하지 아니하려 하는 것이 너희들
의 생각이니라.
14 그저 육의 삶으로써 모든 것이 끝나
기를 바라는 것이니라.
15 그러나 너희들은 그와 같은 착각에서
벗어나야 될 것이며, 너희들이 반드시
너희 육의 삶에 대한 대가를 받으며
거기에 대한 상과 벌을 받는다는 것을
잊어서는 아니 됨을 알아야 될 것이니
라.
16 너희들은 이제 깨우쳐야 될 것이 있느
니라.
17 아무리 권력자요, 가진 자라도 저희들
의 죽음 앞에 그를 떠나기 싫어하며
공포를 느끼지 아니하는 자 없다 하였
음이니, 너희들은 여기서 새로운 시
대, 영혼의 시대가 열림을 알아야 될
것이니라.
18 그리하여 너희들은 육의 삶의 모두를
다 아름답게 살아가는 것은 물론이요,
다음 영혼의 세상을 대비하며 너희들
이 육의 삶을 잘 다스려 옳고 바른 삶
을 살아갈 때,
19 너희들은 그 죽음 앞에서 공포를 벗어
날 수 있으며, 그 죽음을 두려워하지
않는 사람으로서 너희 자신을 다스리
는 그와 같은 삶을 사는 영광을 얻게
될 것이니라.
20 육의 세상의 삶은 내가 다 내린 것이
니 그를 소중히 알며, 너희들이 아름
답고 깨끗한 삶을 살며, 그 삶이 끝나
는 것이 아니라 다음 세상의 영혼의
삶이 있다는 것을 깨닫고 그를 대비하
여 육의 삶을 같이 병행하여 살아가는
그와 같은 자만이 죽음의 그 순간에
공포를 느끼지 않는 백성임을 알라.

3,418 번째 하나님 말씀

2002년 9월 18일 16시 50분

1 사랑하는 나의 아들아!
2 너희들의 삶에 육의 삶과 영혼의 삶이
반드시 구분되어 있다고 말하였음이
니라.
3 너희들의 육의 삶이라는 것은 무엇이
라 말하였느냐?
4 내가 집이라 말하였음이니라.
5 너희들이 항해하는 그 유람선을 타고
가는 것이 육의 집이요, 그 유람선에
서 내렸을 때는 벌써 너희들이 차별화
된 삶이 이루어지는 것이 아닌가?
6 너희들이 유람선을 타다가 내린 것이
육의 삶의 그와 같은 형국임을 알아야
될 것이니라.
7 너희들이 달리는 자동차라는 것을 타
고 가다가 내리는 그 순간에 너희들의
육의 삶과 영혼의 삶이 구분되는 그와
같은 형국의 이치를 알아야 될 것이니
라.
8 그리하여 너희들이 육의 삶에 모두를
맞추어 그 향락을 위해 살다가 다음
세상인 죽음의 세상에 와서 그를 내려
다볼 때, 너희들이 짧은 육의 삶을 위
하여 얼마나 허무하고 맹목적인 삶을
살았으며 부끄러운 삶을 살았는가를
느낀다고 하였음이니라.
9 그러나 너희들은 그때 후회하나, 후회
하는 것은 이미 때가 늦음이라 하였음
이니라.
10 지금 너희들은 어찌 살아가는가?
11 너희들의 육의 삶의 내가 내린 60점
의 그 점수 안에서 사는 것은 너희들
의 집이요, 그 집에서 사는 것은 영혼
이라 하였으며,
12 또한 너희들이 유람선을 타고 가다가
내리는 그와 같은 형국이요, 또는 자
동차나 열차라는 것을 타고 가다가 땅
에 발을 내리는 그와 같은 것이 너희
들의 육과 영혼이 구분되는 것이라 하
였음이니,
13 지금 나의 피조물 만백성 너희들이 얼
마나 어리석고 우매하게 사는가?
14 너희들은 그와 같은 이치를 깨우치지
못함이니라.
15 육이 떠나며 유람선이 떠나며 열차가
떠남으로써 너희들과 모두는 구분되
어 있으며 그리 새로운 시대에 영의
삶이 연결되는 것이거늘,
16 너희들은 그 이치 하나를 깨우치지 못
하여 너희 후손에게 재물을 남겨 주
며, 부귀와 영화요, 권력이요, 그 모두
를 남겨 주고자 발버둥치는 그와 같은
형국으로 삶이니,
17 거기에는 얼마나 너희들의 욕심이 내
재되어 있으며, 너희들이 얼마나 무모
한 삶을 살고 있는 것인가?
18 너희들이 향락적인 삶을 살다가 너희
후손에게 재산을 남겨 주고 재물을 남
겨 주며 명예와 부귀를 남겨 주고자
하는 것은,
19 너희들이 죽은 다음에 너희 자손들이
그 재물과 부귀와 영화와 권력을 가지
고 너희 영혼을 위해 기도하고 경배함
으로써 너희들이 어떠한 도움을 받거
나 어떠한 고통에서 벗어나고자 하는
그와 같은 기대치에서 너희들이 누렸
던 것을 후손에게 그대로 넘겨주고 싶

은 마음을 가지고 있지는 아니하는가?
20 그것이 바로 너희들의 어리석음이니
라. 그와 같은 환상과 착각에서 너희
들은 벗어나야 될 것이니라.
21 내가 무어라 말하였느냐?
22 나의 아들이 그리 말하였느니라.
23 나로부터 기도하며 나의 음성을 듣는
것보다 이 세상에 더 소중한 것이 없
으며, 그리하여 재물은 그저 종이 한
장 놓듯이 던질 수 있다 그리 말하였
으며,
24 나에게 기도하는 그 아름답고 소중함
보다 더 소중하고 귀한 것이 있어서
그 기도하는 것이 흔들릴까 봐, 아무
리 아름답고 소중한 것도 그 머릿속에
기억하지 아니하고 가슴에 심지 않고
살아간다 그리 말하였음이니라.
25 그러나 지금 나의 피조물 만백성을 구
원하여 하늘에 오르는 길로 인도한다
는 종교 지도자, 너희들은 어찌 살아
가는가?
26 내가 너희 이름 앞으로 재물을 모으고
너희 앞으로 재물의 기록을 해 놓으며
또한 너희 후손들에게, 너희 자손들에
게 육의 삶의 부귀영화를 누리게 하고
자 그 재물을 넘겨주는 것은 짐승만도
못한 자의 행위라 했음이니,
27 과연 그와 같은 자들이 어찌 나의 피
조물 만백성을 구원할 수 있다고 하는
가?
28 바로 너희들의 그것이 무엇이더냐?
29 믿음을 모르는 우매한 자는 저의 자식
에게 권력이나 재물이나 그 모두를 남
겨 주고 갔을 때, 그가 그것을 가지고
저의 영혼을 위해 빌어 주며 저를 위
해 기도를 해 주며 저를 위하여 축복
을 빌며 모든 신에게 빌어서, 제가 지
옥에서 고통과 시련 속에 지은 죄의
대가를 받을 때 그 후손의 힘으로 면
죄부를 받아보겠다는 사악한 욕심에
서 하는 것이니,
30 종교 지도자 너희도 바로 그와 같은
생각으로써 재물을 모으고 후손에게
남기고자 하는 것이 아니던가?
31 그러면 너희들은 우매한 백성보다도
못한 자들이니, 그러한 자 밑에서 어
찌 나의 사랑하는 피조물 만백성이 구
원의 길을 볼 수 있으며 구원받을 수
있다 생각하는가?
32 이제 내가 나의 법전에 기록하여 만백
성에게 전함이니, 너희들이 달리는 열
차에서 내리면 그 차와는 인연이 없듯
이, 너희들의 육의 삶에서 너희 영혼
이 집에서 떠나 나에게 오르면 그 육
과는 관계없듯이,
33 너희들이 죽어 왔을 때 너희들의 재물
과 너희들이 가지고 있던 것을 가지고
너희 자손이나 너희 후손들이 너희를
위하여 기도해 주고 경배해 주며 너희
를 축복의 길로 인도하며 그와 같은
재물을 아무리 쌓아 놓고 기도하고 울
고불고해도 너희들과는 관계없다는
이치를 알아야 될 것이니,
34 너희들이 이와 같은 이치를 안다면 내
가 명했듯이 왼손이 행하는 것을 오른
손이 모르도록, 이 세상 어느 백성이
요, 그 누구도 모르도록 어렵고 힘든
자에게 너희 재물을 나누어 주는 것,
그것이 나의 뜻을 행하는 것이요, 나
의 뜻을 주관하여 너희들이 행하는 것

이니,
35 그 길만이 너희들이 영원히 구원을 받
는 길이며, 그가 나로부터 기억되는
아들딸이라는 것을 알라.
36 너희들이 재물을 후손에게 넘겨줘 그
들이 기도하고 경배하며 재물을 바치
며, 너희들이 말하는 돼지머리 잡아
놓고 기복 신앙 속에서, 그리고 너희
손으로 지은 그 성전에 가서, 기복 신
앙의 본산지인 그곳에 가서 재물을 아
무리 바치고 기도해도 너희들에게 돌
아가는 것이 없다 하는 이 엄연한 사
실을 나의 법전에 기록하여 전함이니,
37 이를 보고 깨우쳐 너희들이 스스로 구
원의 길의 만반의 준비를 육의 세상에
서 이루도록 하라.
38 그 어리석은 우를 범하지 않게 하기
위하여 내가 너희들을 구원하고자 하
는 이 하늘의 뜻을 기록함이니,
39 내가 나의 피조물 만백성 너희들을 얼
마나 사랑하고 아끼는 것인가를, 나
여호와의 이 애절한 마음을 가슴 깊이
듣도록 그리하라.

3,419 번째 하나님 말씀

2002년 9월 18일 16시 57분

1 사랑하는 나의 아들아!
2 "네, 아버님! 말씀하옵소서."
3 내가 만백성에게 가르치라고 너에게
전하였음이니라.
4 또한, 너의 제자들부터 먼저 깨우쳐
행하라 그리 말하였음이니라.
5 너희들이 살아가는 생활 속에 나에게
항상 기도하고 경배하며 나를 잠시도
잊어서는 절대 안 된다고 그리 말하였
음이니라.
6 이를 너희들이 생각할 때는 창조주인
나 여호와의 욕심이요, 오로지 나 여
호와만을 생각하는 삶 속에서 살아가
도록 하는 그와 같은 창조주 어버이라
그리 생각할 것이니라.
7 그러나 이는 너희들을 사랑하고 너희
들이 소중하기 때문임을 알아야 될 것
이니라.
8 너희들이 나에게 기도하지 않고, 경배
하는 마음이 아니며, 나를 잠시라도
잊는 그 마음을 갖는다면, 바로 너희
들에게 사탄이요, 사악한 자가 침투하
게 되어 있음이니,
9 그리하여 너희들에게 잠시라도 나에
게 기도하는 마음이 떠나지 아니하도
록 하라고 하였으며, 너희들의 삶에
있어서 정도의 곧고 바른 길만을 가며
살아가라고 말하였음이니라.
10 너희들이 나에게 경배하고 기도하는
것을 소홀히 하거나 바르고 곧은 삶을
살아가지 아니하며 남으로부터 저주
받는 일이나 남으로부터 부끄러운 행
위와 남으로부터 용서받지 못할 그와
같은 마음을 가지고 그와 같은 행동을
할 때,
11 바로 사탄이 너희들의 마음에 침투하
며 그곳에 사탄이 불을 지르며 그 뿌
리를 내리기 때문이니, 이와 같은 나
의 가르침을 너희들이 알아야 될 것이
니라.
12 그리하여 너희들의 마음을 바로잡을
수 있는 것은 나 여호와에게 기도하고
나에게 묵상하며, 나를 생각하는 그

마음이 잠시도 떠나서는 아니 되며,
너희들의 살아가는 삶의 행위가 발라
야 하는 것이니라.
13 너희들이 정도의 삶이 아닌 흐트러진
삶을 살 때, 너희들이 나를 생각하지
아니할 때, 사탄은 가차없이 너희 마
음에 침투함이니라.
14 그리하여 너희들을 유혹하며 형용할
수 없는 길로 너희들을 무너지게 함이
니라.
15 나의 아들 예수에게도 감히 사탄이 시
험하였으며 그를 공격하였으며 그에
게 계산된 방법으로써 흥정하고자 하
였으며 그를 무너트리고자 하였음이
니,
16 성령으로 세상에 태어난 나의 아들 예
수요, 나의 음성을 들으며 나의 가르
침을 듣는 그에게 사탄들이 와서 그를
시험하고 무너트리고자 하였음이니,
17 나의 심성으로 변하고 아름답고 곱게
살아가고자 하는 나의 백성이요, 나의
아들의 제자인 너희들을 사탄들이 과
연 그대로 놔두겠는가?
18 너희들의 변하는 그 모습을 무너트리
려 사탄들은 온갖 교활한 방법으로써
너희들에게 접근할 것이며, 너희들을
무너트리고자 할 것이니라.
19 그리하여 항상 나에게 기도하고 경배
하는 마음이 아니면 너희들은 무너짐
이니라.
20 너희들이 무너지는 것을 내가 볼 수
없기에, 내가 너희들을 얼마나 사랑하
고 아끼면 너희들에게 잠시도 너희들
가슴에 나를 지우지 말라고 하겠는가?
21 이는 나 여호와의 욕심이 아님을 이제
너희들이 알았을 것이니라.
22 그리고 너희들이 곧고 바른 정도의 삶
이 아니고 흐트러지는 삶을 살 때 사
탄이 침투하여 너희들은 무너짐이니,
23 하늘을 향하여 한 점의 부끄러움이 없
는 그와 같은 삶을 사는 그러한 자들
만이 구원을 받음을 잊지 말라, 사랑
하는 나의 아들아!

3,420 번째 하나님 말씀

2002년 9월 18일 17시 04분

1 사랑하는 나의 아들아!
2 "네, 아버님! 말씀하옵소서."
3 이 세상에 나의 뜻을 받아 세상에 전
하며 나의 뜻에 따라 살아가고자 몸부
림치는 백성이 있다면 나 여호와가 얼
마나 기쁘겠으며, 그보다 더한 기쁨이
있겠는가?
4 나의 피조물 만백성 너희들이 나의 뜻
에 따라 내가 이루고자 하는 그 역사
의 뜻을 알며, 내가 원하는 그와 같은
삶을 살아가는 것이 나에게 가장 큰
기쁨을 주는 것이니라.
5 그러나 구약과 신약의 수많은 역사가
흘러오면서 너희 종교 집단이 과연 어
찌 흘러왔는가?
6 너희들은 과연 내가 기뻐하는 참진리
요, 하늘에 오르는 길을 위하여 나의
피조물 만백성을 이끌어 왔으며 지도
하였다 생각하는가?
7 너희들은 정녕 나의 피조물 만백성을
구원의 길로 인도하는 그 가르침에서
그들을 구원의 길로 인도하는 그와 같
은 지도자로서 바로 섰으며,

8 너희 종교 집단이 나 여호와에게 한
점의 부끄러움이 없는 그와 같이 깨끗
하고 소중한 그 믿음의 길로써만 나의
피조물 만백성을 가르치고 이끌어 왔
다 생각하는가?
9 너희들은 그와 같은 길이 아님이니라.
10 나 여호와가 내려다보는 너희들 종교
집단은 어찌 살아왔는가?
11 종교라는 그 집단은 나의 피조물 만백
성을 구하는 그와 같은 역사로써 활용
하며 고통스럽고 힘든 인내 속에서 나
의 피조물 만백성을 바로 가르치는 종
교 집단이어야 하거늘,
12 지금은 너희들의 사리사욕을 채우기
위한 수단으로써 모든 종교 집단을 그
리 악용하여 그와 같이 위선자들이 이
세상을 지배하고 왔으며 너희들이 믿
음의 길이라 하여 나의 피조물 만백성
을 인도한다고 그리하였음이니라.
13 그리하여 지금 나의 피조물 만백성을
구하는 종교 지도자가 어렵고 힘들고
가난한 자, 스스로 지탱할 수 없는 자,
그리고 혼자서는 견디고 나갈 수 없는
실의에 빠진 자, 그와 같은 자들을 구
하고 구제하는 데 모든 역점을 다 두
는 것이 아니라,
14 그와 같은 자들에게는 등을 돌리며,
가진 자, 능력 있는 자만을 저희 종교
집단에 불러들여 저희들의 사리사욕
을 채우는 수단으로써 모든 계명을 만
들어 나의 피조물 만백성에게 악용하
는 그와 같은 위선자로서 살아온 것이
지금의 종교 지도자들이며,
15 지금 행하고 있는 모든 종파와 또한
새로 생기는 그 모든 종교 집단도 구
습에 젖어 그 틀을 벗어나지 못하고,
너희들이 습관적으로 흘러왔던 그 종
교의 형태로써 나의 피조물 만백성에
게 고통과 시련을 주며 그리 이끌어
가고 있음이니라.
16 이와 같은 종교 지도자들이 존재하는
이상, 너희들은 바른 세상이요, 바른
믿음이요, 하늘에 오르는 그 영광의
빛의 길을 보지도 못하며 올 수도 없
는 것이 지금 너희들의 형국이니라.
17 지금 나의 피조물 만백성을 천국의 문
으로 인도한다는 그자들이 스스로 자
신의 무능력에 빠져 있으며, 자제력을
잃고 있으며, 저희들이 어떠한 길로
가고 있는지 그 자체도 모르며, 저희
들의 욕망과 저희들의 사리사욕에만
빠져 있는 것이 지금의 종교 지도자들
이니라.
18 그리하여 저희들의 그 무능력 속에서
사리사욕과 욕망을 채우는 데 허덕이
는 그 집단 속에서 저희들이 빠져나올
수도 없으며, 스스로 빠져나올 줄도
모르며, 빠져나올 생각조차도 하지 못
하는 것이 지금 나의 피조물 만백성을
지도하는 종교 집단이요, 가르치는 지
도자들의 가고 있는 형국이니라.
19 그들을 그대로 방치했을 때 나의 피조
물 만백성이 스스로 지옥으로 가는 그
많은 고통을 바라볼 수 없어, 내가 마
지막으로 너희들을 구원하고자 제3의
시대에 나의 법전을 세상에 내려보내
니,
20 나의 법전을 읽고 깨우쳐 그리 구원을
받지 못하는 자, 내가 이리 밤낮을 가
리지 아니하고 나의 아들을 통하여 너

희들을 구원하고자 하는 나의 이 책을 읽지 아니하는 자, 그때는 그들을 다 뽑아 버릴 것이니 그리 알도록 하라.

3,421 번째 하나님 말씀

2002년 9월 18일 17시 14분

1 사랑하는 나의 아들아!
2 "네, 아버님! 말씀하옵소서."
3 구약 시대에 그 많은 기적의 역사를 본 백성들이 내가 십계명을 지키라 하였으나 그를 지키지 아니하였으며 그와 같이 광란의 세상을 만들었느니라.
4 또 신약 시대에, 나의 아들 예수를 통하여 너희들을 깨우치려 했던 그 시대 나의 아들 예수는 어찌하였는가?
5 너희들에게 가르침을 주기 위하여, 들에서나 어디에서나 시간과 장소를 가리지 아니하고 그는 나의 피조물 만백성이 모여 있는 곳에 가서 설법하였으며 가르쳤음이니라.
6 그는 정녕 나의 성령으로써 옳고 바른 길이며 구원의 길이요, 성령만을 가지고 나의 피조물 만백성에게 가르치고 설법하였느니라.
7 그러나 많은 세월이 흐른 지금 그의 가르침이이요, 그의 설법은 과연 어찌 변화되었는가?
8 그대로 너희들에게 전하여졌으며 그대로 너희들에게 계승되어 흘러왔다 생각하는가?
9 지금 얼마나 많은 세월 속에 얼마나 많이 수없이 변해져 있는 나의 아들 예수의 가르침인가?
10 지금 종교 집단 너희들이 과연 어찌해 가고 있는가?
11 너희들은 나의 아들이 전하고자 했던 그 설법이요, 나의 성령을 전하여 너희들을 가르쳤던 그 모두를 그대로 전수하여 전하고 깨우쳐 간 것이 아니니라.
12 그 길을 지키고 가기는 너무나도 험난하고 어려운 길이기에 종교 집단 스스로 너희들의 이해관계에 따라서, 또는 지식인이라는 자나 학자라는 자나 성서를 안다는 자들의 의지에 의해 수없이 변질되었으며 고쳐졌으며 변화되었으니,
13 나의 아들이 너희들에게 전하고자 했던 성령의 뜻이 지금 그와 같이 변질되었음이니라.
14 지금 많은 세월 속에 종교 집단 너희들의 이해관계에 의하여 나의 아들을 통하여 전하려 했던 나의 성령의 뜻이 변질되고 또 변화된 것에 대하여, 너희들은 나에게 감히 그렇지 않다고 대답할 수 없을 것이니라.
15 너희들은 그리되지 않았다고 나 여호와한테만큼은 거부하지 못할 것이니라.
16 학자라는 자들과 지식인이라는 자들의 의지에 의하여 많은 부분이 변화되었으며 변질되어 바뀌어져 있는 그 역사요, 너희들 인간이 만든 그 계명에 맞도록 너희들이 변질시키고 손을 봐 변화된 것은, 내가 너희들에게 직접 물음이니, 감히 나에게 더 이상 거부하는 대답을 할 수 없을 것이니라.
17 그뿐이던가?
18 너희들은 또한 집단의 이기주의에 따

라서, 너희들의 생활의 변화에 따라서 변화되었으며, 심지어는 지금 너희들의 종교의 믿음이 과연 어찌 되었는가?
19 너희들은 지금 말하고 싶을 것이니라.
20 감히 나 여호와가 너희들에게 묻지 아니한다면, 너희들은 한 자도 바뀐 것이 없으며 틀린 것이 없으며 변화된 것이 없다고 그리 말할 것이니라.
21 그러나 너희들은 여기서 들어야 될 것이니라.
22 내가 나의 아들을 통하여 나의 법전이요, 내가 성령으로 내려보낸 이 책에 이 내용을 기록함이니, 지금 당장 너희들이 그 이치를 깨달아야 될 것이니라.
23 지금 너희들의 믿음이라는 것이 과연 어찌 되었는가?
24 나 여호와를 위하여 하늘에 오르는 길이요, 나의 성령이요, 참진리만을 위해 가르쳤는가?
25 너희들은 그리하여 지금까지 진정한 믿음 속에 살아왔다는 것인가?
26 첫째는 너희들이 나의 피조물 만백성으로부터 예수가 행하지 않은 그 재물을 거두어 성전을 지어 궁궐같이 지은 그 속에서 나의 피조물 만백성을 구원한다 하여 그리 긁어모아 그들에게 수단과 방법을 가리지 않고 재물을 거두어들이는 그 하나가, 너희들의 눈으로 볼 때 과연 얼마나 틀린 행위인가를 알게 될 것이니라.
27 그리하여 심지어 너희들은 그 믿음이라는 것을 가지고 지금 어찌하는가?
28 상업화되어 있음이니라. 상술화되어 있음이니라.
29 너희들은 더 이상 추하게 타락할 수도 없으며 더 이상 내려갈 수도 없음이니라.
30 우리 부자의 이름을 팔며 성령을 가지고 너희들이 어찌 되었는가?
31 진정한 나의 피조물 만백성을 구하는 그 역사의 고통스럽고 힘든 길을 가는 것이 아니고, 십계명을 지키는 것만이 구원의 길이요, 그를 지키지 아니하는 자는 성전에 올 수 없으며 종교 지도자 앞에 와서 감히 믿음이라는 그 길을 갈 자격이 없다고 말하지 못하도록 그들을 다스리며,
32 하루하루 생활 속에서 아름다운 쪽으로 천사의 마음으로, 나 여호와의 심성과 같이 아름답게 변하지 못하는 자, 십계명대로 살려고 노력하지 아니하는 자는 너희 손으로 지은 성전에 올 자격이 없다고 너희들이 그리 무섭게 다스리고 가르쳤다면, 오늘과 같이 되지는 않았을 것이니라.
33 성전이요, 믿음이라는 그것은 영혼을 구하는 것이니라.
34 육의 삶의 실패는 너희들이 다시 재기할 수 있으며, 변화되어 노력함으로써 너희들이 또 한 번 일어설 수 있는 기회가 있느니라.
35 그러나 영원히 사는 너희들의 영혼을 구하는 것은 연습이 없으며, 다시 변하는 것이 없는 그 소중한 변화의 믿음을 가지고, 그 속에 너희들이 상술적이요, 상업화로 지금 변화된 것을 너희들이 부정할 수 있는가?
36 너희들은 돼지머리를 놓고 비는 기복신앙의 그들보다도 더 추하고 더러운

기복 신앙의 원산지가 되어 있음을 알
라.
37 그리하여 너희들은 더 이상 추하게 타
락하려야 타락할 길이 없으며 더 이상
내려가려야 내려갈 곳이 없으니, 스스
로 너희 신도와 너의 제자들이 너희들
을 핍박하며 공격하는 그 시대가 왔음
이니라.
38 그들이 하늘에 오르는 길이 무엇이며
참진리가 무엇인가 대안이 없어서 지
금까지 너희들의 쇠사슬에 얽매여 끌
려가는 그와 같은 삶을 살았으니,
39 바로 나의 법전이 세상에 나가 그들에
게 자료를 만들어 그들에게 힘을 실어
주며, 나의 법전으로 인해 그들은 대
안을 찾을 것이며 대항할 수 있는 진
리를 알 것이니라.
40 그리고 참진리의 길이 무엇인가를 그
들이 바라볼 수 있는 그와 같은 깨우
침을 주기 위하여, 법전을 세상에 눈
이 내리듯이 전하여 이 세상을 다 덮
고자 하는 것이 나의 뜻임을 너희들은
알아야 될 것이니라.
41 상업화요, 상술화된 너희들의 종교 집
단의 그것 하나만 보더라도 너희들이
지금 잘못 가고 잘못 믿는 믿음이라는
것을 알아야 될 것이며,
42 나의 아들 예수를 통하여 참진리를 전
했던 그 성령이 왜곡되게 전해져 있으
니, 너희들이 나와는 아무런 관계가
없는 그 사탄의 믿음의 앞잡이가 되어
가고 있다는 것을 부정하거나 부인할
수 없으며 거부할 수 없을 것이니라.
43 나 여호와 앞에 감히 거부할 자 있거
든 말해 보라. 내가 그에게 그 벌을 내
릴 것이니 그리 알라.

3,422 번째 하나님 말씀

2002년 9월 18일 17시 21분

1 사랑하는 나의 아들아!
2 이 세상 모두가 다 변하여도 변하지
아니할 것이 하나가 있음이니라.
3 그것이 무엇이더냐?
4 내가 나의 피조물 만백성을 구하기 위
하여 내리는 진리요, 나의 참뜻이니라.
5 이제까지 모든 성령이요, 구약과 신약
을 나의 종교 지도자라는 자들이 잘못
깨우쳤으며, 나를 따르는 종교 지도자
라고 저희 스스로 말하는 그들이 그
깊이를 모르며 내가 이루고자 하는 그
역사의 뜻도 모르면서 가르치고 가르
쳐 왔음이니,
6 이 세상에 변해서는 안 되는 구약과
신약의 그 성서가 변화되었으며 나의
성령의 가르침이 변화되는 이와 같은
세상이 되었음이니라.
7 이제 내가 내리는 이 법전이야말로 변
화되어서는 아니 되며 변질되어서는
아니 되는 것을 너의 제자들과 나를
따르는 백성들에게 일깨워 주어야 될
것이니라.
8 이 세상의 모두가 다 변한다 해도, 이
제 나의 법전이 나온 이 시점의 세상
에서 어떠한 일이 있다 해도 나의 진
실한 이 가르침이 변조되고 변화되어
서는 아니 됨을 알아야 될 것이니라.
9 진정 변화되어서는 안 되는, 너희들의
하나밖에 없는 그 구원의 진실한 진리
의 믿음이, 그리고 그를 가르치는 교

리와 설법과 그를 가르치는 종교 지도
자의 집단들이 어찌 변화했는가?
10 그들은 변할 길이 없어, 저희들이 살
아가는 그 생활의 사리사욕을 채우는
상업적으로 모든 것이 다 변하여졌기
때문이니라.
11 그리하여 그와 같이 상업적으로 모든
교리가 변하여져 있으니, 이제 이 세
상 어디에 진정한 참진리가 있으며,
창조주 나 여호와의 뜻에 따라 살아가
는 백성들이 어디에 있다 말할 수 있
겠는가?
12 이와 같은 너희들의 시대를 이룬 이
형국이 나 창조주 여호와의 마음을 얼
마나 갈기갈기 찢어지는 아픔으로써
엄습하는 것인지, 너의 제자들과 나의
법전을 읽고 깨우치는 백성 너희들은
알아야 할 것이니라.
13 나의 진정한 참진리요, 창조주가 원하
는 그 뜻을 모르고 가는 너희들이기에
지금의 만연된 잘못 가는 종교 집단이
사랑이 근본이요, 그것이 하늘에 오르
는 길이라고 그리 말하고 가르치면서
도,
14 행함에 있어서는 이를 외면하는 종교
집단이 지금의 이 세상에 존재하며,
그와 같은 힘으로써 나의 피조물 만백
성을 가르치며 이 병든 사회를 만든
것이 종교 지도자 너희들이 가는 길이
니라.
15 너희들이 이와 같이 병든 세상을 만들
며 병든 사회를 만들지 아니하였을
때, 나의 백성들은 사랑을 알며 부모
를 공경하고 형제지간에 나눔을 알며
어렵고 힘든 자를 아는 그와 같은 아
름다운 마음으로써 살아가는 그들이
있음이니라.
16 그러나 사랑을 베풀며 사랑을 나누며
그 사랑만이 나 여호와의 뜻이요, 그
를 베풀고 사는 자만이 구원을 받는다
하여 사랑을 가르친다는 종교 집단이
이 세상을 덮고 난 지금에 와 이와 같
이 병든 사회가 만들어졌음이니,
17 너희들이 가고 있는 그 교리요, 가르
치는 진리가 과연 정당하다 생각할 수
있는가?
18 가장 변해서는 안 되는 나의 진리요,
나의 참뜻이요, 나의 가르침을 지금의
종교 집단 너희들이 변화시켜, 모두를
기복 신앙으로 변화시켰으며, 모두 기
복 신앙으로 전락하여,
19 돼지머리를 놓고 기도하는 그 기복 신
앙이 마음에 존재했던 나의 백성들이
너희들의 그 기복 신앙에 몰려들어 너
희들을 추앙하게 되었으며, 그들을 이
용하여 너희들이 상업적으로 변질되
고 변화되어 있는 믿음의 형태라는 것
을 내가 너희들에게 전하니,
20 감히 그렇지 않다고 말할 수 있는 자
있거든 거부의 음성을 나에게 전해 보
라.
21 감히 너희들은 말할 자격이 없을 것이
니라.
22 이제 병들고 썩어 가는 이 사회의 종
교 집단을 수술하며 뽑아낼 수 있는
것은 나의 법전을 읽고 깨우친 백성들
이며,
23 하나하나 소복소복 쌓이는 눈처럼 깨
우치는 자들이 힘을 실어 가며 그와
같은 집단이 하나하나 형성되어 갈

때, 그와 같은 변화만이 이 지상이 하
늘에서 이루어지는 낙원과 같이 이루
어질 것이니, 그 세월이 천 년이니라.
24 나의 아들이 살면 얼마나 육의 삶에
살고 얼마나 세상에 존재하며, 이를
보고 깨우치는 제자 너희들이 과연 몇
십 년의 세월을 살겠는가?
25 얼마 남지 않은 너희들의 삶에 있어서
천 년의 역사를 이루는 그 기틀을 바
로 세워야 됨이니,
26 너희들은 한 점의 부끄러움이 없는 삶
으로써 바로 서는 데 너희들의 모두를
다 바쳐, 천 년 만 년 나의 피조물 만
백성이 너희들의 오늘의 삶을 보고 깨
우쳐, 그들이 어렵고 힘들 때 사탄과
천사와의 싸움에서 항상 천사의 편에
설 수 있고 선한 마음으로써 구원을
받을 수 있도록 그와 같은 역사를 이
루는 데 너희들의 모두를 다 바쳐야
할 것이니,
27 너희들은 잠시도 게을리 생각하지 말
며, 나의 법전을 세상에 내리는 눈이
쌓이듯이 만백성에게 전하는 데 한 점
의 아낌이 없는 그와 같은 마음 자세
로 행하며 살아가도록 그리하라, 사랑
하는 나의 아들딸들아!

3,423 번째 하나님 말씀

2002년 9월 18일 17시 30분

1 사랑하는 나의 아들아!
2 "네, 아버님! 말씀하옵소서."
3 이 세상 나의 피조물 만백성 너희들이
가장 갈구하고 소원하는 것이 무엇이
더냐?
4 너희들의 삶의 목적이 어디에 있는가?
5 너희들 중에 육의 삶을 아름답게 마쳐
다음 세상에서 영혼이 구원받는 그와
같은 삶에 모두를 다 걸고 사는 자들
이 있으며,
6 지금 잘못 가르치는 종교 집단 속에
저희들이 구원의 길이라 하여 가고 있
는 그들 또한 저희 자신이 잘못 가고
있는지 잘 가고 있는지를 분별할 수
없는 그와 같은 속에서도 오직 하나의
희망이요, 그들이 바라는 것이 있으며
그들의 마음속에 간절한 것이 있다면,
7 그들은 영혼의 세상에서 구원을 받는,
나의 지상의 낙원에서 살다 하늘의 낙
원에 올라오는, 그리고 내 품에 올라
오는 것만을 갈구하며 가고 있는 것이
지금의 믿음에 속해 있는 너희들이 아
니던가?
8 그러나 지금의 믿음에 속해 있는 나의
피조물 만백성 너희들을 나의 나라요,
천국의 문에 들어설 수 있도록 구원하
는 것은,
9 지금과 같이 변질되고 변화되며 타락
된 종교의 집단으로써는 너희 영혼을
영원히 구원할 수 없는 이와 같은 형
국에 있으며, 지금의 이와 같은 상태
에 젖어 있음을 너희들은 알아야 될
것이니라.
10 지금의 변질되고 타락된 종교 집단이
요, 종교 지도자로서는 너희들이 그리
갈구하고 원하는 영혼의 구원의 삶을
살 수 없으며, 새로운 생명의 삶을 구
원받을 수 없는 것이 내가 하늘에서
내려다보는 지상의 너희들의 종교 집
단이 가는 형태임을 알아야 될 것이니

라.
11 지금의 종교 집단의 방향에서 너희들
이 변하는 대역사가 이루어지지 아니
한다면 너희들의 구원은 이루어질 수
없음이니라.
12 지금의 변질된 종교 지도자 너희들이
가고 있는 그 형국이 무엇이던가?
13 말로써는 나의 아들과 나 여호와를 찾
으며 우리 부자의 이름을 부르고 있으
나, 너희들은 구원의 소중함과 창조주
나 여호와가 존재함을 의식지 아니하
며, 나의 아들이 너희들을 위하여 죽
어 간 그 고통의 시련까지도 너희들은
잊어버리고자 하니,
14 정녕 너희들 머릿속에 그 값진 희생을
기억하고 있는 자가 얼마나 있는가?
15 지금의 모든 종교 지도자들은 저희들
의 사욕을 채우기 위하여, 저희 손으
로 지은 그 성전에 저희 스스로 노예
가 되는 것을 벗어나고자 하여, 나 여
호와가 존재하는 것을 의식하지 아니
하고 나 여호와를 짓밟으며 물질만을
쫓아가는 그와 같은 종교 집단이요,
종교 지도자의 형국이 되어 있음이니,
16 지금 너희들은 종교 지도자로서 서는
것이 아니며 종교 지도자로서 교리를
가르치고 설교를 하며 나의 피조물 만
백성을 깨우치는 것이 아니라, 물질의
노예가 되어 가고 있는 형국이니라.
17 그리하여 지금의 종교 집단이요, 지도
자의 가르침으로써는 그곳에서 저희
들 자신도 구원의 길을 모르며 저 자
신이 어떠한 위치에 있는지 알지도 못
함이니,
18 그들 밑에서 나의 백성 너희들이 그들
의 신도라 하여 그들과 같이 나의 백
성을 구하는 길잡이라 하여 그들과 덩
더꿍 같이 어울려 가고 있는 형국이니,
19 지금의 종교 지도자와 그곳에서 깨우
침을 얻었다 하여 만백성을 구하겠다
고 하는 신도라 하는 너희들의 그와
같은 백성의 어울림의 구성체 가지고
는 정녕 나의 피조물 만백성을 한 명
도 구할 수 없음이니,
20 너희들이 한 명을 구했다 하여 너희
성전으로 나의 백성을 끌고 가는 그
순간에 너희들은 나의 사랑하는 그 백
성을 지옥의 통로에 집어넣는 그와 같
은 형국임을 알라.
21 너희들이 지금 사람을 구원한다는 것
은 지옥으로 보내는 것이니, 너희들의
죄가 얼마나 무섭고 가중되는 것인가
를 알아야 될 것이니라.
22 지금의 형국은 너희들이 감히 나 여호
와를 짓밟는 그와 같은 믿음의 형태이
니,
23 내가 불로써 바위에 정성들여 직접 써
내린 그 십계명을 지킬 수 없다고 하
며, 그대로 살 수 없다고 말하며, 육의
삶은 소중하지 아니하고 너희들이 영
혼의 구원이요, 믿음을 말로써만 부르
짖는 것이 구원의 길이라 그리 말하고
가는 것이 바로 무엇이더냐?
24 나 여호와 창조주를 짓밟는 그와 같은
너희들의 무서운 행위를 하고 있음이
니,
25 그저 너희들은 물질이요, 재물을 따라
서 너희들의 사리사욕을 채우는 데만
혈안이 되어 지금 달려가고 있으며,
그 재물을 구하는 데만 너희들이 연연

함이니,
26 곧 재물의 노예가 되어 있는 것이 종
교 지도자의 형국이며 너희 집단이라
고 내가 말하는 것이니라.
27 이와 같은 나의 가르침을 너희들이 듣
고도 깨우치지 못한다면 너희들 스스
로 지옥의 통로로 떨어짐을 알아야 될
것이니라.

3,424 번째 하나님 말씀

2002년 9월 18일 21시 19분

1 사랑하는 나의 아들아!
2 "네, 아버님! 말씀하옵소서."
3 너를 따르는 너의 제자들이 알고자 하
며 깨우치고자 하는 것에 네가 다 대
답을 해 줘야 될 것이니 그리 알라.
4 그리고 너의 제자들은 지금까지 믿음
이라는 속에서 그 많은 세월을 흘러오
면서도 저희들의 종교 집단에 질문하
지 않고 깨달음을 연구하지 아니하며,
알려고도 하지 아니하였음이니,
5 너희들이 나의 법전을 읽고 깨우쳐 깨
달음의 경지가 서서히 올라가고 있음
이니, 이는 그를 증명함이니라.
6 너의 제자들이 묻는 질문에 너는 나에
게 경배하며 기도하여 그 답을 받아
그들의 길을 잘 깨우쳐 주고 일깨워
주어야 될 것이니라.
7 그리하여 그들이 깨우침을 알게 되어
자신을 얻게 되며 그들이 지금 나 여
호와로부터 선택된 그 축복을 알게 됨
이니라.
8 지금 너에게 질문한 그 모두에 대해
내가 답을 한두 개 주지 아니함은, 그
것이 지금 세상에 나갔을 때 모든 종
교 지도자들이 그를 응용하여 대답하
고 역으로 그를 이용할 수 있는 문제
점이 있는 것들이기에 내가 답을 주지
아니함이니라.
9 네가 법전 몇 권을 더 기록하고 더 깨
우쳐 나의 피조물 만백성과 너의 제자
들이 많이 이 세상에서 너를 따를 때,
그때 내가 너에게 답을 주고자 유보하
고 있음을 알라.
10 지금 내가 너에게 모든 답을 가르쳐
적은 너의 제자들에게 가르쳐 주었을
때, 그 답은 역이용되며, 그것이 잘못
쓰이는 형국이 이루어질 수 있기 때문
에 내가 답을 주지 않는 것이 있음이
니라.
11 오늘 네가 너의 제자들에게 일깨워 주
기를, 내가 흙으로써 인간을 만들지
아니하였으며, 내가 생각하는 대로 그
그림에 의하여 그리 모든 것을 이루었
다 하였음이니,
12 이것 하나 가지고도 너희들이 핍박을
견디기 어려울 것이며 그 공격을 피하
기가 어려울 것이니, 그 이상의 깊이
있는 깨우침을 내가 너의 제자들에게
깨우쳐 주었을 때 너희들 스스로 견딜
수 없고 지탱할 수 없는 변화가 이루
어지게 됨이니라.
13 너를 따르는 제자들이 나의 법전을 많
이 읽고 깨우쳐 경지가 높아져 그 모
두를 소화시킬 수 있을 때, 내가 대답
해 줄 것은 대답해 줄 것이며 깨우쳐
줄 것은 깨우쳐 줄 것임을 너희들은
알아야 될 것이니라.
14 너의 제자들이 지금 나의 법전을 읽고

깨우쳐 세상을 보는 눈이 그만큼 높아
졌으며 성지가 높아졌음이니 그리 알
라.
15 지금 너에게 질문하는 그들이 몇천 년
이 흘러온 그 종교 집단이나 지도자에
게 가서 그 질문을 했을 때 그들은 대
답할 수 없음이니라.
16 그와 같은 하늘의 진실한 뜻을 한 가
지 한 가지씩 깨우쳐 가야 되는 것이
지,
17 하루아침에 많은 것을 깨우쳤을 때 소
화시킬 수 없으며 너희들이 그를 답변
하기에 너무나도 어려운 고통의 시간
을 갖게 됨이며, 너 자신이 갑론을박
하기에 너무 힘들고 두려움이 많으니
라.
18 오늘에 하나 깨우친 그것만으로도 너
희들을 사탄이요, 이단이라 하며 더욱
더 거세게 밀어붙일 것이니,
19 누구든 다 흙으로써 만들어 거기에다
영혼을 불어넣었으며, 하나의 갈비뼈
를 빼 내가 여인을 만들었다고 그리
알고 있는 것이 이 지상의 모든 백성
들이니,
20 이 작은 성전에서 그것이 아니고 내가
일순간에 계획에 의해서 그와 같이 만
들었다는 사실을 너희들이 밝힐 때,
그 역행하는 밀어붙이는 태풍의 힘을
과연 어찌 너희들이 견딜 수 있겠는가?
21 많은 사람들이 그것을 깨달을 때까지
너희들은 입을 다물어야 될 것이며,
너희들만이 이 깨우침을 알고 지나가
야 될 것이니,
22 너희들이 외부에 발설하지 말며, 이를
가지고 갑론을박하거나 시시비비할
때 사용하지 말라.
23 내가 더 이상 너희들에게 깨우쳐 주지
못하는 이유가 여기 있음을 알아야 될
것이니라.

3,425 번째 하나님 말씀

2002년 9월 19일 09시

1 사랑하는 나의 아들아!
2 "네, 아버님! 말씀하옵소서."
3 너희들이 말하기를, 내가 남자의 형상
을 흙으로 만들어 그것에 영혼을 불어
넣었으며, 그 한 사람의 남성의 한쪽
갈비뼈를 빼 여성을 만들었다 그리하
였으나, 이는 기록한 자들이 잘못하였
음을 알라.
4 나 여호와는 무에서 유를 창조하는 창
조주요, 내가 동시에 남녀를 똑같이
만들었음을 이제 너희들은 알아야 될
것이니라.
5 그리하여 동등한 형체로써 내가 같이
성령을 불어넣어 아름다운 형체로써
만든 것이 너희들 인간임을 알라.
6 나는 유에서 유를 창조함이 아니라 무
에서 유를 창조함이니라.
7 내가 상상하여 그린 나의 백성들이 바
로 너희들이며, 이는 동시에 남녀가
세상에 태어났음이니, 이를 너희들은
기억해야 될 것이며, 하나의 인간을
흙으로 만들고 그 갈비뼈로 하여금 여
성을 만들어 그와 같이 생명체를 만든
게 아님이니라.
8 동시에 내가 남과 여의 한 쌍을 만들
었음을 너희들은 알아야 할 것이니라.
9 그와 같은 것을 너희들이 지금 왜곡되

게 가르쳤으며, 왜곡되게 기록되어 있
는 부분이 있음이니,
10 이를 바로잡아야 될 것이며, 이는 기
록하는 자들이 잘못하였음을 알아야
될 것이니라.
11 너희들은 정녕 내가 이 세상의 모든
것을 창조할 때 유의 형태를 만들어
놓고 내가 성령이요, 생명을 불어넣었
다 그리하지 말라.
12 그렇다면 너희들은 나를 창조주요, 전
지전능한 여호와라 하는 그와 같은 말
을 해서는 아니 됨을 알라.
13 나 여호와는 무에서 유를 창조하지,
유에서 유를 창조하는 하나님이 아님
을 알라.
14 내가 그러니 지금 나의 아들을 통하여
몇천 년 동안 잘못 흘러온 것을 하나
하나 바로잡고 가는 것이 나의 법전이
요, 내가 너희들에게 올바른 깨우침을
주고자 하여 바로 법전이 세상에 나감
을 너는 알아야 될 것이니라.

3,426 번째 하나님 말씀

2002년 9월 19일 09시 10분

1 사랑하는 나의 아들아!
2 "네, 아버님! 말씀하옵소서."
3 사랑을 베풀며 인간의 아름다움을 창
조하며 산다는, 그리고 천사와 같은
삶으로써 하늘에 구원을 받아 영원히
나의 나라에 와서 살 수 있도록 인간
을 인도한다는 종교 집단 그들의 가르
침이 어찌 되었던가?
4 그들의 가르침으로 시작되어 나의 피
조물 만백성이 인간 본연의 인성을 잃
게 만든 것이 지금의 종교 지도자들의
가르침이요,
5 그들은 인간의 인성을 다 저버리게 만
들고, 저희들의 뜻과 계산에 의하여
인간을 신본주의로 만들어 이 세상을
지배하고 있으며,
6 그와 같이 신본주의로 만드는 종교 지
도자와 그곳에 가 구원을 받는다는 백
성들의 그 집단으로써 이 세상이 지금
움직이고 있으며 이 세상이 형성되어
있음이니, 나의 지구가 그리 타락되어
있음이니라.
7 지금의 타락된 종교의 형태요, 그들로
서는 정녕 구원의 길과 구원의 빛을
볼 수 없음이니,
8 그들이 허물 벗듯이 저희 자신의 탈바
꿈이 없이는 이 세상에 대혼란의 종교
전쟁의 시대가 오는 것을 막을 수 없
는 그와 같은 형국이 지금 도래하였음
이니라.
9 그들이 나의 피조물 만백성을 속이고
또 속여 왔으나 이제는 어떠한 명분으
로도 더 이상 이끌어 갈 수 없는 시대
가 왔음이니라.
10 더 이상 저희들이 지탱할 수 없는 형
국에 와 있기에 스스로 대혼란의 전쟁
의 시대가 이루어지는 형국이 왔으며,
저희 스스로 대혼란의 전쟁의 역사를
한 토막 만들지 아니하면 더 이상 저
희들이 지탱할 수 없는 그와 같은 형
국에 와 있음이니라.
11 이제는 그와 같은 지도자들에게 휘말
려 나의 피조물 만백성 너희들이 처참
한 희생물이 되어서는 아니 되는 것을
알아야 될 것이니라.

12 그리하여 잘못 가고 잘못 가르치는 종
교 지도자들을, 진실을 왜곡시키기 위
해 너희들을 이끌어 가는 그들을 너희
들이 이제는 심판할 때가 왔으며, 너
희들이 그들을 심판하지 아니한다면
너희들은 진정한 구원의 길을 볼 수가
없음이니라.
13 그러나 너희들은 이미 세뇌되어 그들
을 심판할 자제력을 잃고 있음이니,
그리하여 내가 너희들에게 충격 요법
으로써 나의 법전을 세상에 내려보내
니,
14 너희들이 나의 법전을 접하여 마음의
지표로 삼기 시작하며, 이것이 진정한
하늘에 오르는 길이요, 나 여호와의
성령의 뜻이라는 것을 가슴 깊이 깨닫
고 느끼며, 그리고 너희들이 나의 성
령으로써 너희 마음을 다스리는 그와
같은 대변화의 역사가 이루어지지 아
니한다면, 너희들은 구원의 길에 오를
수 없음을 알라.
15 오로지 나의 성령으로 써 내린 나의
법전이요, 이 책을 읽고 정독하여 마
음속에 대변화를 이루며, 나의 성령을
받아들여 나의 성령으로써 충만된 너
희들이 대변화를 이루지 아니하면, 너
희들은 정녕 구원의 길에 오를 수 없
는 것을 내가 법전에 기록하여 전함이
니
16 이를 읽고 깨우친 백성 너희들은 스스
로 구원의 길을 찾도록 해야 함을 잊
지 말라.

3,427 번째 하나님 말씀

2002년 9월 19일 09시 16분

1 사랑하는 나의 아들아!
2 "네, 아버님! 말씀하옵소서."
3 너희 손으로 지은 그 성전이라는 곳,
그곳에 와서 기도하고 경배하면 구원
을 받는다는 그 성전이라는 곳은 어떠
한 곳이던가?
4 그곳에 있는 백성 모두는 천사와 같은
심성으로, 남들이 감히 너희들을 바라
다볼 수도 없는 깨달음의 경지에 너희
들이 형성되는 그와 같은 집단으로써
가야 할 것이거늘,
5 잘못 가르치는 종교 지도자들과 잘못
배운 너희들로 하여금 신성시되어야
할 그 성전이 지금 어찌 되어가고 있
는가?
6 너희들은 너희 자신도 모르는 사이에
돼지머리 놓고 산속 또는 나무 밑에
가서 축복을 기원하는 기복 신앙의 형
태로 변하여졌고 타락되어 있음을 알
고 있는가?
7 너희들이 그곳에 무엇을 이루면 축복
과 은혜를 받을 것이며, 재물이요, 금
화와 은화를 많이 바치는 자는 그 바
치는 만큼 구원의 길을 볼 수 있으며,
하늘나라에 올라가 바친 만큼 영광을
얻는다고 그리 말함이니,
8 너희들은 나를 빙자하며 우리 부자의
이름을 팔아 그와 같이 재물을 거두어
들이는 형국으로 되었으며, 그 재물을
받아 너희들이 복을 파는 형국으로 되
어 있음이니,
9 돼지머리 놓고 산속이나 나무 밑이나

토굴 속에 가서 기도하고 복을 비는
기복 신앙으로 그리 변질되어 있는 것
이 지금 너희들이 신성시해야 될 성전
의 형태이니,
10 너희들이 하나하나 손으로 짚고 넘어
가 보도록 하라, 나 여호와가 나의 법
전에 기록한 이 내용이 과연 틀리는가.
11 이제는 신성시되어야 할 그 성전이 복
이나 축복을 받고자 하는 기복 신앙의
본산지가 되었으며 그 원천이 되었음
이니라.
12 복이나 기원하며, 너희들이 복을 빌어
축복을 받는다는 그 축복을 받기 위해
계산된 속에서 서로 거래하고 거래하
는 종교 집단으로 타락되어 있음이니,
13 과연 그곳에 어떤 믿음이 있으며, 내
가 원하는 그 뜻이 어디 있으며, 나의
백성을 구하고자 하는 가르침이 어디
있는가?
14 너희 자신도 모르는 사이에 세월이 흐
르면 흐를수록 더욱더 잔인한 방법으
로써 기복 신앙의 원산지요, 본산지로
변해 가는 그와 같은 것이 지금 가장
신성시되어야 할 너희 손으로 만든 성
전이니, 그 모든 죄악의 온상이 거기
에 있음을 알라.
15 그와 같은 너희들의 모든 종교 집단이
세상에 들어오지 아니했을 때, 나의
백성들은 눈물이 있었으며 인정이 있
었으며 사랑이 있었으며 서로 어렵고
힘듦을 나누는 그와 같은 삶을 살았느
니라.
16 그러나 너희들의 믿음이라는 것이 들
어와 잘못 가르침으로 인하여, 이제는
아이들이 어른을 모르며, 어른이 또한
아이들을 사랑하기가 두려우며 아이
들을 훈계하고 가르치기가 두려운 이
와 같은 마지막 종말의 시대를 만든
것이 너희들의 집단이니라.
17 그리하여 지금 그를 단죄하고 바로잡
기 위하여 내가 직접 제3의 시대를 열
어 나의 법전이 세상에 내려가 너희들
의 잘잘못을 하나하나 짚어 내림이니,
18 이를 보고 깨우치는 나의 피조물 만백
성 너희들은 너희 자신의 믿음의 가는
길을 돌이켜 봐야 될 것이며,
19 정녕 너희들은 어떤 것이 하늘에 오르
는 길이며 진정한 나 여호와의 가르침
인가를 너희 스스로 깨달아 이제는 잘
못된 자들을 단죄해야 될 것이며,
20 너희들은 내가 만든 이 자연의 성전에
서 그저 계명에 따라 지키고자 노력하
며 나에게 기도하고 경배하는 편안한
마음으로써 하늘에 오르는 길을 달려
오라.
21 너희들이 평생 모은 그 재물을 그들에
게 바치며 그 재물로써 복을 산다는
소리를 하지 말라.
22 너희들은 그 성전에서 배우고 듣지 아
니하였는가?
23 인간의 행함은 아무것도 아니요, 오로
지 그 성전에 와서 나 여호와와 나의
아들의 이름을 부르며 경배하면 된다
하니,
24 거기서 인간의 형태로 만든 재물과 금
화를 거두어들이는 것은 너희들의 말
이 잘못되었으며, 잘못 가르치는 것이
니, 한 입 가지고 두말하는 잘못된 종
교 지도자들을 너희들이 단죄하지 못
한다면, 이제 너희들 자신이 영원히

구원을 받을 수 없음을 알라.

3,428 번째 하나님 말씀

2002년 9월 19일 11시 29분

1 사랑하는 나의 아들아!
2 "네, 아버님! 말씀하옵소서."
3 정녕 '나 여호와가 존재함을 믿는 그 자체가 구원의 길에 들어서는 기본이요, 근본이라' 말하였음이니,
4 나의 성전에 와서 나의 성령을 들으며 나의 법전을 가지고 공부하는 너의 제자들이야말로 나 여호와가 존재함을 믿고 따르는 자들이니, 이 세상에 너희들보다 더 소중한 자들이 없음이니라.
5 많은 백성들이 나를 믿고 따른다 말하나, 그들은 기복 신앙의 근본이요, 기초에 젖어 있어서 저희들이 무엇인가를 원하고 구원받고자 하는 믿음이니,
6 나 여호와가 존재함을 믿는 것이 아니라 나 여호와와 먼저 거래하고자 하는 그와 같은 믿음으로 가는 것이 지금 종교 집단들의 형국이니라.
7 또 하나 내가 너희들에게 뭐라 가르쳤느냐?
8 '나의 법전을 가슴에 안고 정독하는 자, 반석 위에 서서 하늘에 오르는 찬란한 빛을 보게 되는 영광을 얻게 됨이라' 말하였으니,
9 나의 법전을 가슴에 안고 너희들보다 더 열심히 정독하고 깨닫는 자가 어디 있는가?
10 그러니 너희들이 세상에서 가장 나로부터 큰 은혜와 영광을 받은 자들이요, 또한 그러기에 너희들이 나에게 소중한 자들이라는 것이며 이게 바로 나의 뜻이니, 너희들은 이를 알아야 될 것이니라.
11 그 두 가지 모두를 다 이루고 있고 가지고 있는 것이 너희들이니,
12 너희들이 바로 서야 되며, 깨끗하게 서야 되며, 그리고 참진리요, 참뜻과 내가 이루고자 하는 것을 확실히 알아 너희 것으로 만들어야 만백성을 깨우치는 그 길을 갈 수 있음이니, 너희들은 정확히 알아야 되며, 모두를 정확히 깨달아야 되느니라.
13 너희들 입에서 나오는 것은 정답이어야 하며, 오답이 세상에 나와서는 아니 되는 것이 나로부터 선택된 백성 너희들임을 알아야 될 것이니라.
14 너희들은 '나 여호와가 존재함을 믿는 그 자체가 구원의 길에 들어서는 기본이요, 근본이라'는 그 한 구절이 그저 흘러내려 갈 것이며, 만백성이 다 그와 같이 믿고, 믿지 아니하는 자가 없다고 생각할 것이니라.
15 그러나 그렇지 아니함이니라.
16 너희들이 말하는 짐승의 머리를 놓고 복을 비는 그와 같은 자들과 저희 손으로 재물 바치면 복을 받을 수 있다 하여 복을 파는 그와 같은 자들이 무엇이 다르던가?
17 지금 나의 백성을 하늘로 인도하고 가르친다 하는 그들이 바로 무엇인 줄 아는가?
18 기복 신앙의 원조인 것이니라.
19 그들이 나 여호와가 존재함을 말로써는 믿으나, 그들이 행위로써 과연 믿

는다고 너희들은 생각하는가?
20 나를 그리 믿는 자가 없음이니라.
21 그들은 거두어들이는 자가 어찌하여
야 더 많은 것을 거두어들이며, 어찌
설교하고 어찌 강론하며 어찌 너희 입
맛에 맞춰 교리를 가르쳐야만 나의 피
조물 만백성으로부터 금화와 은화요,
그들의 손에 낀 황금 반지라는 것까지
도 다 빼서 바칠 수 있을 것인가를 연
구하는 자들이니, 그들이 어찌 나 여
호와가 존재함을 믿는다고 생각하는
가?
22 나 여호와가 존재함을 믿는다면 그들
은 두렵고 무서워서, 감히 저희들이
캄캄한 방에 앉아 어찌하면 나의 백성
들이 끼고 있는 반지와 보석과 재물까
지 다 거두어들일 수 있는지 그것을
연구할 수 있다고 생각하는가?
23 그것을 연구하는 자가 어찌 내가 존재
함을 믿는 자들인가?
24 그리고 저희들이 그것을 바침으로써
축복을 받으며 구원을 받는다 말하는
그 백성들이 과연 나 여호와가 존재함
을 믿는다 생각하는가?
25 너의 제자들은 눈을 뜨고 귀를 열고
들어야 될 것이니라.
26 수십억 인구 중에 그 많은 종교 지도
자와 수많은 나의 백성들이 하늘에 오
르고자 그 많은 세월 동안 울부짖으
며, 그 많은 시간과 모두를 바치며 재
물을 바치고 울고불고하는 것이 나와
는 아무런 관계없는 믿음으로 가는 것
이라 한다면,
27 내가 이 세상을 내려다볼 때 과연 어
찌 보겠으며, 너희들이 얼마나 소중하
고 가치 있는 존재들인지 너희들은 알
겠는가?
28 내가 지금 나의 아들을 통하여 너희들
에게 전하는 그 두 가지를 놓고, 너희
들이 과연 나에게 거부할 수 있는 대
답이 있으면 말을 해 보라.
29 설교하고 교리를 가르치면서 어찌하
면 금화와 은화를 거두어들일까를 먼
저 생각하는 것이 종교 지도자들이 아
니더냐?
30 그것이 나와는 아무런 관계가 없다는
말이 틀렸다 하면 나의 아들에게 와서
반박을 해 보라.
31 그리고 나의 아들에게 갑론을박을 한
번 해 보라.
32 또한, 너희처럼 믿는 자요, 나의 법전
을 가슴에 안고 정독하며 내가 존재함
을 알기에 마음이 깨끗하게 변화되는
삶을 살기 위하여 노력하는 너희들과
달리,
33 재물이요, 금화를 그저 바치면 저희들
이 험악하게 지은 그 죄도 다 용서받
는다 하여 그 기복 신앙의 원조에 가
서 기도하고 광란의 찬송을 부르는 그
들이 잘못되었다 내가 말하는 것이니,
34 정녕 내가 나의 법전을 기록하여 만백
성에게 전하는 이 뜻이 잘못되었다 하
면 너희들은 여기서 거부하는 말을 나
에게 전하라.
35 그러나 그렇지 않다면 지금 수천 수억
의 모든 백성들이 잘못 가고 있다는
것을 너희들은 시인해야 될 것이니,
이는 엄연한 사실이니라.
36 그 모두를 다 뽑아 버리며, 그 모두를
다 버려야 될 새로운 싹이요, 알곡식

이 너희들이라면, 너희들이 얼마나 소
중한 것이던가?
37 너희들이 상할라 버려질라 내가 너희
를 가슴에 끌어안고 자며, 내가 눈을
떴을 때 너희들을 만지며 너희들을 내
가슴에 안고 있다고 하면, 너희들은
그를 믿겠는가?
38 너희들이 하나의 생명줄이라는 것을
가졌을 때 얼마나 소중히 관리하겠는
가?
39 구슬 하나가 암흑의 세계에서 너희 생
명을 구원하는 것이라 하면 너희들은
그 구슬을 얼마나 소중히 관리하겠는
가?
40 너희들이 토굴에 갇혀 있어서 도저히
인간의 힘으로는 뚫고 나올 수 없는
그와 같은 상황일 때, 거기에 하나의
구슬이 그를 열어 줄 수 있는 비법을
가지고 있고 조화를 부리는 것이라면
너희들은 그를 어찌 관리하겠는가?
41 그를 땅에 놓겠는가, 물속에 던질 수
있겠는가?
42 너희들은 몸에서 잠시도 떨어지지 못
하게 할 것이며, 너희 생명을 바쳐서
라도 그를 너희 손에 간직하고 품에
안을 것이니라.
43 바로 너희들이 그와 같이 나에게 소중
한 아들딸들이니, 내가 너희들을 항상
가슴에 품고 있음을 잊지 말라.
44 다만, 너희들은 나의 새싹으로 선택된
자로서 바로 서는 그날까지 내가 너희
들을 바라보고 있음이니라.
45 어미 닭이 병아리를 태어나게 하기 위
하여 알을 가슴에 품듯이, 그 정성보
다 더한 마음으로 내가 너희들을 끌어
안고 있음이니,
46 너희들이 병아리가 되어 세상에 나갈
날이 머지않았음을 그리 알라.

3,429 번째 하나님 말씀

2002년 9월 19일 11시 42분

1 사랑하는 나의 아들아!
2 "네, 아버님! 말씀하옵소서."
3 너희들은 모두 죽음의 그 순간에 기도
를 드리는 그와 같은 마음으로써 기도
를 드리라 말하라.
4 너희들이 죽어 가는 그 순간에 드리는
그 기도는 누구를 찾으며 누구에게 드
리는 기도가 되겠는가?
5 너희들이 시한부 인생을 살고 있다 하
면, 너희들은 정녕 그 시한부 인생의
삶을 위하여 누구에게 기도를 하겠는
가?
6 너희들은 나 여호와를 찾을 것이니라.
7 그리고 '하나님이여, 정녕 계시거든
저의 기도를 들어주시옵소서.' 그리
기도할 것이며, 너희들의 생명을 연장
하여 주십사 하고 눈물의 기도를 드릴
것이며,
8 너희들이 만일 나로부터 구원을 받아
생명을 연장받는다면, 그 남은 생명의
삶은 천사와 같은 마음으로 살겠다 그
리 맹세하고 또 나에게 약속할 것이니
라.
9 죽음의 명을 받아 시한부 인생을 사는
사람의 그 마음의 기도가 어떠하겠는
가?
10 거기에 위선이 있으며 거짓이 있으며
그가 회개와 반성이 아닌 기도를 드릴

수 있겠는가?
11 너희들은 시한부의 인생으로서 죽음
을 앞에 둔 사람처럼 너희들이 그 생
명을 연장받고자 하는 그와 같은 애절
한 마음으로 기도하는 심정으로 너희
자신을 돌이켜 보아야 될 것이니라.
12 시한부의 명을 가지고 사는 사람이 과
연 그 생명의 연장을 위해서 어떠한
기도를 드리겠는가?
13 그는 나 여호와를 찾을 것이며, 그의
기도는 눈물의 기도일 것이며, 그의
회개와 반성의 소리는 정녕 아름다운
마음일 것이며, 그리고 생명을 연장받
는다면 그 생명의 삶은 정녕 아름답고
값진 삶으로써 살 것이라 그는 맹세할
것이며 그리 살아갈 것이니라.
14 내가 너희들의 마음을 다스릴 길이 없
으며 너희들의 마음이 그 깨우침에 오
르지 못함이니,
15 내가 오늘 나의 아들을 통하여 너희들
에게 말하기를, 너희 스스로 그 죽음
의 고통의 기도를 나에게 드려 보라
함이니라.
16 정녕 너희들이 시한부의 명을 받은 얼
마 남지 않은 생명으로서 존재한다면,
17 너희들은 과연 누구를 찾으며 누구에
게 기도를 드리며, 그 기도를 드리는
너희들의 자세는 어떠하겠는가?
18 그 아픔의 기도는 진실일 것이며, 그
가 소원하고 바라는, 생명의 연장을
바라는 그 기도는 눈물로써 드리는 애
절한 기도일 것이니라.
19 바로 너희들이 나에게 기도를 하며 나
여호와가 존재함을 알며 구원의 길을
향하여 가는 나의 백성이라면,
20 너희들이 나에게 드리는 기도는 항상
시한부 인생이 그 삶을 갈구하는 기도
와 같은 마음으로 너희들이 나에게 경
배하며, 너희들이 기도하고 행동함을
그와 같은 마음 자세에서 행하여야만
된다는 것을 내가 너희들에게 일깨워
주기 위하여 내가 오늘 너희들에게 죽
음의 순간의 기도를 드려 보라 함이니
라,
21 얼마나 진실한 기도며, 얼마나 애절한
기도며, 얼마나 간곡히 소원하는 기도
인가를.
22 너희들이 나에게 기도를 드리는 마음
이 그와 같아야 할 것이니, 이를 잊지
말도록 그리하라.

3,430 번째 하나님 말씀

2002년 9월 19일 11시 53분

1 사랑하는 나의 아들아!
2 "네, 아버님! 말씀하옵소서."
3 너의 제자들에게 일러 깨우쳐 주어야
될 것이니라.
4 너희들이 살아가는 그 생활 속에서 나
여호와를 너희 마음속에서 지워서는
아니 될 것이며, 항상 너희들이 나에
게 기도하고 경배하는 그와 같은 마음
으로써 살아가야 한다고 내가 너희들
에게 깨우쳐 주었음이니라.
5 그리하지 아니하면 너희들은 서서히
사탄으로부터 너희 마음이 흔들리며
너희들 마음이 교란되는 그와 같은 사
악한 역사가 이루어지기에, 너희들은
항상 기도하는 마음이요, 나 여호와를
마음속에 깊이 간직하며 사는 그와 같

은 삶을 살아가야만 된다고 내가 너희
들에게 말하였느니라.
6 그리하여 하늘에 오르고자 나에게 선
택된 백성 너희들은 항상 삶에 있어서
너희들의 삶을 뒤돌아보며, 너희들이
사는 하루의 생활을 반성하며 되짚어
보는 그와 같은 삶을 살아가야만 됨을
알아야 될 것이니라.
7 너희들은 삶에 대하여 항상 나 여호와
의 뜻에 맞는 삶을 살았는가, 내가 너
희들에게 원하는 그 아름다운 마음 자
세로 살았으며 내가 기록하여 내린 그
계명대로 너희들이 살았는가, 너희들
은 그와 같이 어찌 살았는가를 항상
점검해 보고 검증해 보는 그와 같은
삶을 살아야만 되는 것이니라.
8 그리하여 너희들이 그러한 삶을 사는
속에서 너희들이 옳고 그름을 회개하
고 반성하며 깨우쳐 너희 스스로 자신
에게 물어보아 항상 냉정한 제3의 입
장에서 너희들이 정도의 삶을 살아가
는가를 평가하며 점검하는 그와 같은
삶을 살지 아니하면 너희들은 항상 쓰
러질 수 있다 하였음이니라.
9 아무리 경지가 높고 깨달음이 높은 나
의 백성이라 하여도 일순간에 너희들
의 그 모두가 다 무너짐이니,
10 이것이 바로 너희들이 견딜 수 없는
하나의 고통이며, 너희들이 이기고 넘
어야 하는 너희들의 육의 삶인을 잊어
서는 안 될 것이니라.
11 항상 너희들을 기다리는 사악한 무리
들이 있음이니, 너희 마음에 틈이 생
기며 잠시라도 너희들이 나 여호와의
존재함을 잊고 살면 사악한 무리들이
너희들을 공격함이니,
12 나에게 기도하고 경배하는 것과 너희
들의 삶이 나를 대신하여 산다는 그와
같은 마음자리를 너희들이 비워서는
아니 됨을 알아야 될 것이니라.
13 그리하여 너희들이 나의 심성과 같은
마음으로 되기 위해 노력하지 않고 천
사와 같은 마음으로 되고자 노력하지
아니하면, 너희들은 사탄에게 시와 때
와 장소가 없이 잠식되어 너희들의 모
두를 다 잊고 마는 그와 같은 삶을 살
아가는 것이니,
14 너희들 주변에 항상 너희들을 쓰러트
리고자 하는 사악한 무리들이 노리고
있다는 것을 생각해야 될 것이니라.
15 그 사악한 무리 속에서 너희들이 견디
고 이길 수 있는 것은 오로지 나 여호
와의 삶을 대신 살며, 나 여호와가 존
재함을 알며, 내가 너희들과 항상 같
이한다는 그 뜻의 마음자리를 비워서
는 아니 됨을 알아야 될 것이니라.
16 그리하여 내가 너희들에게 다시 한 번
강조하나니, 그와 같은 경각심을 가지
고 살아가면서 너희들이 살아가는 하
루하루의 그 생활이요, 하루하루 너희
들이 치르는 모든 일들에 대하여 냉정
하게 자신을 평가하는 그와 같은 마음
자세로 사는 자, 그리고 냉정하리만큼
자신을 평가하는 자만이 영혼을 구원
받을 수 있는 것이며, 나 여호와가 존
재하는 천국이라는 그 문을 들어설 수
있음을 알아야 될 것이니라.
17 지금 너희들이 살아가는 종파의 지도
자들이 어찌 가고 있으며, 많은 믿음
의 길을 가고 있는 그 종교 집단에 속

해 있는 백성들이 어찌 살아가는가?
18 그들은 너희들과 대화할 때 모두를 다
청산유수로 말할 것이며, 세상사를 다
저희들이 지배하며 저희들만 위대한
삶을 사는 자라 생각할 것이니라.
19 그리고 저희들 위에는 아무도 없으며,
성서를 가지고 공부하지 아니하는 자
를 경원시하며, 성서를 가지고 저희들
이 지은 그 성전이라는 곳에 와 기도
하지 아니하며 저희들을 가르치는 목
회자라는 자들의 그 가르침을 듣지 아
니하며 그 설교를 듣지 아니하는 그와
같은 자를 경원시하며,
20 그와 같은 생활을 하지 아니하는 자는
나 여호와로부터 선택받을 수 없으며
나로부터 성령의 가르침을 직접 받을
수도 없고 들을 수도 없다는 그와 같
은 마음에 젖어 있으며,
21 그들이 하루하루 살아가는 그 삶이 저
희들이 어떠한 삶을 살아가는지 반성
과 저희 자신을 평가하지 못하고 그저
맹종으로써 따라가는 그와 같은 것이
지금 너희들이 만든 성전에 가 기도하
며 구원을 받았다, 구원을 받는다며
기도하는 신도들의 그 마음이니라.
22 너희 손으로 지은 성전에 가서 오랫동
안 재물과 금화를 바친 자일수록 그들
은 자신을 평가할 능력이 없으며, 스
스로 자기 자신에 대해 냉정한 입장에
서 저희들 자신이 살아가는 것이 나
여호와의 뜻에 사는 것인지 위배되어
사는 것인지 그것마저 생각할 수 있는
자제력을 잃고 사는 자들이니,
23 그저 맹종하고 맹신하며, 성서를 가지
고 공부하지 아니하고 성서를 가지고
연구하지 아니하는 자는 이단이요, 사
탄이라 하며 그들과 대화조차 하지도
아니하려 하는 것이 지금의 종교 집단
에 속해 있는 자들이니라.
24 그 스스로 얼마나 어리석고 우매한가
를 그들은 모르느니라.
25 다만, 저희들만이 위대하며, 저희들만
이 나의 아들 예수로 인해 구원을 받
았음이니, 그들의 생활은 오로지 믿음
이라는 그것 외에는 중요하지 아니함
이니라.
26 그리하여 성서로써 공부하는 자는 저
희들을 가르치는 종교 지도자의 이면
의 생활이 어떠하든, 추하든 더럽든,
그가 지도자로서의 자격이 있든 없든
그저 그의 설법하는 것을 듣지 아니하
는 자는 나로부터 성령을 받을 수 없
으며 선택을 받을 수 없는 백성들이라
고 그와 같이 머릿속에 심어져 있는
그 틀을 깨지 못하고 살고 있음이니,
그와 같은 자들과 갑론을박하여 그들
을 깨우치고자 하는 노력을 하지 말라.
27 그들을 깨우치기에는 너희들의 힘으
로써는 아직도 멀었음을 알아야 할 것
이니라.

3,431 번째 하나님 말씀

2002년 9월 20일 07시 38분

1 사랑하는 나의 아들아!
2 "네, 아버님! 말씀하옵소서."
3 인간사 나의 피조물 만백성 너희들이
세속에 살아가면서 사람은 똑같은 사
람이니 생각하는 것 또한 같을 것이라
그리 생각하느니라.

4 그리하여 너희들 마음과 같이 상대방
의 마음도 그러려니 그리 생각하고 사
는 것이 너희들이니라.
5 그러나 인간의 형태를 가진 사람으로
서도 생각하는 것과 보는 것이 천태만
상으로 다르고 다 다름이니, 너희들은
때로는 배신감을 느끼고 때로는 실망
을 느끼며 때로는 인간으로서 살아가
는 그 자체가 부끄럽다는 그러한 생각
을 하고 살아가는 사람들이 있음이니
라.
6 그러니 너희들의 마음을 알 수 없듯
이, 지금의 종교의 믿음으로 가는 종
파, 또 나를 향하여 하늘에 오르고자
기도하고 경배하는 그 모든 믿음의 길
을 가는 백성들이 다 저희 종파 속에
서 그것만이 우선이요, 그것만이 최선
이라 그리 생각하며 가고 있음이니,
7 사람의 마음이 제 맘과 같을 것이라
생각했다가 실망을 하며 또한 인간으
로서 사는 자체를 후회하는 그와 같은
일이 부닥치듯이, 차라리 인간으로서
인간을 상대하지 아니하며 짐승이나
애완동물을 사랑하는 것이 낫다는 마
음을 너희들이 가지고 또 느낄 때가
수없이 있음이니,
8 그보다도 더 무서운 것이 자기들이 믿
고 가는 그 종파만이 구원을 받으며
세상에서 가장 위대한 것이라고 생각
하며 그곳에 젖어 있는 백성, 그들의
마음을 다스리고 돌린다는 것이 얼마
나 어렵고 힘든 것인지 아는가?
9 내가 일찍이 너희들에게 일깨워 주었
느니라.
10 물을 먹지 아니하려는 하나의 짐승에
게 물을 먹이기도 그리 어려운데 그
수많은 양떼에게 너희들이 어찌 물을
먹이겠는가?
11 그러하니라.
12 다 생각이 있고 계산이 있으며 나름대
로 듣고 깨닫는 것이 다 다른 나의 피
조물 만백성 그들에게 이게 나의 뜻이
요, 나의 성령이요, 나의 진리라 하여
이것으로써 너희들이 인내하고 깨우
치기는 너무나도 어렵고 힘든 것이니
라.
13 너희들이 볼 때 정녕 이는 나 여호와
의 뜻이며 창조주의 뜻이라 믿고 따라
오나, 그를 보는 그들의 각도와 생각
은 다 저희들의 믿음의 종파에 따라서
천 갈래 만 갈래로 갈라지며, 저희 것
만이 옳다고 그 머릿속에 젖어 있고
세뇌되어 있는 것을 돌이킬 수 없는
것이니,
14 그를 돌려 나에게 오르는 길을 갈 수
있도록 하는 것이 얼마나 힘들고 어려
운 것인지 너희들은 아는가?
15 내가 너희들에게 말하여 일깨워 주지
아니하였더냐?
16 나의 법전이 세상에 만 부가 나가 만
권의 책이 사람들에게 전해졌을 때 한
사람을 얻는다 하였음이니,
17 그것도 전하는 사람이 그 순간에 천사
와 같은 마음을 가지고 있을 때 그 책
의 뚜껑을 여는 지만이 거기서 깨달음
을 얻는다 하였으니,
18 그리하여 너희들이 하루아침에 역사
를 이룰 수는 없는 것이며, 천 년이라
는 긴 세월 속에 나의 뜻이 관철되며,
이 세상에 천사와 같은 자들이 존재하

며 나의 백성만이 살아갈 수 있는 그
역사가 바로 너희들이 말하는 쉬운 것
같고 짧은 것 같지만, 그 천 년의 세월
이 흘러야만 됨이니라.
19 그리하여 지금 너희들이 작은 터전을
닦아 놓으며 작은 기반을 닦아놓으며,
160권이 세상에 나와 만백성이 이를
보고 막 깨우칠 수 있는 그 기틀을 만
드는 것으로써 너희들의 책무가 다 됨
이니, 그리하여 네가 소중하다 하였음
이니라.
20 나는 알고 있느니라, 나의 아들을, 그
가 지금 얼마만큼 이 법전을 세상에
빨리 내놓으며 160권이라는 대장정의
역사를 이루어 만백성을 일찍 깨우치
고자 하는지.
21 그 모두는, 그가 갈 수 있고 그가 이룰
수 있도록 돕는 역사는 제자들의 몫이
라는 것을 잊어서는 아니 됨이니라.
22 제자 너희들이 바로 서고 나의 아들이
160권의 법전을 쓸 수 있도록 온갖 정
성을 다할 때 너희들은 만백성을 더
빨리 많이 구원하며, 지옥으로 가는
그들을 하늘에 오르는 길로 깨우쳐 주
는 그 역사를 이룸이니,
23 너희들 한 사람 한 사람의 행함이 얼
마나 소중하며, 오늘의 삶이 얼마나
귀하고 소중한 것인가를 알아야 될 것
이니, 그리 알라.

3,432 번째 하나님 말씀

2002년 9월 20일 07시 50분

1 사랑하는 나의 아들아!
2 "네, 아버님! 말씀하옵소서."
3 나의 피조물 만백성 너희들이 수년,
수십 년, 평생 동안 성서를 공부하며
너희 손으로 지은 그 성전에 가서 재
물을 바치며 기도하고 소원하는 것은
무엇이더냐?
4 즉 나 여호와가 존재하는 하늘나라에
너희들이 오르고자 함이요, 그것이 너
희들 인생의 최대의 목표이며 영광이
라 생각하고 살아오는 자 수없이 있음
이니라.
5 그러나 여기서 나 여호와가 너희들에
게 명하여 알림이니, 종교 지도자들과
하늘에 오르는 길을 인도한다는 너희
들이 세월이 흐르면 흐를수록 나의 뜻
과 점점 멀어지는 그와 같은 세상의
변화 속에서 지금 믿음의 길을 가고
있음을 알라.
6 너희들이 나의 아들 예수를 그리 숨을
거두게 하였으며 또한 그 제자들로부
터 기록된 성서를 가지고 너희들이 최
초에 하늘에 오르고자 할 때는, 그 제
자들은 뉘우침이 있고 깨달음이 있으
며 정녕 나의 아들이 누구라는 것을
알았기에 그들은 순교의 길을 마다하
지 아니하고 그리 갔음이니라.
7 그 시대에 최초 너희들이 믿음을 행했
던 그 역사는 순금이요, 황금과 같은
형국으로써 나에 대한 믿음이요, 경배
의 길을 가고자 하였으나,
8 너희들은 세월이 흐르면서 변하며 또
너희 종교 지도자들이 변해 가면서 너
희들은 금이라는 시대가 서서히 은과
같은 시대로 변질되었으며, 또 너희들
이 깨우치고 가르치는 형국이 그와 같
이 차원이 떨어졌음이니라.

9 그리하여 세월이 흐르고 또 몇천 년이
흐른 지금의 세월은 그 은의 믿음에서
동의 믿음의 시대로 변하였음이니, 구
리요, 동과 같은 너희들의 변함이 금
의 시대로부터 그리 멀어져 있음이니
라.
10 그리하여 그 동의 시대가 변하고 또
변질되어 지금은 무쇠와 같은 시대로
변질되었음이니, 지금 많은 종파의 지
도자들은 그 무쇠의 가르침을 가르치
면서 뭐라 말하느냐?
11 황금의 시대, 나의 아들 예수 시대의
가르침을 행하던 그들과 같은 것이라
말하고 있으니, 지금 너희들의 믿음이
변하여 그와 같이 변질되었음이니라.
12 최초의 금의 시대에서 은의 시대로 변
하였으며, 은이 구리로 변하였으며,
구리가 또한 무쇠로 변하는 이와 같은
시대의 흐름이 지금 되어 있음을 너희
들은 알아야 될 것이니라.
13 그리하여 지금 무쇠와 같은 시대에 가
르치는 지도자요, 또한 그와 같은 마
음으로 저희 손으로 지은 성전에서 인
간이 만든 계열에 따라 너희들은 지금
무쇠와 같은 이 시대의 믿음을 가지고
가는 것이니,
14 정녕 하늘에 오를 수 있는, 내가 최초
에 너희들에게 성령을 내려보내 나의
아들이 이루고자 했던 그 제자들이요,
그때의 배선들이 깨우쳐 나의 아들이
누군가를 알고 그들이 경배하고 기도
하며 살아가고자 했던 그 마음의 시대
는 지금 변화되고 변질되어, 그 시대
가 금과 같은 마음의 시대라면 지금은
무쇠와 같은 시대로써 너희들이 그 믿
음을 향하고 있음이니,
15 이리하여 내가 너희들의 변질되고 또
변질된 그 믿음이 지금 나와는 아무런
관계가 없는 그와 같은 형태라 말하였
음이니라.
16 금에서부터 은으로 동으로 그와 같이
변하는 너희들의 지금의 무쇠와 같은
믿음을 더 이상 볼 수 없으며, 너희들
의 지금의 믿음으로써는 한 사람도 나
의 천국의 문에 들어설 수 없으며 하
늘에 오를 수 없음이니라.
17 그리하여 내가 너희들에게 다시 한 번
기회를 주어, 너희들이 그 황금의 시
대로 변할 수 있고 순금과 같은 그 순
수한 마음의 깨달음을 얻고 깨우쳐 하
늘에 오르는 길을 보게 하기 위하여
지금 무쇠를 다시 황금으로 만드는 그
역사를 이루고자 내가 너희들에게 나
의 법전을 내려보냄이니,
18 이는 곧 나의 성령을 태워 나 여호와
가 직접 너희들에게 가르치는, 세상에
두 번 다시 없는 위대한 가르침이라는
것을 알아야 될 것이며,
19 나의 법전만을 읽고 정독한다면 무쇠
로 변하여 있는 지금의 너희들의 마음
이 그 황금의 시대의 마음으로 돌아갈
수 있다는 것을 알아야 될 것이니라.
20 그리하여 지금 너희들이 나의 법전을
읽고 깨우치지 아니한다면 정녕 구원
의 길을 받을 수 없다 함이 여기 있음
이니, 이 이치를 깨우쳐야 될 것이니
라.
21 너희들이 아무리 지금의 믿음이 진정
한 믿음이고 너희들만이 구원을 받는
다 해도, 이 세상 모든 종파요, 신흥

종파요, 또 나로부터 무엇을 듣고 깨
우쳤다 말하는 그와 같은 너희들은 다
무쇠와 같은 시대에서 지금 너희 스스
로 깨우쳐 가고자 발버둥치는 그와 같
은 형국임을 알아야 될 것이니,
22 너희들이 거기서 하나하나 역으로 변
하여 동이요, 또 은이요, 금이요, 이와
같은 역사를 이루어 변하지 아니하면
너희들은 구원을 받을 수 없음이니,
23 잘못 가르쳐 무쇠로 변한 그 마음이
다시 금의 시대로 돌아간다는 것은,
무쇠가 금으로 변한다는 것은 과연 있
을 수 있는 일인가?
24 그리하여 너희들에게는 어렵고 고통
스런 그 깨달음의 길만이 있음이요,
너희들이 정녕 나의 법전과 나의 성령
으로써 마음의 변화를 이루는 역사가
이루어지지 아니한다면 무쇠는 금으
로 변할 수 없음이니라.
25 그러나 내가 나의 아들을 통하여 내려
보내는 나의 성령이요, 나의 법전을
너희들이 읽고 깨우친다면 너희들은
무쇠에서 황금의 마음으로 변할 수 있
음이니,
26 오로지 이것만이 너희들이 구원받을
수 있는 길이라는 것을 내가 여기 명
시하니, 이와 같은 뜻을 내가 세상에
상세히 가르쳐 줌에도 이를 듣지 않고
거역하는 자는 구원의 길을 얻을 수
없음이니 그리 알라.

3,433 번째 하나님 말씀

2002년 9월 20일 07시 57분

1 사랑하는 나의 아들아!
2 "네, 아버님! 말씀하옵소서."
3 구약 시대가 지나고 지금 2천 년의 신
약 시대가 흐르는 사이에 나의 피조물
만백성 너희들이, 종교 지도자라 가르
치는 자와 배우는 자, 너희들의 마음
의 변화는, 순수했던 너희들의 순금과
같은 그 마음이 은으로 변하며 동으로
변하여 지금 무쇠와 같이 변화되어 있
으니,
4 나의 교리나 나의 뜻이요, 내가 너희
들에게 깨우쳐 주고자 하는 나의 성령
의 뜻이 그와 같이 변질되어, 이제는
다시 순수한 그 금의 시대로 돌아갈
수 없는 것이 지금 종교 지도자들이
요, 너희들이 믿음의 길을 가고 있는
그 형국이라 말하였느니라.
5 그렇다면 지금 나의 피조물 만백성 너
희들은 과연 어떠하던가?
6 구약 시대와 나의 예수가 존재하던 그
시대는 나의 피조물 만백성 너희들도
인본의 자세로써 서로 사랑하며 아끼
는 그와 같은 마음의 생각으로써 살아
갔음이니라.
7 그러나 너희 종교 지도자들이 가르치
는 그 변화에 따라 또 세월이 흐르는
그 속에서 나의 피조물 만백성의 생활
방식과 그들이 생각하는 것은, 너희들
이 금에서 무쇠로 변했듯이, 나의 피
조물 만백성 그들의 마음 또한 이기주
의요, 자기 자신만을 생각하는 그와
같은 마음으로 인간의 본성의 본질이
너무나 변화되어 그 차이가 큼이니,
8 구약 시대나 나의 아들 예수의 시대보
다 지금 나의 피조물 만백성의 그 순
수한 마음은, 너희들이 순금에서 무쇠

로 변했듯이, 그들의 마음 또한 그와
같이 격이 너무나 많이 벌어져 있으
니, 그 마음을 바로잡을 수가 없음이
니라.
9 나의 아들 예수가 직접 내려가 너희들
에게 깨우침을 주며 너희들을 구원하
러 왔다 하여도, 그들의 마음을 잡을
수는 없음이니라.
10 너희들의 믿음의 그 형태가 순수한 순
금에서 세월이 변하고 변하는 동안에
퇴색하고 또 퇴색하여 녹슨 무쇠와 같
이 변해졌듯이, 나의 피조물 만백성이
살아가는 인성이요, 그 마음이 그와
같이 수없이 변질되었음이니, 이를 바
로잡고 바로 일깨울 길이 없음이니라.
11 그리하여 내가 너희들을 사랑하고 아
끼는 마음에서 너희들을 바로잡기 위
하여 마지막으로 나의 성령을 직접 세
상에 내려보내 너희들을 깨우치고자
함이니, 이것은 무슨 기적으로써 만백
성을 구할 수 있음도 아니요,
12 내가 직접 내려가 너희들에게 나의 진
리요, 나의 뜻을 가르친다 하여도 너
희들이 그리 변할 수가 없음이니라.
13 그리하여 너희들 누구나 다 읽고 듣고
보고 깨우칠 수 있는 나의 법전이라
하여 글로써 내려보냄이니,
14 그리하여 이 동양의 작은 나라의 문자
로써 이를 내려보내, 동양의 작은 나
라의 백성을 깨우치며 그들에게 축복
과 은혜를 내가 내리며, 축복과 은혜
를 받은 선택된 백성을 온 세상의 나
의 백성들이 보며,
15 그리하여 그들을 이 동양의 작은 나라
의 언어와 풍습으로써 통일시키고 하
나의 공통어를 만들어, 너희들의 기도
하는 방법과 나에게 경배하는 방법과
살아가는 그 모두를 하나로 이루고자
하는 것이 나의 뜻이니, 이게 곧 천 년
에 걸쳐서 이루어짐이니라.
16 너희들의 변화된 그 마음의 격차를 다
스릴 수가 없는 것이 지금의 형국이니
라.
17 너희들이 몇천 년 전에는 서로 사랑하
고 아끼며, '나'보다 '남'을 위해 사는
그와 같은 아름다운 풍속의 마음에서
살았으나,
18 지금은 완전히 뒤집히고 바뀐 세상으
로써, '나'만을 생각하며, '남이 어떤
피해를 보든 나만 존재하면 되고 나만
얻을 것을 얻고 구할 것을 구하면 된
다.'는 그와 같은 마음으로 인성의 본
질이 바뀌었음이니, 이를 바로잡을 수
있는 것 또한 없음이니라.
19 오로지 나의 성령이요, 가르침이니,
곧 나의 법전이라 하여 내가 세상에
내려보내는 이 책을 읽고 깨우치는 것
밖에는 너희들이 다시 태어날 길이 없
음이니,
20 그리하여 만백성 너희들이 이것을 읽
고 안 읽는 것은 너희들의 선택이요,
21 다만 나 여호와가 천 년에 걸쳐서 하
늘에서 이루어진 것과 같이 이 지상의
낙원에서 살 수 있는 자를 선별하고자
함이니, 너희들이 스스로 알아서 깨우
쳐 가는 것은 너희들의 복임을 알라.

3,434 번째 하나님 말씀

2002년 9월 20일 08시 12분

1 사랑하는 나의 아들아!
2 "네, 아버님! 말씀하옵소서."
3 창조주 내가 사랑하는 나의 백성들에
게 전함이니, 내가 나의 성령을 태워
세상에 내려보내는 나의 법전을 읽고
듣고 너희들이 깨우쳐 잠에서 깨어나
구원을 받도록 하라 내가 그리 애닯게
너희들에게 외치나니,
4 너희들은 어찌하여 이 법전을 읽고 깨
우쳐 하늘에 오르는 길을 오지 아니하
고 지옥 불로 가는 그와 같은 통로를
향하여 달려가고 있는가?
5 너희들의 육을 가진 부모 앞에 자식이
죽어 갈 때, 그 죽어 가는 자식을 보는
부모의 마음이 얼마나 아프며, 천 갈
래 만 갈래 찢어지겠는가?
6 그리고 죽어 가면서 부모의 손을 잡고
살려 달라고 애원하는 그 자식의 심정
은 과연 어떠하겠는가?
7 부모가 자기 몸보다도 더 사랑하고 아
낀다는 그 자식이 죽어 가는 것을 살
리지 못할 때 그 마음이 얼마나 저리
고 아프겠는가?
8 여기서 너희는 하나 더 깨우쳐야 될
것이니라.
9 나의 품으로 오는 길이 아니고 죽음이
요, 지옥의 통로로 달려가는 너희들을
보는 창조주 나 여호와의 마음이 얼마
나 찢어지고 아프겠는가?
10 그리하여 내가 너희들을 구원할 수 있
는 법전이라 하여 책으로 만들어 세상
에 전하니,
11 이를 위하여 나의 아들이 밤과 낮을
가리지 아니하고 지금 너희들을 위해
서 써서 내려보내거늘, 어찌하여 너희
들은 나의 이 성령의 뜻이요, 나의 음
성을 들으려 하지 아니하는가?
12 차라리 너희들의 육의 부모는 자식을
살릴 수 있는 능력이 없으며 약이 없
기에 그저 죽어 가는 자식을 보며 안
타까운 마음으로써 통곡하나,
13 나는 너희들을 살릴 수 있는 비책을
알며 그 비방을 알며 그 약을 알기에
처방을 하여 내가 너희들에게 깨우쳐
살아서 하늘에 오르는 길을 보라 하여
약을 쥐여 주며 먹으라 해도 그 약을
먹지 아니하고 이를 버리며, 너희들이
지옥의 길을 위하여 달려가고 죽음을
향하여 가는 그 모습을 보는 나 여호
와의 가슴이 얼마나 더 아프고 저리고
찢어지는 것 같은 그 슬픔인지 아는가?
14 너희들은 나를 모를 것이니라.
15 내가 만든 나의 백성이요, 나의 창조
물이요, 나의 아들딸 너희들이 나를
위하여 내가 존재하는 천국에 옴이 아
니고, 너희들이 영원히 고통 속에 시
련을 받고 살아가는 그 지옥을 향하여
달려감이니,
16 육의 죽음보다 천배 만배 더 고통스러
운 그 죽음으로 달려가는 너희들을 보
며 내가 너희들을 구원하고자 몸부림
치는 이 마음을 아는가?
17 그리하여 그를 더 볼 수 없어 내가 너
희들에게 비상약을 내렸음이니, 너희
들은 그 처방전을 따라 그대로 약을
먹고 너희 몸을 회생하면 구원이요,
천국에 오를 수 있는 그와 같은 처방

을 내렸건만, 너희들은 그 처방에 대
한 약을 받으려 하지 아니하며 먹으려
고도 하지 아니함이니,
18 그리고 그 약이 무슨 약이냐 하며 던
져 버리는 이와 같은 형태가 너희들이
살아가는 모습이니라.
19 내가 나의 성령을 태워 나의 법전에
구구절절이 너희들이 구원받을 수 있
는 그 처방전을, 사람마다 그 숫자에
따라서, 형태에 따라서, 너희들의 병
에 따라서 다 고칠 수 있는 천 가지 만
가지 약의 비법을 다 거기에 기록하여
내려보내거늘,
20 너희들이 이를 보지 아니하고 받지 않
으며 먹으려 하지 아니하며 그리고 구
원의 길을 오지 아니하려고 하니, 나
여호와의 마음이 얼마나 미어지고 저
려 오는지 너희들은 알겠는가?
21 너희들은 나의 법전을 읽고 깨우쳐 나
의 이 처방전을 보며 내가 내리는 그
약을 먹고 소생하여 하늘에 오르는 길
을 보도록 하라.
22 나 창조주가 너희들을 위하여 나의 뜻
을 기록하여 책으로 써 내려보내 너희
들에게 구원의 길을 보라 하여 나의
메시지를 그리 내리건만,
23 너희들은 이를 모르고, 잠에서 깨어나
나의 처방전을 보고 구원을 받는 그와
같은 변화를 이루지 아니하며, 너희
아버지인 내가 내리는 그 처방전이요,
너희들의 생명을 구하는 그 약이 잘못
된 것이요, 너희들을 죽이는 약이요,
너희들을 더 병들게 하는 약이라 하여
이 약을 버림이니, 이를 보는 나 여호
와의 가슴이 얼마나 아프고 찢어지겠
는가?
24 너희들은 실감을 못 할 것이니라. 너
희들은 느끼지 못할 것이니라.
25 육의 부모가 너희들을 사랑하고 아끼
는 것은 너희들이 느끼나, 창조주인
나의 영혼을 불어넣어 그 육신의 주인
인 영혼을 지배하는 나 여호와의 아픈
마음을 너희들은 모르나니, 이를 보는
자만이 구원을 받을 것이니라.
26 내가 간곡하고 간절히 너희들에게 전
함이니, 내가 내리는 나의 메시지요,
나의 법전을 보고 깨우쳐, 내가 내리
는 이 처방전만이 너희들을 그 죽어
감에서 살릴 수 있음이니, 살 수 있는
이 처방전을 버리지 말며 던지지 말라.
27 그리고 받아 너희 것으로 만들어 너희
들 스스로 치료를 하며, 이 약으로 너
희들의 몸을 추슬러 나에게 오르는 천
국의 문에 들어서는 영광을 얻어 나에
게 무한한 기쁨을 주도록 그리하라.

3,435 번째 하나님 말씀

2002년 9월 20일 08시 47분

1 사랑하는 나의 아들아!
2 "네, 아버님! 말씀하옵소서."
3 너는 너의 제자들과 모든 나의 피조물
만백성에게 전하라.
4 내가 너에게 일러 말하기를, 믿음이
요, 또 믿음의 길이 무엇인지도 모르
며, 성서 한 구절을 읽어 보지 아니하
였으며, 너희 손으로 지어 구원을 받
는다는 그 성전에 가 공부한 적이 없
는 너에게 내가 명하기를,
5 '나는 창조주 여호와이니라. 너는 지

금부터 내가 너에게 내리는 모든 나의
성령을 받아 기록하며, 나에게 경배하
며 기도를 하라.' 하였으니,
6 그와 같은 나의 명에 따라서 네가 지
금 모든 생활을 다 접어두며, 오로지
160권의 법전을 써서 세상에 내는 그
일에만 매진하고 있음이니라.
7 오로지 내가 너에게 내린 '나는 창조
주 여호와이니, 너는 지금부터 나를
위하여 경배하고 기도하며 내가 너에
게 내리는 모두를 다 기록하여 만백성
에게 전하라.' 하는 그 가르침의 뜻에
따라 네가 모든 인간의 향락과 지금까
지 살아왔던 부귀와 영화와 너 자신이
이루고자 했던 모든 꿈을 다 버리며,
8 네가 머리를 깎고 산속에 가서 너희들
이 말하는 도를 닦는다는 사람들처럼
인생 모두를 다 접어두고, 오로지 160
권의 법전을 만들어 세상의 만백성을
구하고자 하는 거기에만 매달려 전념
하여 가고 있음이니,
9 나의 피조물 수십억 인구, 너희들에게
내가 물어보고자 하노라.
10 지금 너희들에게 내가 '너는 모두를
다 버리고 나에게 경배하고 기도하여
내가 내리는 것만을 기록하라.' 하는
허공에서 들리는 나의 음성을 듣고 과
연 너희들은 그리 행할 수 있는가?
11 수천 년 동안 나의 피조물 만백성을
구하고 그들을 인도한다 하며, 오로지
저희들만이 나로부터 선택받았으며,
나로부터 모든 책임을 다 받은 자이
며, 나로부터 만백성을 구하는 그 대
명을 받은 자라 하여 저희 손으로 지
은 그 성전에서 나의 피조물 만백성
위에 군림하며 그들을 노예화하여 부
리고 있는, 너희들이 말하는 종교 지
도자라는 자들에게
12 내가 음성으로써 '너는 그 모든 성전
을 다 버리며 지금부터 토굴에 들어가
내가 명하여 전하는 것만 써서 만백성
을 구하라.' 하는 단 한 번의 음성을
내렸을 때, 그를 듣고 시행할 수 있는
종교 지도자들이 과연 얼마나 있겠는
가?
13 지금의 믿음의 길을 가는 너희들은 여
기서 부끄러움을 알아야 될 것이니라.
14 그러면서 너희들은 성서를 공부했으
며, 너희 손으로 지은 그 성전에 와서
기도하며, 예수의 보혈로써 구원을 받
으며, '주여, 주여!' '예수여, 예수여!'
하고 부르며,
15 나 여호와를 찾지 아니하는 자는 아무
런 성령을 받을 수 없으며 나로부터
가르침을 들을 수도 없으며 내가 그들
에게는 메시지를 내리지 아니하며 나
로부터 내리는 그 메시지를 받을 수
없다고 너희들은 그와 같이 말을 하
며, 오로지 너희들만 받을 수 있으며
너희들만 들을 수 있다고 그리 말하느
니라.
16 지금 수십억의 그 신도들이요, 수억의
종교 지도자 너희들에게 내가 하늘에
서 내리기를, '나는 여호와이니, 너는
나의 음성을 들어 기록하여 만백성에
게 구원의 길을 열라. 그리고 너의 생
활과 너의 삶을 모두 접어두고 너는
지금서부터 골방에 앉아 내가 내리는
성령만 받아쓰라.' 그리 내가 단 한 번
의 명을 내렸을 때, 너희들은 그를 듣

고 시행할 수 있는가?
17 과연 그리할 수 있는 사 있으면 내 앞
에 와서 할 수 있다고 말하라.
18 너희들의 본심이 할 수 있고 없는 것
은 너희들이 죽어 와 나에게 심판을
받음이니, 나를 속인 죄가 얼마나 무
서운 것인가를 알게 될 것이니라.
19 너희들은 그리하지 못함이니라.
20 그러나 지금 나의 아들은 하고 있음이
니라.
21 성서를 모르고 믿음이 무엇인지도 모
르며 나 여호와가 존재함도 모르던 그
가, 그와 같이 무지렁이 같은 나의 아
들이 나의 명 한마디에 모두를 접어두
었음이니라.
22 '나는 여호와 하나님이니라. 너는 지
금부터 나를 위하여 경배하며 기도하
라. 그리고 내가 내리는 그 모두를 기
록하여 만백성을 구하는 책으로 편집
하여 만들어 세상에 내라.' 하는 그 나
의 명을 듣고, 그는 무릎 꿇고 기도하
며 나의 뜻에 따라 지금까지 이리 법
전을 세상에 내어 만백성을 구하며 바
로잡는 그 역사의 길을 가고 있음이
니, 너희들이 과연 그리할 수 있는가?
23 그리하지 못하는 너희들, 성경으로써
공부한 자, 성경만을 연구한 자, 그리
고 성경으로써 가르친다는 너희들은
종교 지도자의 설법을 듣지 아니하는
자는 나로부터 선택을 받을 수 없으며
구원을 받을 수 없으며, 나의 성령을
받을 수 없으며, 나의 메시지를 받을
수 없다, 불가능한 일이며, 이는 사탄
이요, 이단이다 하는 그 사악하고 추
하고 더러운 입을 벌리지 말라.
24 너희들이 행하지 못하는 것을 나의 아
들이 행함을 너희들은 부끄럽게 여겨
야 될 것이며,
25 너희들 자신이 죄 속에서 살아가고 있
으며, 나와는 관계없는 그 속에서 너
희들의 육의 행복과 안위를 위하여 너
희들이 나의 백성들에게 사기극을 벌
이고 있다는 것을 알아야 될 것이니라.
26 너희들은 여기서 깨우쳐야 될 것이니
라.
27 노아의 방주는 무엇이었더냐?
28 내가 허공에서 내리는 그 음성을 듣고
그는 그 방주를 만들어 그리 시행하였
음이니라.
29 모세는 어찌하였는가?
30 내가 그에게 내리는 음성을 듣고 그는
그 백성을 이끌었으며, 시내산에 가서
나에게 불로 쓴 십계명을 받았으며,
그는 또 나의 명에 따라서 그 선택된
가나안 땅에 가지 아니하고 포기하였
음이니라.
31 나의 아들 예수는 어찌 되었는가?
32 세상의 만백성을 구하러 가서 나의 명
을 거역하지 아니하고 순리대로 그 모
든 일을 역사하고 돌아왔음이니라.
33 그렇다면 지금의 나의 아들은 나의 성
령의 음성을 듣고 그가 이와 같이 160
권의 법전을 만드는 데 모두를 버리
고, 모든 세상의 인연을 끊고, 세속의
인간관계를 끊으며, 명예욕에 젖어 있
으며 향락 속에 즐거웠던 지금까지의
그 삶을 하루아침에 다 청산하고, 골
방에 앉아서 나의 성령만을 들으며 나
의 뜻에 따라 기도하고 경배하여 이
160권의 법전 속에 나의 성령을 기록

하여 세상에 전하는 역사를 이루고 있
음이니,
34 노아가 나의 음성을 듣고 행한 방주의
기적과, 모세가 나의 음성을 듣고 행
한 것과, 예수가 나의 음성을 듣고 행
한 역사와, 지금 나의 아들이 나의 음
성을 듣고 이와 같은 역사의 기적을
이루는 것이 무엇이 다르며, 어떤 것
이 더 위대한 기적이라 말하는가?
35 마지막 시대에 나의 성령이요, 나의
음성을 듣고 그 명에 따라 지금 160권
을 만들어, 추수 시기에 구할 자와 버
릴 자를, 쭉정이와 알곡식을 구분하며
이와 같이 심판의 시대를 여는 나의
아들의 그 기적이 얼마나 위대하고 장
한 것인가를 너희들은 어찌 보지 못하
고 아름다운 쪽으로 생각하지 못하며,
오로지 사탄이요, 사악한 자요, 추한
자의 행위라며 너희들이 그리 핍박하
는가?
36 너희들의 더럽고 추한 그 모습을 감추
고자 하는, 너희들이 손바닥으로써 하
늘을 가리고자 하는 그와 같은 행위로
써 지금도 계속 가고자 함이니, 너희
들이 죽어 나에게 왔을 때 그 무서움
을 알 것이니라.
37 내가 지금 기적의 역사를 이루는, 나
의 아들을 통하여 세상에 내려보내는
나의 성령의 법전이요, '하늘에 오르
는 길'이라 기록되어 있는 나의 법전
을 읽고 깨우치지 아니하는 자는 누구
도 내 앞에 와 심판을 받을 수 없으며,
구원의 길은 생각지도 말아야 될 것이
며, 너희들이 하늘에 오르는 그 역사
를 생각하지 말라.
38 너희들은 나의 뜻과는 전혀 관계없는
그와 같은 광란의 짓으로써 구원을 받
는다고 하고 있음이니, 너희들 자신이
행하고 있는 행위를 들여다보라.
39 나의 아들이 너희들에게 말하느니라.
40 어떠한 재물이요, 금화와 은화를 거두
어들이지 아니하면서 하늘의 나 여호
와의 뜻과 나의 진리를 가르쳐야 한다
함이니,
41 그리 가르치는 자와, 평생 재물과 금
화와 은화를 거두어들이면서 나의 뜻
이 아닌 엉뚱한 역사를 이루고자 하며
저희들의 교리에 따라서 가르치는 그
행위 중에 정녕 어떤 것이 나의 뜻인
가?
42 너희들이 교리를 논하기 전에 누가 사
랑을 베푸는 자며, 누가 나의 뜻에 역
사를 이루는 자며, 나의 명에 순종하
는 자인가를 생각해 보라.
43 받지 말라는 금화와 은화를 받지 아니
하며, 너희들이 과일 하나 가져오는
것도 먼저 부모에게 열 번을 갖다 주
고 열한 번째 가져오라 가르치는 나의
아들과, 저희들에게만 그저 갖다 바치
면 되는 것이며 저희들에게 갖다 바침
으로써 구원을 받는다 하여 저희 성전
에 수없이 바치는 자, 많이 바치는 자
의 이름을 불러 주고 기도하며 축복의
은혜를 받았다 그리 말하는 너희들이
가고 있는 그 믿음 자체를 비교해 보
라.
44 이가 곧 나로부터 선택된 자요, 나의
명에 의하여 기적을 이루고 있는 나의
아들임을 이리 내가 상세히 하나하나
짚어 너희들에게 가르쳐 주었거늘, 여

기서 눈을 뜨지 못하는 자들은 영원히 지옥으로 감을 면치 못할 것이니라.

3,436 번째 하나님 말씀

2002년 9월 20일 09시

1 사랑하는 나의 아들아!
2 "네, 아버님! 말씀하옵소서."
3 내가 너에게 뭐라 말하였던가?
4 그리고 나의 피조물 만백성 너희들과
너의 제자들을 처음 깨우칠 때 무엇을
먼저 강조했던가?
5 작은 거짓말도 하지 말며, 작은 약속
도 지킬 수 없으면 하지 말라 했음이
니라.
6 너희들이 손에 쥐고 있어서 지킬 수
있는 그 약속 외에는 하지 말라 하였
느니라.
7 작은 약속을 어기는 것이요, 작은 거
짓말을 하는 것도 살인과 같다고 내가
너희들에게 말하였음이니라.
8 오죽하면 너희들에게 거짓말을 하는
것이 아니 되며, 남으로부터 약속을
지키지 못함이 얼마나 중요하면 내가
그 하나를 지키지 못함으로 살인과 같
다 말하였겠는가?
9 그러나 너희들은 이를 과연 얼마나 지
키는가?
10 나의 아들이요, 나의 선지자요, 만백
성을 이끄는 목사라는 너 또한 어떠하
던가?
11 너부터 지키지 못하며 행하지 못하고
있음이니, 너의 제자들은 과연 어찌
지키고 살아간다 할 수 있겠는가?
12 너희들이 약속이라는 게 재물로써만
갚는 게 아니요, 너희들이 거짓 하지
않는 것은 스스로 너희들의 마음에 달
린 것이며, 너희들이 거짓으로 해야만
생명을 유지하며 너희들이 거짓으로
써 가야만 인생을 편안히 살아갈 수
있는 길이 선택되는 것은 결코 아닌
것이니라.
13 너희들은 습관화되어 있는 것이며, 마
음 자세가 되어 있지 아니하며, 인간
의 기본 도리가 되어 있지 아니하기
때문임을 알아야 될 것이니라.
14 너는 너의 제자들에게 물어보라, 그들
이 얼마나 작은 약속을 잘 지키고 살
며, 작은 거짓말 또한 하지 아니하고
사는가를.
15 그것을 지키지 못하며 행하지 못하는
것이 지금 너희들의 삶이니,
16 내가 너희들에게 나의 법전을 내리기
전에 제일 처음에 가장 중요하게 명했
던 것 그 하나도 너희가 지키지 못하
고 있다 하면, 너희들은 허구한 날 살
인을 하며 남에게 피해를 주며 그와
같이 살아가는 자들이 아니던가?
17 살인자로서 어찌 너희들이 나에게 구
원을 받으며 은혜와 영광이 있기를 바
라며 축복이 있기를 바라는가?
18 이것부터 너희들이 이제 고치는 자세
를 다시 한 번 다스려 나가지 아니하
면 아니 될 것이니라.
19 선지자요, 나의 아들인 너부터 이를
엄격히 지켜야 될 것이며, 오늘 이후
네가 실수하는 그와 같은 일이 있어서
는 아니 됨을 알라.
20 그를 용서할 수 없음이니라.
21 이제 너의 제자들 또한 그러하니라.

22 너의 제자들도 경지에 오를 만큼 올랐
으며 깨우칠 만큼 깨우쳤음이니, 너희
들이 작은 약속을 지키지 못하며 거짓
말을 한다든지, 또는 임의로 너희들이
살면서 거짓을 하는 행위는 절대로 용
서할 수 없음이니라.
23 너희들이 꼭 재물이요, 금화와 은화만
을 가지고 약속을 지키는 것은 아니니
라.
24 너희들이 좀 더 솔직하고 좀 더 깨끗
하며 바른 자세로 살아가며, 거짓이
무섭고 두려운 것을 안다면, 너희들은
거짓 할 수 있는 그 약속을 하지 아니
하고 살 수 있음을 알아야 될 것이니
라.
25 너희들이 나에 대한 두려움을 알며,
내가 존재함에 무서움을 알며, 너희들
에게 거짓 하지 말며 약속을 어기지
말라는 것이 창조주 나의 가장 중요한
명령이요, 내가 너희에게 내린 뜻이라
면, 너희들이 감히 위반하고 속이며
거짓 하고 갈 수 있겠는가?
26 절대적 그를 용서할 수 없음이니, 완
벽한 삶의 테두리 속에서 너희들 자신
을 지키고 살아가는 그와 같은 삶으로
변하여야 될 것이니라.
27 우선 너부터 변하여야 될 것이며, 너
의 제자들도 변하여야 될 것이며, 너
희들이 아무리 선하고 아름다운 경지
에 오른다 해도 기본이요, 기초적인
것을 지키지 못한다면, 너희들의 깨달
음은 다 하나의 물거품이며, 그래서
항상 너희들은 쓰러질 수 있는 그와
같은 형국이니라.
28 너희들이 작은 약속을 위배하지 아니
하며 작은 거짓을 하지 아니하며 그와
같이 지키고 살아갈 때, 그 속에서 진
정한 깨달음이 있으며, 정녕 나의 십
계명을 지키고 살 수 있는 것이 진실
이며 그것 또한 흔들리지 아니함을 알
라.
29 너희들은 내가 처음에 내린 이 명령
두 가지를 지키지 못한다면 너희들의
믿음은 항상 사탄에게 잠식되어 쓰러
질 수 있는 그와 같은 기초 위에 서 있
음을 잊어서는 안 될 것이며, 나의 이
뜻을 명심하여 행하도록 그리하라.
30 거짓 하지 아니하며 약속을 지키는 생
활에서 너희들의 모두가 시작됨을 잊
어서는 아니 될 것이니라.

3,437 번째 하나님 말씀

2002년 9월 20일 09시 07분

1 사랑하는 나의 아들아!
2 "네, 아버님! 말씀하옵소서."
3 너의 제자들과 나의 피조물 만백성,
너희들이 살아가면서 너희들이 육의
부모로부터 얻은 그 육은 너희들 것이
며, 너희들이 주인이며, 너희들이 관
리한다는 것을, 그리고 너 자신이라는
것을 너희들이 잘 깨우쳐 행하고 살아
가면서, 어찌하여 나로부터 받은 그
영혼은 너희들 것이라는 것을 생각지
못하는가?
4 너희들이 부모로부터 육을 받아 세상
에 나오니, 그 후부터 너희들 육은 너
희들 자신 것이며, 너희 자신이 주인
이며, 너희들이 관리하고 통제하고 살
아간다는 그 엄연한 사실을 너희들은

잘 알고 있음이니라.
5 그러나 너희들은 나로부터 받은 그 영
혼은 너희들 것이 아니요, 항상 내가
주관하는 것이라 생각하며, 나로부터
받은 그 영혼이 존재하는 것까지도 깨
우치지 못하고 깨닫지 못하고 살아가
는 것이 너희들이니라.
6 이제 너희들은 알아야 될 것이니라.
7 너희들이 육의 부모로부터 받아 간 그
육이 너희들 것이라 하면, 나로부터
받아 간 영혼 또한 너희들이 주인이
요, 스스로 너희들 것임을 알아야 될
것이니라.
8 그리하여 너희들이 부모로부터 받은
육이 너희 자신의 것이라는 것을 알
듯이 나로부터 받은 영혼 또한 너희들
자신의 것이며, 너희들이 관리하는 것
이며 주인이 너희들임을 이제 인식하
여야 될 것이니라.
9 그리하여 너희들은 나로부터 받은 영
혼과 너희 부모로부터 받은 육, 그 모
두를 다 합쳐 너희들이 아름답게 잘
정화하고 깨달아 스스로 부끄럽지 않
은 그와 같은 인간의 삶을 살아가야
될 것이니라.
10 그리하여 너희들은 육을 다스리고 너
희 영혼을 다스리며, 그 모두는 너희
들이 주인이니, 너희들이 나로부터 받
아 간 그 영혼과 육이 다 스스로 너희
들 것이며, 너희들이 어찌 다스리며
살았느냐에 따라서 그에 대한 심판을
받음이니,
11 아름답게 산 자는 나로부터 크나큰 영
광과 은혜의 상이 있을 것이며, 너희
들 자신이 남에게 추하고 부끄러운 행
위를 하고 그와 같은 삶을 살아왔다면
나로부터 거기에 대한 죄의 대가를 치
르는 것을 알아야 될 것이니라.
12 이제 내가 너희들에게 명하나니, 너희
들의 육의 주인도 너희들이요, 또한
영혼도 나로부터 받은 그 순간부터 주
인이 너희들이니, 너희들이 그리 합쳐
져 너희 자신이 형성됨을 알아야 될
것이니라.
13 그리하여 너희들은 너희들 자신의 그
모두에 대한 책임을 져야 될 것이며,
모든 옳고 그르며 잘되고 못되며 선하
고 악하게 사는 것 또한 그것이 다 너
희 자신의 책임임을 알아야 될 것이니
라.
14 너희들은 어찌하여 영혼은 너희들 것
이 아니고 나 여호와 것이며 내가 주
관한다고 생각하며, 육만이 너희들 것
이라 그리 생각하는가?
15 너희들은 영혼과 육의 모두가 다 너희
들 것임을 알아야 될 것이니라.
16 이원화시켜서 생각하는 그와 같은 착
각을 해서는 아니 될 것이니라.
17 그리하여 너희들의 종교 지도자가 이
이치요, 이 깨달음을 모르기 때문에
너희들이 주인이요, 스스로 자신이 육
과 영을 같이 다스리는 그 책임을 지
고 이끌어 간다는 것을 생각하지 아니
하고 분리하여 생각함이니,
18 육이 어떠한 행위를 하더라도 너희들
이 용서를 빌면 구원을 받으며, 너희
들이 잘못 살아온 것도 하나님께 용서
를 빌면 또 받아 주며 용서를 해 준다
그리 말함이니라.
19 너희들은 그리하여 너희 손으로 지은

그 성전에 가서 그저 기도하고 경배하
며 잘못한 것을 빌면 나로부터 구원을
받는다 그리 말하고 있음이니, 너희들
이 육과 영혼을 분리하여 생각하는 것
이 얼마나 무서운 죄의 온상인가?
20 그로부터 너희들이 헤어날 수 없는 죄
의 구덩이에서 살아간다는 것을 잊어
서는 아니 될 것이니,
21 영혼도 나로부터 나가는 그 순간에 너
희들 자신의 것이며 육 또한 너희들
자신의 것이니, 그 모두가 다 하나가
됨이니, 그를 합쳐 너희들 자신이라는
것이 형성됨을 잊어서는 아니 될 것이
니라.

3,438 번째 하나님 말씀

2002년 9월 20일 09시 18분

1 사랑하는 나의 아들아!
2 "네, 아버님! 말씀하옵소서."
3 내가 창조한 이 지구상의 모든 동식물
중에 너희 인간들을 가장 아름다운 모
습으로 만들었으며, 너희들이 살아가
는 세상 속에서 가장 편안하며 가장
부족함이 없는 그와 같은 형태로 너희
들을 만들어 세상에 내보냈음이니,
4 너희들의 손발이나 이목구비라는 그
하나하나가 얼마나 정교하며, 또한 너
희들의 생각이라는 그 지혜의 차원이
얼마나 높고 그 생각함이 깊은 것인가
를 너희들은 알아야 될 것이니라.
5 그리하여 너희들이 세속에 살아가면
서 그 모든 자연 속에 잘 적응할 수 있
는 최대의 능력을, 인간으로서 갖출
것을 다 너희들에게 명하여 만들었음
이니, 너희들의 위대하고 소중하고 귀
한 존재 가치를 알아야 될 것이니라.
6 내가 너희들이 세상사에 살아가는 데
하나도 부족함이 없는 너희들의 신체
구조요, 그리고 모든 것에 적응하고
이기고 나갈 수 있는 지혜 그 모두를
너희들에게 주었으며,
7 나 여호와가 너희들에게 좋은 점을 창
조하여 모든 것을 다 너희들이 이루어
나갈 수 있도록, 삶에 가장 편안한 그
와 같은 행동반경을 가질 수 있도록
너희들을 만들어 세상에 내보냈음이
니,
8 너희들에게 과연 무엇이 부족하며, 너
희들이 살아감에 무엇이 어려우며, 너
희들이 나의 피조물, 나의 많은 동식
물이요, 내가 창조한 그들을 관리하고
통제하는 데 무엇이 부족하며, 의사
표시를 하는 것이나 너희들이 행동하
는 것까지 무엇 하나 불편한 것이 있
는가?
9 그와 같이 내가 상세하게 너희들을 어
떠한 삶의 육의 형태에서도 잘 적응하
여 살아갈 수 있도록 만들었음이니,
10 너희들은 육의 삶에 너희들이 어찌 적
응하며 어찌 행하며 어찌 노력하느냐
에 따라서 기쁨의 길을 갈 수 있고 행
복의 길을 갈 수 있느니라.
11 또한, 너희들이 마음을 잘못 먹고 노
력하지 아니하며, 세상사에 내가 준
모든 능력을 동원하여 인간의 삶에 적
응하지 못할 때, 너희들은 고통의 길
을 면치 못하며 고통과 시련 속에서
생활하게 됨이니,
12 그 모두는 너희들이 만든 것이며 너희

들의 노력 여하에 달렸음이니라.
13 그리하여 내가 너희들을 완벽하고 가
장 아름답고 가장 살기 좋은, 그리고
모든 것에 적응하여 살아갈 수 있는
그와 같은 육의 형태로 만들었음이니
라.
14 그리하여 너희들의 그 육의 형태에 나
의 영혼을 불어 넣어 그와 같은 완벽
한 형태로 만들어진 그 모두를 가지고
너희들이 노력하는 만큼 얻을 수 있
는, 그리고 선과 악과 싸워서 너희들
이 선을 선택하며 악을 버릴 수 있는
그와 같은 생각의 능력까지, 너희들이
판단할 수 있는 그 모두를 다 갖추도
록 하여 세상에 내보냈으나,
15 너희들이 행하는 것보다도 더 많은 것
을 갖고자 하는 욕심이요, 부귀와 영
화의 편안한 삶을 살고자 하며, 남들
에게 지기 싫어하는 그와 같은 경쟁
심리가 지금 너희들을 이와 같이 너희
스스로 험하고 고통스러운 삶을 살아
가도록 만들었다는 것을 알아야 될 것
이니라.
16 여기서 너희들은 알아야 될 것이니라.
17 내가 너희들에게 완벽하게 만들어 놓
은 것은 무엇이더냐?
18 너희들 속에 불어넣은 그 영을 잘 다
스려 너희들이 하늘에 오르는 길을 안
내하고 인도하며 구원을 받을 수 있도
록 그리하기 위하여, 너희들이 영혼을
지키며 너희 자신을 지키며 스스로 자
신의 삶에 있어서 선하고 아름다운 쪽
을 선택할 수 있고 노력하는 것만큼
모두를 다 얻고 거두어들일 수 있는
그와 같은 모든 은혜를 내가 내려 주
어서 만든 것이 너희들이니,
19 너희들은 이와 같은 너희 자신의 위대
함을 깨우쳐, 내가 너희들을 세상에
창조하였을 때의 나의 그 깊고 깊은
뜻을 너희들이 헤아린다면, 너희들은
인생에 낙오자도 있을 수 없으며, 영
혼이 구원을 받지 못하고 지옥으로 가
는 그와 같은 백성도 나올 수가 없음
이니라.
20 오로지 너희들의 노력 여하에 달렸다
는 것을 깊이 깨우치며, 너희들이 노
력하는 만큼 얻을 수 있도록, 그리고
너희들이 세상사에 적응하는 데 하나
도 불편이 없도록 너희들에게 육신의
형태와 생각하는 지혜까지도 그리 주
었음이니, 너희들의 위대함을 알라.
21 그리하여 내가 너희들에게 천사와 같
은 마음이요, 나 여호와의 심성으로
변하여 구원을 받으라 함이 여기에 있
음이니,
22 너희들은 할 수 있는 모든 신체 조건
과 정신적인 영의 조건까지 모두 다
갖추어진 자들이기에 너희들에게 지
키라 함이라.
23 모두를 다 만들어 주었으며 모두를 다
갖추어 주고 너희들에게 지키고 살라
하였음이니, 여기서 너희들이 욕심이
라는 것 때문에 지옥으로 가는 그와
같은 어리석고 불쌍한 삶을 살지 말라.

3,439 번째 하나님 말씀

2002년 9월 20일 09시 24분

1 사랑하는 나의 아들아!
2 "네, 아버님! 말씀하옵소서."

3 너희들이 인간의 삶을 수정보다 더 맑
고 고운 마음으로 살라 하였으며, 하
얀 눈이 세상을 다 덮은 그보다도 더
하얗고 깨끗한 마음으로 살아야 한다
고 하였음이니라.
4 너희들은 말하지 않느냐?
5 성서에는 한 자를 더해도 빼도 아니
되며, 그와 같이 이룰 수 없다 너희들
이 말하였음이니라.
6 그것은 바로 무엇을 말하던가?
7 내가 너희들에게 일깨워 주었음이니
라. 완벽한 삶이 아니면 안 된다 말함
이니라.
8 내가 너희들에게 큰 그릇에 담겨 있는
생수에 더러운 오물 한 방울이 있으면
그걸 먹지 못한다 하지 아니하였더냐?
9 성서에 한 마디도 보태지 말고 빼지
말라 하는 것은 그와 같은 뜻이 있기
때문이니라.
10 아무리 큰 그릇에 있는 생수라도 한
방울의 오물이 들어감으로 인하여 그
물을 먹을 수 없는 그와 같은 형국이
되듯이,
11 너희들이 성서를 가르치고 깨우침에
있어서 한 가지라도 너희들 인간의 생
각이나 너희들 뜻에 의하여 전하고 가
르친다면, 이는 생수에 기름을 부어
그 물을 먹지 못하고 버리는 것과 마
찬가지이니,
12 그리하여 수정처럼 맑고 깨끗한 마음
이요, 하얀 눈이 세상을 덮은 그보다
도 더 깨끗한 마음으로 너희들이 변화
되는 삶을 살아야 한다고 하였음이니
라.
13 너희들이 이를 시행하지 아니한다면
너희들은 정녕 어리석은 자 중에 가장
어리석은 자이니라.
14 그러나 지금 수천 년 동안 흘러오면서
그 성서를 가르치며 나에게 오르는 백
성들을 가르친다는 너희들이 과연 그
속에 말 한 마디, 티 하나가 섞이지 아
니하였다고 장담할 수 있겠는가?
15 너무나도 많은 것이 그 속에 들어가
있으며, 너희들은 너무나도 많은 것을
나의 뜻과는 관계없는 방법으로써 가
르치고 또 변하고 변해 왔음이니라.
16 그러니 지금 나의 성서를 가지고 나의
피조물 만백성 너희들을 깨우친다는
자들이 그 성서의 몇 쪽도 안 되는 내
용을 가지고 저희 마음대로 응용하며
저희 마음대로 생각하여서 가르치고
또 가르치다 보니,
17 평생 몇 줄 안 되는 그 성서의 뜻을 가
르치다 보니 너희들은 거기에다 살을
보태고 너희 생각을 보태고 그리하여
변질되고 또 변질되어 왔음을 알겠는
가?
18 너희들은 이 뜻을 알지 않는가?
19 하늘을 두루마리 삼고 바다를 먹물 삼
아도 다 쓰지 못하는 것이 나의 뜻이
라 하였음이니,
20 과연 너희들은 너희 성서에 기록되어
있는 그 몇 줄의 검정 글씨가 나의 뜻
이요, 하늘을 두루마리 삼아 써도 다
못 쓴다는 나의 가르침이 거기에 다
들어 있고 다 내려왔다 생각하는가?
21 그건 천 분의 일, 만 분의 일, 억 분의
일도 안 되는 내용임을 알라.
22 그리하여 너희들이 나의 뜻을 잘못 이
해하고 잘못 가르쳤으며, 나의 성경

속에 너희 생각이 너무 깊이 들어가
너희들이 이를 바로잡지 못함이니,
23 세월이 흘러가면 흘러갈수록 무쇠가
녹슬어 가듯이 너희들이 녹슬어 가는
지금의 믿음의 형국이니라.
24 그리하여 내가 너희들을 구원하기 위
하여 나의 성령이요, 나의 뜻을 담은
이 법전에 상세히 기록하여 하나하나
파헤치며, 너희 손으로 쥐고 깨우칠
수 있으며 눈으로 보고 깨우칠 수 있
도록 하여 내려보내니,
25 이것은 가장 기초적인 것이요, 가장
기초적인 초등 학문으로서, 너희들이
더 보태고 뺄 것이 없는 것이니라.
26 그리하여 이게 진정한 나의 진리요,
나의 뜻임을 너희들이 알아야 될 것이
니라.
27 여기 이 법전에는 어떠한 생각도 들어
갈 수가 없으며, 또한 너희들이 여기
에다 삽입하여 가르칠 필요가 없음이
니라.
28 여기에는 너희들의 구원의 길이 무엇
이며 어찌 행하라는 것을 내가 상세히
기록하여 너희들에게 명함이니, 내가
명하는 것을 따르면 되기 때문이니라.
29 성서에는 한 자의 보탬도 뺌도 없어야
한다는 것이 바로 무엇인 줄 아느냐?
30 생수를 담은 그릇에 기름이라는 오물
이 있으면 그 물을 버리듯이, 그리하
여 성서의 가르침이 다 버려짐이니라.
31 너희들이 지금 보태고 또 빼고 수없는
장난 속에서 오늘의 성서가 이루어졌
기에, 이것이 바로 잘못되었음이라 내
가 말하는 것이니라.
32 이제는 더하고 뺄 수도 없는 나의 법
전을 직접 내가 나의 성령을 태워 나
의 아들을 통해 기계에 나의 음성을
녹음시켜 이를 책으로 기록하여 만들
어 내는 그 역사가 지금 시작되고 있
음이니, 이 나의 깊은 뜻을 너희들이
알아야 할 것이니라.

3,440 번째 하나님 말씀

2002년 9월 20일 09시 29분

1 사랑하는 나의 아들아!
2 "네, 아버님! 말씀하옵소서."
3 나의 피조물 만백성이 육을 부모로부
터 받아 세상에 나가니, 너희들은 육
만 너희들이 주인이라는 그 착각 속에
서 육의 삶에 얽매여 다음의 차원 높
은 세상을 바라보지 못함이니라.
4 육의 삶에서 얻어지는 명성과 직위와
명예와 부귀영화를 취하고자 하는 너
희들 인간의 본성에서 너희들은 여기
에 매달려 모두를 살아감이니,
5 차원 높은 다음 세상이 있음을 모르며
다음 세상이 너희들을 기다리고 있는
것을 모르는 것이니라.
6 그리하여 오로지 육의 본성에 따라서
너희들은 육의 부귀와 영화를 위하여
그곳에만 얽매여 살아감이니,
7 너희들은 내가 원하는 그 계명을 지키
지 못하며, 그 계명을 저버리고 위배
하고 사는 것에 죄의식을 깨닫지 못하
고 살아가고 있음이니라.
8 너희들이 나의 계명을 지키지 아니하
고 그를 의식하지 아니하며 그 자체가
죄라는 것도 자각하지 못하고 살아가
나,

9 그보다 더 무서운 것은 나 창조주가
원하는 것이며 너희들을 나의 품으로
올 수 있도록 내가 모두를 깨우치며
가르치는 나의 뜻을 너희들이 따르지
아니하며 그 뜻에 위배되는 삶을 살아
가는 것이니, 이것이 지금 너희들이
살아가는 모습이니라.
10 여기서 내가 다시 한 번 너희들에게
강조함이니, 너희들의 주인은 육이 아
님을 알아야 될 것이니라.
11 너희들의 진정한 주인은 바로 무엇이
더냐?
12 육이 아니라 영혼인 것이니라.
13 나로부터 받아 나간 그 영혼이 너희들
의 진짜 주인이라는 것을 너희들은 모
르고 어리석은 삶을 살아가고 있음이
니라.
14 지금 너희들이 살아가는 그 모습은 주
인을 모르며 그저 나그네와 같은 육을
위하여 그 삶을 삶이니, 육은 무엇이
라 말하였느냐?
15 너희들이 살다 떠나는 집과 같은 것이
라 말하였으니, 육은 영혼의 집이니라.
16 이제 내가 법전에 이를 강조하고 또
강조하여 다시 한 번 너희들에게 깨우
침을 내리니,
17 너희들은 너희들을 진짜 지배하는 참
주인이 누구인지, 너희들을 관리하는
진짜 주인을 인식하여야 될 것이니라.
18 너희들을 지배하는 진짜 주인은 너희
들의 영혼임을 알아야 될 것이니라.
19 그렇다면 너희들은 어떠한 삶을 살아
야 되는가?
20 너희들이 집과 같은 육의 삶을 위하여
부귀와 영화를 쫓아, 차원 높은 다음
세상의 삶을 버리며 그리 살아야겠는
가,
21 아니면 정녕 너희들의 주인이요, 영원
히 불변하는 세상에서 살아가는 너희
들의 영혼을 위하여, 그 영혼이 구원
을 받는 삶에 대하여 살아가는 방향으
로 깨달아 나가야 될 것인가?
22 여기서 너희들은 너무나도 무서운 잘
못된 깨우침을 가고 있음을 알라.
23 너희들이 주인을 위해서 사는, 자신을
위해서 사는 삶을 살아가, 나 여호와
로부터 구원받는 그와 같은 영광을 얻
도록 그리하라.

3,441 번째 하나님 말씀

2002년 9월 20일 09시 40분

1 사랑하는 나의 아들아!
2 "네, 아버님! 말씀하옵소서."
3 너희들 인간사에 부모와 자식의 그 육
의 관계에서도, 부모는 자식을 위하여
그가 바르고 곧은 삶을 살아가기를 바
라며 많은 인간으로부터 존경받는 사
람이 되길 바라며, 그리고 저주받는
사람으로서 성장하기를 바라지 아니
함이니라.
4 오로지 많은 사람으로부터 존경받으
며 신뢰받는 자식으로 성장해 주기를
바라며, 남들로부터 핍박받는 그와 같
은 자식이 되지 말아 주기를 바라며
너희들 부모는 자식을 놓고 수없이 가
르치고 그들에게 그 길을 인도하여 깨
우쳐 주고자 하느니라.
5 그리하여 부모는 자식에게 말하기를,
부모 가슴을 아프게 하지 아니하는 그

와 같은 자식으로서 살아 주기를 간곡
히 바라며,
6 그리하여 너희들은 그 말을 듣지 아니
하는 자식들에게, '네가 자식을 낳아
봐야 부모의 마음을 알게 됨이니, 네
가 정녕 네 자식을 낳아 자식으로부터
그 마음 아픔을 겪지 아니하려거든 이
부모의 아픈 마음을 헤아려 삶을 살거
라.' 그와 같이 이야기함이니,
7 너희들 육의 부모가 수없이 자식에게
깨달음을 전하고 깨우쳐 주고자 하는
하나의 가르침의 방법이니라.
8 육의 부모도 가슴 아프게 하지 아니하
는 자식으로서 성장해 주기를 바라며,
남으로부터 칭송받는 자식으로 성장
시키기 위하여 그 모두를 다 바쳐서
그들을 가르치며 그들을 돌봐 주는 것
이 부모의 간곡한 마음이 아니더냐?
9 하물며 창조주인 나 여호와가 지금 너
희들을 대하는 마음이 과연 어떠하겠
는가?
10 너희들이 진정 육의 짧은 삶을 위하여
사는 것이 아니라, 영혼의 삶을 위해
서, 너희들이 영원히 사는 그 삶을 위
하여 살아가기를 바라는 나 여호와의
마음이 얼마나 간곡하겠는가?
11 그리하여 내가 나의 아들을 통하여 너
희들에게 깨우침을 전하고자 했던 것
이며, 나의 성령으로써 너희들을 다스
리고자 하였음이니라.
12 그러나 너희들은 그 뜻과 의미도 알지
못하며, 지금의 종교 지도자들이 어떤
믿음의 길을 가고 있는가?
13 정녕 구원을 받겠다는 나의 백성들을
인도한다는 자와 그 밑에 가서 공부한
다고 모여드는 신도, 그들은 나의 뜻
과는 전혀 관계없는 방향으로 지금 달
려가고 있다는 사실을 너희들은 알고
있는가?
14 너희들은 내가 원하는 길로 가는 것이
아니요, 내가 너희들에게 내려 준 그
계명에 따라 사는 것이 아니요, 너희
스스로 만든 계명에 따라 지키고 살아
가는 것이 너희들의 마음이니,
15 지금 그것을 바라다보는 창조주 나의
마음은 얼마나 아프며 가슴이 저리겠
는가?
16 너희들은 정녕 창조주 나 여호와의 마
음을 기쁘게 하는 그와 같은 삶을 살
수 없겠는가?
17 너희들이 나 여호와를 기쁘게 하는 것
은 너희들이 내가 불로 써 내린 그 십
계명을 지키고 나의 율법대로 살아가
는 것이며,
18 너희들이 배우고 깨우치는 성서에서
어렵고 힘든 것은 모두 너희들 것이
요, 편안한 것은 너희들과는 관계없
는, 그와 같은 반대의 깨우침으로써
깨달아 갈 때,
19 너희들은 지금의 세상을 볼 수 있으
며, 육의 삶의 세상 속에서 한 차원 높
은 영의 세상의 하늘에서 원하는 것이
무엇인가를 너희들이 알 수 있는 것이
니라.
20 그러나 너희들은 지금의 육의 세상에
서도 너희들 자신을 잘 다스리지 못하
며, 너희들이 어디에 있는 것인가도
모르고 살아감이니,
21 이와 같은 너희들을 바로잡을 수 있는
것은 어떠한 역사의 기적으로써도 다

스릴 수 없음이니라.
22 그저 너희들이 읽고 또 읽고 깨우치고
또 깨우치며, 버려도 버려지지 않고
아무리 태워서 없애도 없어지지 않고,
또 태워서 없앨수록 더 많은 책으로써
법전이 세상에 나와 너희들을 깨우치
고 인도하는 이와 같은 나의 법전이
요, 나의 성령의 가르침으로만이 너희
들의 마음을 바로잡을 수 있음이니,
23 너희들이 하늘에 오를 수 있는 그 역
사를 천 년에 걸쳐 이루는 것은 나의
법전뿐이니라.
24 그리하여 나의 법전을 세상에 내보내
는 나의 깊은 뜻을 너희들이 알아 구
원의 길을 얻도록 그리하라.

3,442 번째 하나님 말씀

2002년 9월 20일 10시 01분

1 사랑하는 나의 아들아!
2 "네, 아버님! 말씀하옵소서."
3 이제 너의 제자들을 네가 선별하고 골
라서 그들에게 임무를 줄 때가 되었음
을 알라.
4 정녕 자기 아들 이삭을 나에게 바치려
했던 아브라함과 같은 백성이요, 제자
들만이 이 어렵고 힘든 대역사의 장정
을 이룰 수 있는 자들임을 알아야 될
것이니라.
5 그와 같은 마음 자세가 되지 아니한
자들, 그 누구도 너와 더불어 이 역사
를 이루어 끝까지 간다 말할 수 없음
이니,
6 자식의 목숨을 바치고 갈 수 있는 그
와 같은 마음 자세가 아니며, 정녕 만
백성을 구하는 나의 법전이 세상에 나
오는 그 역사의 장정에 참여하는 너희
들의 마음 자세가 그만 못하다 하면
이 역사는 이루어질 수 없음을 알아야
될 것이니라.
7 어떠한 시련과 고통 속에서도 너희들
은 그보다도 더 강한 마음이요, 더 진
한 마음으로써 나의 아들 선지자를 따
라야 될 것이며, 예수의 제자들과 같
은 형국으로 가서는 아무것도 이룰 수
없음을 알아야 될 것이니라.
8 일단 너희들이 마음을 돌리며 등을 돌
리고 난 다음에는 너희들이 어떠한 형
편으로써 순교자의 길을 가든 너희 자
신을 던지든 이미 그는 때가 늦음을
알아야 될 것이니라.
9 그와 같이 너희들의 믿음이 굳건히 가
지 아니하면 아니 됨을 알아야 될 것
이니라.
10 너희 인간들은 하던 짓이 그 머리에
익혀지면 그걸 버리지 못하는 것이며
기억 속에서 지울 수가 없음이니라.
11 그리하여 하던 짓을 너희들의 꿈속에
서도 하며 잠자다가도 부르짖는 것이
너희들의 마음 자세요, 생각의 자세
요, 인간의 형태를 갖추고 있는 너희
들의 형편임을 알아야 될 것이니라.
12 너희들이 하나의 일에 골몰하다 보면
그게 꿈에도 보이게 되며, 너희들이
또한 그리 상상의 꿈을 꾸며 그 상상
의 날개를 펴 가게 되어 있는 것이 인
간이니라.
13 그러기 때문에 너희들은 수시로 변할
수 있으며, 수시로 마음에 동요를 이
룰 수 있음이니,

14 이는 오로지 아브라함이 이삭이라는
그 아들을 바치듯 그와 같이 너희들의
모든 마음을 다 바칠 수 있는 마음 자
세가 아니면 너희들은 이 구원의 길에
만백성을 구하는 장정의 역사를 이룰
수 없음이니라.
15 그리하여 지금 많은 종교 지도자들과
신도라 하여 믿음의 길을 가는 그 백
성들이 다 아직도 믿음이 무엇인지를
모르고 간다고 내가 말하는 뜻이 여기
에 있음을 너희들은 알아야 될 것이니
라.
16 가장 소중한 것을 아깝지 않다 하여
던질 수 있는 그와 같은 너희들의 그
마음만이 구원을 받는 길임을 잊어서
는 아니 될 것이니라.
17 그리하여 그와 같은 훈련을 거치고 거
친 자, 그 훈련에서 넘고 온 자, 그리
고 그를 인내하고 버티는 자, 그와 같
은 자가 정녕 너와 더불어 갈 수 있는
제자들이니,
18 너는 이제 선별하여 그들을 관리할 때
가 되었음을 잊어서는 아니 될 것이니
라.

3,443 번째 하나님 말씀

2002년 9월 20일 10시 26분

1 사랑하는 나의 아들아!
2 "네, 아버님! 말씀하옵소서."
3 너희들이 부모로부터 육을 받으며 나
로부터 영혼을 받아 한 인간으로서 세
상에 태어나 자신을 다스려 나감이니,
4 너희들의 육의 삶을 열심히 살아 스스
로 위대하다는 자, 남들보다 더 많은
재력을 갖춘 자, 그리고 명예를 누리
는 자, 그와 같은 너희들은 현재의 나
여호와로부터 받은 그 은혜와 은총에
감사하는 것이 아니고, 그에 대해 더
얻고자, 더 갖고자 하는 것이 너희들
인간의 본성이니라.
5 그리하여 너희들의 그 욕심의 끝이 한
이 없어, 얼마 살지도 못하는 그 인생
의 아름다운 삶의 그 존재의 가치도
모르고 사는 것이 너희들이니라.
6 그리하여 내가 너희들에게 비유하여
말하기를, 하루살이라는 벌레가 하루
의 삶을 어찌 사느냐에 따라, 그가 행
복하거나 불행한 것은 그 스스로 자초
한 것이라 내가 말하였거늘,
7 너희들은 그와 같은 너희들의 본성을
버리지 못하고 더 갖고자 더 얻고자
하며 육의 삶을 마칠 때까지 그리 달
려가느니라.
8 그리고 지금의 종교 지도자들 또한 그
와 같은 마음을 버리지 못하였으니,
9 그들이 나와는 아무런 관계도 없는 자
라 내가 말했으며, 그들이 가르치는
진리는 정녕 진정한 진리가 아니고,
허상이요, 환상의 그 믿음으로 가고
있다고 내가 말함이니라.
10 너희 종교 집단도 평범한 인간들이 가
지고자 하는 그 욕심을 버리지 못했음
이니,
11 너희가 나로부터 선령을 가르치는 자
로서, 나로부터 만백성을 구하는 대명
을 받은 그 하나로도 너희들은 감사하
며 은혜와 축복 속에 사는 마음으로,
예수보다 더 어렵고 힘든 그와 같은
가르침과 삶으로써 모범을 보이고 살

아가면 되는 것이거늘,
12 너희들은 정녕 나의 뜻과는 전혀 관계
도 없는 그와 같은 형국에서 나의 피
조물 만백성을 이끌어 가고 깨우쳐 가
고 있음이니라.
13 그리하여 너희들은 나의 피조물 만백
성에게 너희 손으로 지은 그 성전에
와서 재물과 금화를 바치게 하며, 또
아름답게 지은 성전을 더 크고 더 웅
대하게 짓기 위하여, 세상에서 가장
찬란한 성전을 지어 나 여호와를 기쁘
게 한다는 그 미명 아래 너희들은 그
간악한 방법으로써 재물을 거두어들
이며,
14 나의 피조물 만백성이 너희들이 하는
대로 따라오며 너희들이 하라는 대로
맹종함이니, 너희들이 오만과 자만 속
에서 너희 스스로 작은 신이 되고자
하는 마음의 사악한 싹이 마음속에 자
리를 잡아, 너희들은 더 큰 성전, 더
위대한 성전을 만들며, 나의 피조물
만백성으로부터 수많은 재물을 거두
어들이는 그와 같은 사악한 짓을 하고
있느니라.
15 그리하여 너희들이 작은 신과 같은 역
할 속에서 만족하지 못하며 또한 너희
들은 나 여호와가 되고자 하는 그 착
각 속에서 더 웅대한 성전을 지으며
많은 신도들을 거느리며 많은 재물을
모으는 그와 같은 생활을 버리지 못하
고 있음이니라.
16 더 많은 신도를 거느린 자, 그 욕망의
끝이 없으니 결국은 너희들이 또한 무
엇을 생각하는가?
17 나 여호와도 저버리며, 너희들이 나
여호와와 같은 착각 속에 살며, 천국
의 문을 열어 주고 안 열어 주는 그 모
든 것도 너희들이 장악한 것처럼 그와
같은 착각 속에서 살아가는 것이 지금
의 종교 지도자들이니라.
18 그리하여 너희들이 그와 같은 환상 속
에서 살아가고 있음이니, 너희들이 정
녕 나의 피조물 만백성을 하늘에 오르
는 길로 인도한다 할 수 있는가?
19 나의 아들은 나의 법전에 기록하여 그
제자들에게 가르쳤느니라.
20 전지전능한 나 여호와가 알아서 너희
들에게 줌이니, 너희들이 기도하고 경
배할 때 무엇을 달라는 것은, 칼만 안
들었지 나 여호와에게 빼앗아 가려는
강도 같은 행위를 하는 것이니, 그런
기도를 하지 말라 하였음이니라.
21 전지전능하다는 나 여호와가 알아서
너희들에게 내리는 것이니, 너희들은
주는 것을 받음으로써 그 모두에 감사
하는 마음만 가지면 된다고 나의 아들
은 너희들에게 그리 가르쳤음이니라.
22 그러나 너희들은 어찌 생각하는가?
23 정녕 나 창조주 여호와에게 그와 같은
기도는 필요 없다고 너희들은 말함이
니라.
24 오로지 달라고 울고불고 매달리며 너
희들의 뜻이요, 소원을 이루어 달라고
매달리는 그와 같은 기도만이 효과가
있으며, 그 기도를 나 여호와가 들어
준다고 너희들은 그리 나의 백성을 잘
못 가르치고 있음이니라.
25 너희들은 비유하여 말하기를, 어린아
이가 울고 떼를 쓸 때 어머니가 젖을
주듯이, 그와 같은 형국으로 나에게

매달리라 함이니,
26 과연 너희들의 육의 어머니가 나처럼
전지전능하며, 세상사의 그 모든 이치
를 알며, 모두를 창조한 어머니라 그
리 생각하는가?
27 어찌하여 너희들의 육의 어머니와 자
식의 그 관계를 나 여호와에게 비유하
여, 아이에게 젖을 주는 어미와 같은
그 형국에 나를 비추어 감히 말을 하
는가?
28 이것이 지금 얼마나 우매한 짓이며 얼
마나 나 여호와를 욕되게 하는 행위인
가, 그 자체도 모르는 것이 지금의 종
교 지도자 너희들이니라.
29 그리하여 너희들이 작은 신이 되고자
하며 천국의 문도 마음대로 열고 닫
는, 나 여호와가 되고자 하는 그와 같
은 착각 속에서 지금 행하고 있다면
너희들은 이를 알겠는가?
30 지금의 종교 지도자 너희들은 심지어
더 나아가, 천국의 그 모두도 다 장악
하는 그와 같은 능력이 있는 자요, 너
희들만이 하늘의 모두를 장악할 수 있
다는 환상과 착각 속에서 살아가니,
31 너희 인간들 중에 명예를 더 얻고자
하며 재물을 더 얻고자 하는 자와 무
엇이 다르던가?
32 너희들에게 지금 내가 다시 한 번 기
도하는 방법부터 가르쳐 줌이니, 우는
아이에게 젖을 주는 어머니를 비유하
여 나에게 무엇을 달라, 그저 울부짖
고 떼를 쓰라고 가르치는 종교 지도
자, 그들의 말에 너희들이 현혹되어서
는 아니 되느니라.
33 그들은 신이 되고자 하며 천국을 저희
마음대로 주무르고자 하는 그와 같은
사악한 자들이니라.
34 그리고 저희들은 그리할 수 있다고 생
각하는 자들이니라.
35 그들의 말에 현혹되어서는 아니 될 것
이니, 이를 명심하여 너희들이 깨우치
도록 그리하라.

3,444 번째 하나님 말씀

2002년 9월 20일 10시 43분

1 사랑하는 나의 아들아!
2 "네, 아버님! 말씀하옵소서."
3 나 여호와가 사랑하는 나의 백성들을
창조하여 세상에 내려보낼 때, 모든
나의 백성들은 사탄과 싸워서 이길 수
있으며, 악과 싸워서 제거할 수 있는
모든 능력을 갖추어 세상에 나가도록
하였음이니라.
4 너희들을 악과 싸워 악을 제거할 수
없는 능력으로 세상에 내보내 놓고 너
희들에게 악과 싸워서 나에게 오르는
길을 오라고 했다면, 나는 공의의 여
호와요, 창조주가 아님을 너희들은 알
아야 될 것이니라.
5 그러나 나 여호와는 너희들에게 악을
제거할 수 있는 능력을 주어서 세상에
나가 살도록 하였으며,
6 그리고 내가 내린 60점이라는 그 육
의 삶 안에서, 너희들이 육의 세상에
서 부귀와 영화를 누리도록, 열심히
노력하여 살아갈 수 있도록 내가 그와
같은 은혜와 은총을 너희들에게 다 주
었건만, 지금의 잘못 가는 종교 지도
자들이 어찌 말을 하며 가르치는가?

7 내가 나의 백성들에게 그와 같은 능력
을 준 것을 그들은 알지 못하며, 너희
들이 노력하는 만큼 부귀와 영화를 누
리고 살아갈 수 있도록 내가 모든 은
혜와 영광을 준 것을 그들은 모르니,
8 지금의 그 집단에서 무어라 말하며,
단상에 서서 너희들을 가르치는 자들
이 어찌 가르치는가?
9 그들은 말하느니라. 부자는 절대 천국
에 갈 수 없다고 그리 가르침이니라.
10 지금의 가르침을 그리 가고 있으니,
저희들에게 재물을 많이 바치라는 그
협박의 의미로 그 뜻을 이용하고 있음
이니, 이와 같은 협박에 이용당하는
나의 백성이 되어서는 아니 되느니라.
11 나는 나의 사랑하는 백성 너희들을 창
조하면서, 노력한 자가 노력한 만큼
부귀와 영화를 누리며 살아갈 수 있도
록 모든 능력을 내가 너희들에게 주었
음이니라.
12 다만, 너희들에게 그리 다 주며 축복
과 은혜를 내려 주면서, 내가 너희들
에게 바라는 것이 있느니라.
13 너희들이 열심히 노력하여 모든 명예
를 얻고 재물을 얻으며 풍요롭게 사는
그 삶을 살아갈 수 있는 권한을 나로
부터 받아 가지고 나갔음이니라.
14 그러나 너희들이 그와 같은 재물을 모
으며 풍요로운 삶을 살 때, 너희 자신,
개인의 부귀영화를 위하여 노력하지
말라는 것이니라.
15 너희들 개인을 위하여, 개인의 풍요로
운 삶을 위하여, 개인의 부귀와 영화
를 위하여 재물을 모으는 그와 같은
삶으로써 세상을 살지 말라는 것이니
라.
16 너희들이 개인의 풍요로움을 위해 개
인의 재산을 모으기 위해, 개인의 부
귀영화를 위하여 골몰하여 좌우를 돌
아다보지 아니하는 그와 같은 방법으
로 재물을 얻어, 그 아름답지 못한 재
물을 가지고 너희들의 육의 행복이요,
육의 풍요로움을 누리지 말라 하는 것
이니라.
17 그와 같은 자는 구원을 받을 수 없다
고 내가 말하였음이니라.
18 다만, 너희들이 정당한 방법으로써 노
력하여 얻은 그 모두는 얼마든지 취할
수 있으며 구할 수 있음이니라.
19 개인을 위한 욕심이 아니요, 모두를
위해서 노력하는 가운데 얻어지는 그
모두는 정녕 값있는 재산이요, 부귀와
영화며, 너희들의 풍요로운 삶이니라.
20 그 모두를 다 내가 너희들에게 내려
주었음이니라.
21 지금 나의 피조물 만백성을 하늘에 오
르는 길로 가르친다며 단상에 서서 설
교하는 종교 지도자들이 나의 이와 같
은 뜻 하나도 알지 못하며, 나의 뜻을
모르고 가르치고 있으며, 나의 뜻을
거역하고 있는 것이 지금 그들의 자세
이니라.
22 너희가 재물을 모았을 때, 너희들이
그 재물을 어찌 쓰고 관리하느냐에 따
라 너희들에게 축복과 영화가 또 있음
이니,
23 그리하여 너희들이 노력하여 재물을
모으고 풍요로운 삶을 영위하는 것은
내가 너희들에게 준 축복이니라.
24 그저 부자는 천국에 갈 수 없으며, 부

자는 구원을 못 받는다는 그와 같은 무지몽매하게 가르치는 자들에게 너희들이 귀를 기울여, 너희들의 소중한 영혼을 구하는 그 삶을 저버리지 말라.
25 그리 말하는 자는 나의 뜻이 무엇인지도 모르며, 성경의 기초 지식도 모르는 자이니,
26 흰 종이에 써 놓은 성서의 그 뜻만을 읽어 그저 다람쥐 쳇바퀴 돌듯이 재탕, 재탕하여 평생 너희들에게 가르치며, 모든 행사나 모든 역사를 이루며 너희들이 피땀 흘려 모은 재물을 긁어모으는 데에만 그들의 삶을 맞춰 그를 위해 살아가는 자들이니,
27 인간의 덕을 베풀며 아름다운 미덕을 가지고 사는 믿지 않는 백성들만도 못한 자들이 지금 잘못 가르치는 종교 지도자들의 형태임을 알라.
28 그 추태에 너희들의 그 소중한 영혼을 저버리지 말며 거기에 맡기지 말지니라.

3,445 번째 하나님 말씀

2002년 9월 20일 10시 50분

1 사랑하는 나의 아들아!
2 "네, 아버님! 말씀하옵소서."
3 내가 너에게 일찍이 뭐라 깨우쳐 주었던가?
4 인간의 삶에도 정품과 비품이 있다 말하였으며, 너는 정품 인생을 살아야 된다고 내가 말하였음이니라.
5 지금 나의 법전을 읽고 깨우치며 십계명대로 살고자 하는 그 백성은 너희들이 말하는 정품의 인생을 사는 것이며,
6 십계명에 존재하지 아니하는 그 믿음으로써, 너희 인간이 만든 계명으로써 살아가는 그와 같은 자는 정녕 정품의 인생이 아니요, 비품의 인생을 살아가는 것이니라.
7 너희들이 지금 믿음이라는 곳에 너희 인간의 손으로 지은 그 성전에 가 기도하는 나의 피조물 만백성 너희들은 정품의 믿음을 가는 것이 아니요, 정품의 인생을 삶이 아니니라.
8 너희들은 비품에 가 살며, 비품의 인생을 살고자 너희 자신을 던져 버리는 것이 지금 너희들이 가고 있는 형국이니라.
9 그리하여 너희들은 그저 달라, 내려달라, 축복을 내려 달라 그리 기도를 하는 것이니라. 그리고 너희들이 그리 소원하느니라.
10 그리고 단상에 선 종교 지도자가 또 뭐라 가르치는가?
11 내가 너희들에게 말하였느니라.
12 지금 단상에서 가르치는 종교 지도자들이 너희들이 보기에는 순수한 종교 지도자들이나, 그들의 마음속에는 저희들이 신이 되고자 하며, 천국의 문을 저희들이 좌지우지하고자 하며, 천국까지 저희들이 장악하고자 하는 그와 같은 자들이라 내가 말하였음이니라.
13 그들의 기도 소리를 너희들이 들으면 이 말에 대하여 거부할 수 없을 것이니라.
14 내가 뭐라 하였는가?
15 전지전능한 나 여호와가 필요로 하여 계획에 의해 내릴 것은 내릴 것이며

줄 것은 준다 하였음이니라.
16 그리하여 너희들이 기도를 할 때 '저
의 죄를 용서하여 주옵시고, 이 모두
는 여호와 하나님의 뜻에 의해 이루어
지는 것이며, 감사합니다.' 그리 기도
면 된다 하였으나, 지금의 종교 지도
자는 무엇을 말하는가?
17 너희들에게 모두를 다 줄 수 있는 양,
병들어 누워 있는 자에게 고칠 수 있
는 듯이 기도를 하며, 죽어 가는 자도
살릴 수 있는 듯이 살려 달라 기도를
하며, 너희들은 기도, 기도하다가 할
말이 없으니 세계의 평화를 위하여
또 기도를 하며, 이웃의 화목을 위해
서 기도를 하며, 그저 너희들이 닥치
는 대로 갖다 붙여 대고 기도를 하며,
나 여호와에게 경배하고 기도하는 양
말함이니, 그게 무엇이더냐?
18 내가 계획하여 내가 지시하고 관장하
여 가는 그 모두를 너희들이 바꾸라고
명하는 것과 같으니, 그와 같은 기도
가 무엇이더냐?
19 너희들이 신이 되고자 하며, 너희들이
천국을 관장하고자 하는 그와 같은 용
서할 수 없는 그 형태에서 지금의 종
교 지도자라 하여 나의 피조물 만백성
을 가르치고 있는 그 형국이니라.
20 너희들이 이와 같은 깨달음을 얻고도
지금 정품의 믿음이 아니요, 정품의
삶이 아닌, 비품의 믿음이요, 비품의
인생을 사는 그 길에 너희들이 재물과
시간을 바치며 지금도 달려가고 있음
이니,
21 나의 법전을 읽고 깨우쳐 그와 같은
삶을 청산하지 못한다면 너희들은 영
원히 구원받을 수 없음이니라.
22 내가 나의 법전에 기록하여 무어라 가
르쳤던가?
23 내가 너희들에게 말하였느니라.
24 남의 생명을 연장해 주고자 하는 기도
를 드리지 말라 하였음이니라.
25 너희들 한 사람의 생명을 연장한다면
다른 사람이 그 생명을 대신해서 가는
그와 같은 아픈 사연이 있기에 그와
같은 기도를 하지 말라 하였거늘, 너
희 종교 지도자들은 어찌 기도하는가?
26 그저 죽어 가는 자를 저희들이 살려
줄 수 있는 것처럼, 저희들이 기도를
해 줌으로써 살 수 있는 것처럼 그들
은 말하느니라.
27 그리고 세계의 평화요, 세상의 돌아가
는 그 모두를, 나의 계획에 의해 움직
이는 모두를 다 수정하라 말함이니,
28 너희들은 수정해 달라고 빈다 하나,
내가 생각할 때는 너희들이 나에게 명
령을 내리는 그와 같은 행위임을 알아
야 될 것이니라.
29 너희들은 나에게 구원하며 부탁하는
기도를 한다 하나, 나 여호와가 듣기
에는 너희들이 나에게 명령을 내리는
그와 같은 행위라 생각한다면, 너희들
은 나의 뜻이 맞음을 알아야 될 것이
니라.
30 그와 같은 형국으로써 너희들이 지금
의 믿음을 가고 있음이니, 너희들이
바로 무엇이더냐?
31 천국까지도 너희들이 관장하고자 하
는 자들이며, 정녕 하늘에 오르는 정
품의 인생을 사는 것이 아니요, 비품
의 인생을 살아가는 것이 지금의 종교

집단들이 가고 있는 행위임을 알아야 할 것이니라.

3,446 번째 하나님 말씀

2002년 9월 20일 11시 10분

1 사랑하는 나의 아들아!
2 "네, 아버님! 말씀하옵소서."
3 너희들이 나로부터 영혼의 삶을 받아 세상에 나가니, 너희들이 지금까지 살아오는 그 세월 속에서 나이라는 것에 맞춰 너희들이 삶을 살아온 만큼 너희들은 잘못된 버릇과 작고 큰 수많은 죄들을 스스로 지으며, 또한 너희들이 알고 모르고 지으며 그와 같이 살아왔음이니라.
4 이제 너희들은 나의 법전을 읽고 깨우쳐 하늘에 오르는 길에 오르며, 내가 너희들에게 원하는 것이 무엇이며 내가 추구하는 것이 무엇인가를 알고 깨달음이니,
5 너희들은 지금까지 지고 온 작고 큰 그 죄들을 하나하나 회개하고 용서하는 마음에서 너희 마음속에서 던져 버려야 될 것이며, 진정한 회개와 용서로써 하나하나 던져 버려야 될 것이니라.
6 그리고 너희들은 그곳에서 벗어날 수 있는, 그것을 다 벗어 버릴 수 있는 진실하고 아름다운 삶을 살이기는 그와 같은 노력으로써 살아가야만 될 것이니라.
7 그렇지 아니하면 너희들은 계속 작고 큰 죄를 짓는 그 속에서 벗어날 수가 없는 것이니라.
8 너희들이 그 작고 큰 죄의 삶 속에서 알고 모르고 짓는 그 모든 잘못된 것을 벗어나고자 목숨을 걸고 최선의 노력을 다하고 살아가고자 아니 하면 너희들은 정녕 벗어나지 못하게 됨이니, 너희들은 그리 알아야 될 것이니라.
9 그리하여 너희들이 벗어날 수 없는 그 삶에서는 너희들이 구원의 길을 볼 수 없음이니,
10 너희들이 지금까지 살아온 그 세월 속에서 작고 큰, 알게 모르게 지은 죄, 너희들의 잘못된 버릇, 잘못된 모든 습관들을 목숨을 바쳐 고치고 다스리고자 노력하지 아니하면 너희들은 구원받을 수 없음이니라.
11 그러나 너희들이 모두를 다 바쳐 노력하며 고치고자 할 때, 그리고 너희들이 노력 하다 하다 더 이상 버티고 견딜 수 없어 무릎 꿇어 나 여호와에게 눈물 어린 그 기도를 드릴 때,
12 '하나님 저에게 용기를 주옵시고, 저의 잘못 살아옴을 용서하여 주시며, 제가 지금 바로 설 수 있고 지난날 살아온 작고 큰 죄의 습관화된 그것을 다 저버릴 수 있는 용기를 주옵소서.' 그리 너희들이 눈물의 기도를 드릴 때 너희들은 그와 같이 스스로 살아왔던 잘못된 버릇들을 밀어낼 수 있으며 그것들을 버릴 수 있을 것이니라.
13 그리하여 너희들이 정녕 진실된 마음으로 그를 버리고자 간곡히 나에게 기도드릴 때, 나 여호와가 너희들에게 성령으로 임하여, 그 모두를 행할 수 있는 깨달음의 능력을 부어 주는 그와 같은 영광을 너희들은 얻게 될 것이니

라.
14 내가 나의 성령으로써 너희들에게 충
만히 내려 주었을 때, 나 여호와가 너
희들과 더불어 같이 있을 때, 나 여호
와가 너희들에게 임해서 너희들에게
그 용기를 부어 줄 때,
15 너희들은 스스로 '아, 이것이었구나!'
하는 깨달음을 알게 될 것이며, 나 여
호와가 추구하는 뜻과 나 여호와가 너
희들을 위하여 어찌 가르치며 너희들
을 어찌 인도하는 것인가를 알게 될
것이니라.
16 그와 같은 역사가 이루어지지 아니한
다면, 너희들의 몸속에 있는 그 악의
뿌리가 너희 몸에서 빠져나오지 아니
하며,
17 너희들의 그 잘못된 습관이 계속 남아
너희들이 그를 버리지 못하고 털어
버리지 못한다면 너희 몸을 서서히 그
악의 뿌리가 잠식하기 시작함이니, 너
희들은 그를 막을 수가 없음이니라.
18 그리하여 너희들이 그를 막지 못하는
그 순간에 너희들은 사악한 사탄에게
잠식되어 너희 영혼이 서서히 죽어 가
게 되며 구원의 길을 볼 수 없음이니
라.
19 그러나 너희들이 여기서 너희들의 그
습관을 버리고자 하는 노력과 눈물로
써 나에게 최선을 다하여 기도를 드리
며 나에게 갈구할 때, 그때 내가 너희
들에게 새 생명을 얻을 수 있는 영광
을 내려 줌이니, 이를 알아야 될 것이
니라, 사랑하는 나의 백성들아!

3,447 번째 하나님 말씀

2002년 9월 20일 11시 25분

1 사랑하는 나의 아들아!
2 "네, 아버님! 말씀하옵소서."
3 내가 너희들에게 일찍이 가르쳐 깨우
쳐 주었음이니라.
4 어떠한 종파든 종교 지도자는 단 한
번의 죄를 짓고 실수를 하였다 하여
도, 그를 나 여호와로부터 용서받지
아니하였거나 회개하고 반성하지 않
은 자는 남을 위한 기도를 할 수 없다
하였음이니라.
5 그러니 너희들이 지금까지 살아오면
서 작고 큰 그 많은 죄를 과연 어찌 나
로부터 용서를 받았으며, 너희들이 어
찌 변화되어 나에게 그 많은 죄의 대
가를 치렀다 말하는가?
6 그 대가를 치르지 아니하고 그 깨달음
을 모르는 자는 정녕 많은 백성을 지
도하는 종교 지도자라 할 수 없음이니
라.
7 내가 너희들에게 뭐라 말하였는가?
8 나의 천국에 오를 수 있는 자는 천국
에서 사는 천사와 같은 마음이어야 하
며, 창조주 나 여호와의 마음과 같은
마음을 갖지 아니한 자는 정녕 그 천
국의 문을 통과할 수 없으며 나의 천
국에 와서 살아갈 수 없다 하였음이니,
9 죄를 짓고 용서를 받지 아니한 자는
올 수도 없음이니, 천국에 오를 자격
이 없는 자가 어찌 나의 피조물 만백
성을 깨우치고 가르쳐 하늘에 오르는
길로 인도할 수 있다 하는가?
10 이는 너희들이 꿈에도 생각해서는 아

니 될 것이며, 그러한 자 밑에서 너희
들이 성서라는 걸 배우고 깨우쳐 하늘
에 오르는 그와 같은 가르침을 받으려
고 생각하지 말라.
11 너희들은 말하느니라.
12 '우리는 종교 지도자를 보고 가는 것
이 아니요, 하나님의 말씀을 듣고자
하여 성전에 간다.' 그리 말하나,
13 그 또한 너희들이 동질의 마음에서 너
희 스스로 다스리고자 하며, 너희들이
죄를 짓고 살기에 너희 스스로 용서를
받고자 하는 마음에서 남을 용서하는
듯 너그러운 마음 자세를 갖는 것이니
라.
14 그것은 너그러운 마음 자세가 아니요,
너희들 자신이 그 죄를 짓지 않고 살
수 없기에 너희도 그와 같다는 위로의
마음에서 그리하느니라.
15 그러나 너희들은 알아야 될 것이니라.
16 죄를 짓지 아니하며, 나로부터 용서를
받으며, 나로부터 선택된 자로부터 배
우고 가르침을 받는 자가 있다면 너희
들은 어찌하겠는가?
17 정녕 천사와 같은 마음으로 살아가는
지도자가 있다 하면, 너희들은 그를
어찌 해명하겠는가?
18 그 밑에서 배우는 자는 정녕 구원의
길을 볼 수 있으며 구원을 받을 수 있
느니라.
19 너희들이 종교 지도자는 어찌 살아가
는 그가 전하는 말씀만을, 하나님의
성령의 말씀만을 듣고 구원을 받고자
하는 것이지, 그의 행위를 보고자 하
는 것이 아니라는 그와 같은 말을 하
나니,
20 그 행위를 천사와 같이 하는 자만이
너희들을 가르칠 자격이 있다 함을 잊
어서는 안 될 것이며,
21 이후 나의 법전을 읽고 나서도 너희들
이 그와 같은 변명의 말로써 너희 자
신을 위로하며 너희 자신을 비유하는,
그리고 너희 자신이 위로를 받고자 하
는 그와 같은 추한 생각을 해서는 안
될 것이니, 그를 너희들 가슴에서 버
려야 될 것이니라.
22 지금 모든 종파의 지도자들이나 나의
아들이요, 나의 아들을 따르는 모든
백성 너희들은 지금과 같이 죄를 짓지
아니하며, 단 한 번의 죄를 지었어도
그를 용서받지 아니한 삶을 살아서는
아니 될 것이니 그리 알라.
23 너희들 모든 종교 지도자요, 또한 나
의 아들이나 나의 아들을 따르는 지도
자, 너희 모두는 한 점의 부끄럼이 없
는 그와 같은 삶으로써 변화되지 아니
하며 변화된 삶을 살지 않는다면,
24 지도자로서의 자격이 없으며, 나와 아
무런 관계도 없는 백성임을 알아야 될
것이니라.
25 나 여호와 창조주가 나의 아들이라 하
여 그의 잘못된 것은 용서하면서, 나
의 백성들이 같은 죄를 지었을 때 용
서하지 아니한다면,
26 이는 나 여호와를 공의의 하나님이라
너희들이 말할 필요도 없으며 그는 나
여호와가 아님이니라.
27 그러니 나의 아들과 제자 너희들 또한
너희들이 죄를 짓지 않고 사는 방법을
행하며 지키는 그 길밖에 없음을 알아
야 될 것이니라.

28 그러나 여기서 너희들은 하나를 깨우
치고 가야 될 것이니라.
29 나의 아들과 나의 아들을 따르는 백성
들은 내가 내리는 그 법전 속에 그들
이 죄를 짓지 아니하고 사는 방법과
거짓 하지 아니하는 방법과 나로부터
부끄러운 죄를 짓지 아니하고 행하며
살아갈 수 있는 그 모두가 다 기록되
어 있는, 나의 성령으로 기록된 나의
법전을 보고 깨우치며, 내가 그들에게
직접 강론의 가르침을 전함이니,
30 그들은 그와 같이 죄를 짓지 아니하고
사는 방법을 알며, 죄를 짓지 않고 살
수 있는 가르침의 지침서가 세상에 내
려가 있으니 그들은 그것을 보고 깨우
치기에 그리 갈 수 있는 것이니라.
31 그러나 지금 많은 다른 종파들은 과연
어찌 가고 있는가?
32 그들은 구약과 신약이라는 그곳에만
매달려, 평생 얼마 되지 않는 그 내용
을 가지고 다람쥐 쳇바퀴 돌듯이 그저
앵무새처럼 지껄이고 지껄이는 그와
같은 길로 가고 있으며, 저희 인간들
이 편리하게 만든 그 계명의 의하여
깨우쳐 가고자 하나니,
33 그들에게는 정녕 하늘에 오르는 방법
과 저희들이 천사와 같은 마음으로 변
하는 방법이요, 그 가르침의 지침서가
없음이니라.
34 그리하여 그들에게 그 지침서가 없기
에 그들은 변화될 수가 없으나,
35 나의 아들과 나의 아들의 제자로 선택
된 너희들에게는 그 지침서의 가르침
이 있으며 나의 성령으로써 직접 너희
들을 터치하고 가르침이니, 너희들은
변화되는 그와 같은 삶을 살 수 있는
것이며,
36 지금 종교 지도자요, 모든 집단의 형
태들과 지금 나의 아들이요, 나의 아
들의 제자 너희들이 차별화됨을 여기
서 알아야 될 것이니라.
37 그리하여 너희들만이 바로 설 수 있으
며, 너희들이 축복과 영광 속에 살아
가는 나의 백성이며, 천 년에 걸쳐 새
로운 역사를 이루는 그 대업에 선택된
자들임을 알아야 할 것이니라.

3,448 번째 하나님 말씀

2002년 9월 20일 11시 58분

1 사랑하는 나의 아들아!
2 "네, 아버님! 말씀하옵소서."
3 나의 피조물 만백성에게 전하라.
4 나의 아들 예수가 죽음으로써 너희들
을 구원하고자 했던 2천 년 전, 그 당
시만 해도 너희들 가슴속에 진정한 믿
음으로써 나 여호와가 존재함을 믿고
있었으며, 너희들은 진심으로 나 여호
와가 존재함을 시인하며 그리 믿었음
이니라.
5 그러나 그 속에서 세월이 지나고 흐름
에 따라 너희들은 점점 그 믿음에서
변화되기 시작했으며, 나를 시인하고
진심으로 나를 믿었던 그 마음마저도
서서히 변질되었으며,
6 너희들 인간의 생각에 맞추어 너희들
이 만든 그 계명과 같은 너희들의 계
획하에 모두가 변화되고 변질되기 시
작하였음이니라.
7 그리하여 너희들은 세월이 지나면서

나의 뜻과는 정반대의 길에서 믿음이
리는 것을 가르치고 지금까지 오고 있
음이니라.
8 너희는 너희 스스로 구원을 받을 수
없다는 것을 변질된 지금에서 너무나
도 잘 알고 있으며,
9 재물로써 천국을 사고자 하는, 천국에
들어가는 문의 황금 열쇠를 사고자 하
는 너희들이기에 그와 같은 믿음으로
변질되어 있는 너희들 자신이 구원을
받을 수 없다는 것을 스스로 잘 알고
있으며, 너희 스스로 정녕 구원을 받
는다는 그 자신감을 상실하고 살아가
며 그와 같은 믿음의 길을 가고 있는
것이 아닌가?
10 종교 지도자는 지도자로서, 신도라는
자들은 신도로서 너희들이 재물로 천
국의 문을 들어가는 그 황금 열쇠를
사고자 하는 지금의 믿음의 작태에서
너희 스스로 구원받을 수 없다는 것을
잘 알고 있으며 불안을 느끼고 있을
것이니라.
11 그리하여 너희들은 그 불안하고 초조
한 마음으로써 너희들이 자신감이 없
는 그 구원의 길을 포기할 수도 없으
며 던져 버릴 수도 없으며 더 나아갈
수도 없는 그와 같은 마음의 동요가
있을 것이니라.
12 그러나 너희들은 그와 같은 마음을 단
한 가지, 나의 아들 예수의 이름으로
써 기도하고 구원하며 너희 손으로 지
은 성전에 가서 기도하면 구원받는다
는 그 착각에 매달려, 너희들의 그 모
든 정신적인 고통과 시련과 불안과 공
포 속에서 모두를 지워 보겠다는 그와
같은 마음의 상태에서 지금의 믿음의
길을 가고 있는 것이 현재 너희들의
믿음의 실태임을 부정하지 못할 것이
니라.
13 여기서 너희들은 알아야 할 것이니라.
14 너희들이 지금까지 믿음의 길이요, 구
원의 길이라 말하면서 너희 손으로 만
들어 놓은 그 성전이라는 곳에서 행하
고 있는 지금의 형태로써는 절대로 구
원을 받는 길이 아니요, 구원을 받을
수 없다는 것을 알아야 될 것이니라.
15 지금 하늘의 뜻이 무엇이며 나 여호와
가 이루고자 하는 것이 무엇인지, 그
나의 뜻을 모르면서 너희들이 구약과
신약의 성서만을 가지고 나의 피조물
만백성을 깨우친다 하여 그를 가르치
고 또 가르치는 반복된 그와 같은 가
르침으로써는 나의 피조물 만백성을
천국의 문으로 인도하는 것이 아니라
지옥으로 가고 있음을 알아야 될 것이
니라.
16 이는 지금의 너희들의 형태가 나의 뜻
과는 아무런 관계도 없는 믿음으로써
계속 가고 있기 때문이니라.
17 너희들이 지금과 같은 믿음으로써 변
화의 역사를 이루지 아니하며 계속 간
다면, 너희들은 나를 버리게 되는 것
이며, 내가 존재함을 믿지 아니하며,
나를 인식하는 그것마저도 망각된 상
태에서 가고 있음이니,
18 나 여호와의 존재를 부인하는 것이 지
금의 너희들이 가고 있는 믿음의 길이
니라.
19 너희들은 여기서 지금과 같은 너희들
의 믿음의 방향으로써는 절대 구원을

받을 수 없다는 것을 내가 나의 법전
에 다시 한 번 기록하여 너희들에게
내리니, 너희 스스로 깨달음을 얻어야
될 것이니라.
20 창조주 나 여호와가 너희들을 얼마나
아끼고 사랑하면, 지금의 너희들의 가
는 믿음이 잘못되었으며 너희들은 바
른길을 가라고 내가 이리 너희들에게
깨우침을 전하겠는가?
21 나 여호와의 이 깊은 뜻을 너희들이
알아야 될 것이니라.
22 그리하여 내가 너희들을 사랑하며, 내
가 아름답게 만든 나의 피조물 너희들
에게 다시 한 번 기회를 주기 위하여,
내가 너희들에게 성령으로써 나의 모
두를 다 내려보내 나의 아들을 통하여
법전을 지금 세상에 내려보내니,
23 너희들이 법전을 읽고 지금 가던 길을
중단하고 내가 내린 나의 법전대로 살
아가는 삶으로 변화하지 아니하면, 너
희들은 정녕 구원의 길에 들어설 수
없다는 것을 깊이 깨우쳐야 할 것이니
그리 알라.

3,449 번째 하나님 말씀

2002년 9월 21일 02시 25분

1 사랑하는 나의 아들아!
2 "네, 아버님! 말씀하옵소서."
3 인간의 습성이나 버릇이라는 것을 고
치는 것이 얼마나 어렵고 힘든 것인가
를 아는가?
4 잘못된 습관이나 잘못된 습성을 고친
다는 것이 그리 쉬운 것이 아님이니라.
5 인간의 삶에서 잘못된 습성이요, 습관
이라는 것을 알면서도 그것을 고치지
못하며 하루아침에 그를 바로잡지 못
하는 것이 너희 인간들의 마음가짐이
니라.
6 하물며 만백성을 구하는 나의 아들 네
가 살아감에 있어서 너는 아름다운 모
습이 아닌, 인간으로서 너희들이 하지
아니해야 할 습성이나 남들로부터 부
끄러운 그 어떠한 것을 해서도 아니
됨이니라.
7 너희들이 한번 무너지기 시작하고 한
번 길을 잘못 들이며 나쁜 습관이 너
희 몸에 배기 시작하면 그를 감당할
수 없음이니라.
8 이것이 너희들 인간이 가지는 특성임
을 알아야 될 것이니라.
9 돌아가던 기계가 중단해도 계속 돌고
자 하는 것과 마찬가지로, 너희들 인
간의 습성은 하던 버릇을 중단하며 그
를 그치기가 그리 쉽지 아니함이니라.
10 그리하여 너희들은 하던 습관을 너희
도 모르게 스스로 행하게 됨이니, 그
리하여 너희들이 바로잡지 못하며 바
로 서지 못하는 것이 여기에 있음을
알아야 될 것이니라.
11 그리하여 원초적인 너희들의 마음에
서 아예 남으로부터 좋지 않은 일이나
남으로부터 부끄러운 어떤 행위도 시
작해서는 아니 되며 생각조차 해서는
아니 되는 것이 나의 백성으로 선택된
너희들이 가야 할 길이며, 너희들이
행하여야 할 길임을 알아야 될 것이니
라.
12 너희들이 하던 짓을 중단하고 하던 습
관을 고치기가 그래서 어려우니라.

13 그리하여 알코올 중독자가 바로 서기
가 어려우며, 마약이라는 생명을 앗아
가는 그와 같은 약을 투여하는 것 또
한 그리 한번 길들면 그것을 고치기가
어려운 것이 바로 너희들이니라.
14 너희들이 살아가면서 흡연이라는 그
습관 하나도 끊기가 어려우며 음주의
버릇 또한 끊기 어려운 것이 바로 너
희들의 습성이며, 너희 몸에 그리 자
신도 모르게 젖어 있는 것이 너희들의
삶의 습성이며 버릇이니라.
15 그 버릇을 잡고 고치기가 그리 어렵고
힘드니, 나의 피조물 만백성을 구하는
너는 아예 너 자신이 그와 같은 일을
해서는 아니 되며 그와 같은 습성을
네가 연마해서는 아니 됨을 알아야 될
것이니라.
16 이것이 너희들이 가야 할 길이니라.
17 그렇지 아니하면 너희들은 하얀 눈과
같은 마음으로 변할 수가 없음이니라.
18 살아가면서 수천수만 가지의 생각 속
에 너희들이 하나의 잘못된 습성을 끊
지 못하면, 너희들은 한 번의 실수로
써 또 영원히 무너짐이니라.
19 단 한 번이라도 해서는 아니 되는 그
습성을 너희들이 해서는 아니 된다는
것을 너의 제자들에게 가르쳐야 될 것
이니라.
20 연습이 없는 것이니라.
21 잘못된 습성은 연습이 없으며, 연구가
없음이니라.
22 그저 한 번 너희들이 시행함으로 그
습관이 생기게 되며, 그 습관에 의해
서 너희들이 그를 버리지 못하고 그곳
에 빠지게 됨이니,
23 너희들은 어떠한 잘못된 습성에는 연
습이나 장난이라는 것이 없음을 알라.
24 어떠한 상황이든 너희들은 잘못된 습
관이나 습성이요, 남으로부터 부끄러
운 어떤 행위도 해서는 아니 되며, 그
와 같은 것에는 연습도 있을 수 없으
며 장난도 없음을 알아야 될 것이니라.
25 그리 가지 아니하면 사악한 짓에, 사
악한 마음에 의하여 너희들이 무너짐
을 알아야 될 것이니라.

3,450 번째 하나님 말씀

2002년 9월 21일 08시 33분

1 사랑하는 나의 아들아!
2 "네, 아버님! 말씀하옵소서."
3 너희들이 삶에 있어 정도의 삶을 사느
냐, 그렇지 않으면 정도의 길을 가지
아니하느냐에 따라서 너희들은 모든
심판의 기준이 됨을 알아야 될 것이니
라.
4 너 또한 경지가 높으며 나의 뜻을 받
아 160권의 책을 내는 세상의 크나큰
역사를 이루며 그 누구도 이룰 수 없
는 대장정의 역사를 이루어 만백성을
구한다 하나,
5 네가 행동하고 생각함에 있어서 정도
가 아니고 바른길이 아니라면 너는 나
의 아들로서 만백성을 구하는 지도자
로서의 자격이 없음이니라.
6 너의 제자들에게 또한 일깨워 깨우쳐
야 될 것이니라.
7 너희들이 수년 동안 살아감에 바르고
곧은 길을 가나, 너희들이 단 한 번의
정도가 아닌 일을 생각하며 그와 같은

행위를 스스로 자행했을 때, 너희들은
나로부터 구원받을 자격이 없으며 나
의 자식이 아님을 알아야 될 것이니라.
8 그리하여 모든 종파의 모든 종교 지도
자들과 너희들과의 차별화가 있음이
니라.
9 어떠한 종교 지도자도 처음부터 마음
이 바르지 아니하며 정도로 가지 아니
하는 것은 아니니라.
10 그들이 살아가면서 생활이 쪼들리거
나 또는 부귀영화를 얻다 보니 저희들
이 나태해지고, 또 육의 향락을 위하
여 모든 것을 스스로 제 뜻대로 생각
하며, 잘못되는 것도 잘못 가는 것도
나 여호와의 뜻이라 그리 빙자하여 만
행을 저지르게 됨이니라.
11 그리하여 그들 모두가 다 나로부터 버
림을 받는 것이며, 신흥 종교라는 믿
음의 집단도 또한 그러하니라.
12 처음에는 그들이 정도로 가며 아름다
운 뜻에서 출발하나, 저희들이 부를
누리고 또한 권력이 따르고 힘이 따름
으로 인하여 그들은 육의 향락을 위하
여 저희 스스로 모두를 생각하게 됨이
니,
13 그 육의 향락에 빠지는 순간부터 너희
는 믿음을 가는 자로서 정도의 길이
아니요, 사악한 길이요, 사탄의 길에
들어서게 됨이니,
14 그리하여 너희 스스로 모두가 무너지
며, 너희들이 정녕 나로부터 구원을
인도하는 지도자로서의 자격을 상실
하게 됨이니라.
15 그리하여 그 모두가 변질되었음이니
라.
16 제 스스로 향락을 즐기기 위하여, 제
가 육의 행복을 즐기기 위하여 어떠한
편법으로써 행동할 때, 그는 그것을
합리화시키며 또한 그것을 제도화하
여 저희들의 종파에 계속 그리 전하고
흘러가도록 그리 말함이니라.
17 단 한 번이라도 너희들이 정도 아닌
것을 생각하며 남으로부터 지탄받는
것을 생각하는 그 자체가 너희들은 정
녕 지도자로서의 자격을 상실하며, 나
로부터 선택받아 나의 대명을 수행하
는 나의 자식이요, 나의 백성으로서의
모두를 상실하게 됨을 잊어서는 아니
될 것이니라.
18 오로지 정도의 삶을 굳건히 지탱하고
가는 자만이 나로부터 선택된 자요,
만백성을 구하는 종교 지도자임을 잊
지 말라.
19 너와 너의 제자들도 다 같음이니라.
20 너희들이 시작함은 고르고 바르나, 너
희들이 살아가면서 나태해지며 육의
향락을 위하여 너희 마음의 문을 열기
시작한다면 너희들은 스스로 무너짐
이니, 그게 무엇이냐?
21 이단이요, 사탄이요, 사이비 종교 집
단이라는 그 부름을 면하지 못하는 것
이니라.
22 이를 명심하여 행하도록 그리하라, 사
랑하는 나의 아들아!

3,451 번째 하나님 말씀

2002년 9월 21일 08시 51분

1 사랑하는 나의 아들아!
2 "네, 아버님! 말씀하옵소서."

3 너희들에게 가장 중요한 것은 정도가
아니고 정도의 길이 아니면 선택하지
말라 하였음이니라.
4 그것이 얼마나 소중한 가르침인지 너
희들은 아는가?
5 정녕 나의 아들과 만백성을 구하는 너
의 제자들은 정도요, 정상이 아닌 길
을 선택해서는 아니 됨을 알라.
6 너희 인간이 세상에 나가 두 발로 걷
고 달리게 되어 있는데, 한 발로써 간
다면 과연 너희들은 얼마나 가고 얼마
나 달릴 수 있는가?
7 네 발로써 달리는 짐승이 두 발을 쓰
면서 간다면 그 짐승이 어찌 가고 네
발의 짐승이 어찌 그 능력을 발휘하겠
는가?
8 정상과 정상이 아닌 것은 이와 같이
무서운 차이가 있음이니, 정도의 길을
가지 아니하면 아니 됨을 너는 알아야
될 것이니라.
9 지금 나의 피조물 만백성 너희들이 살
아오는 지상이 어찌 되었는가?
10 모두가 정상이 아니요, 비정상인 형국
으로 이루어지고 있음이니라.
11 가장 바르게 깨우침을 인도한다는 그
종교 집단이 얼마나 비정상적인 방법
으로써 세상을 이끌어 가고 있는가?
12 너희들은 반드시 육과 영혼이 둘이 하
나가 되어 너희들 자신이 되어 자신을
지키며 다스려 나가 바른길이요, 정상
적인 길을 갈 때 너희들이 구원을 받
을 수 있다 내가 말하였음이니라.
13 그러나 지금의 어리석은 종교 지도자
들은 뭐라 말하는가?
14 육의 삶은 중요치 아니하며, 영혼의
삶만이 중요하다 그리 말하니, 그 밑
에서 구원을 받겠다며 재물로써 티켓
을 사 하늘에 오르겠다는 그 불쌍한
신도들 또한 그 말을 철석같이 믿고
있음이니, 육의 행함은 중요하지 아니
하며 영의 행함만이 중요하다 하니,
그게 무엇이더냐?
15 두 다리로써 걸어야 할 사람이 다리
하나를 잃고 한 다리로 뛰어가고자 하
는 그와 같은 형국이 바로 너희들의
지금의 믿음의 형태니라.
16 너희들이 그 믿음이라는 교리나 그 설
법을 가지고 나의 피조물 만백성을 잘
못 가르치지 아니하였다면 최소한 나
의 백성들은 정상적인 삶이며 두 다리
로 살아가는 그와 같은 삶을 살았음이
니라.
17 그곳에는 사랑이 있고 인정이 있고 나
눔이 있으며 보살핌이 있었음이니라.
18 그러나 잘못된 교리의 가르침을 가지
고 종교 집단이 가장 큰 집단으로써
이 세상 모두를 지배함이니, 그리하여
너희들이 지배하기 시작한 그때부터
이 지상은 정상이 아니요, 비정상인
형태로 돌아감이니,
19 두 다리로 달려야 하는 사람이 하나의
다리로써 걷고 달리겠다고 하는 그와
같은 형국이 되어 있음이니라.
20 이와 같은 시대에 내가 너희들을 더
이상 버려둘 수가 없으며 비정상적인
속에서 너희들이 살아가도록 할 수 없
기에 내가 지금 나의 성령을 태워 세
상에 내려보냄이니, 이 뜻을 너희들은
알아야 될 것이니라.
21 내가 너에게 말하지 아니하였던가?

22 세상이 거꾸로 돌아가며 너희들이 거
꾸로 보는 세상에서 살고 있다 말하였
음이니라.
23 오죽하면 내가 너희에게 그렇게 말하
였겠는가?
24 지금까지 아무리 깨끗하고 청렴하게
살았으며 정도의 길을 살았다 하는 너
희도 내 앞에 오고자 하면 반대의 삶
을 살아야만 구원의 빛을 볼 수 있으
며 정상적인 모습으로 돌아갈 수 있다
하였음이니,
25 바로 그것이 내가 너희들에게 지금의
형태를 미리 알려 준 것이니, 이를 너
희들은 잊어서는 아니 될 것이니라.
26 사랑하는 나의 아들아!
27 "네, 아버님! 말씀하옵소서."
28 모두가 비정상적으로 돌아가며 비정
상으로 흘러가는 이 형국에서 오로지
정상으로 돌려놓으며 나의 피조물 만
백성이 그리도 갈구하고 소원하던 구
원을 받을 수 있는 길은 너희들이 본
연의 자세로써 정상적인 삶을 살아가
는 것이며,
29 그때 그들이 너희들을 보고 깨우쳐 하
늘에 오르는 진정한 길이 무엇인가를
알게 될 것이니라.
30 그리하여 내가 오늘 아침 너에게 간곡
히 말하니, 정도요, 정상적인 삶을 살
아가는 백성이 되라 함이니라.
31 너희들은 나의 이름을 빙자하여 모두
는 나 여호와의 뜻이며 내가 주관하
니, 모두는 나의 뜻에 의해 이루어진
다는 그와 같은 사악한 방법으로써 세
상을 살며 다스려 나가지 말라.
32 그게 얼마나 세상을 거꾸로 보는 것이
던가?
33 나는 정상적인 것이 아니요, 정도가
아닌 것을 너희들에게 행하라 할 일이
없으며, 너희들이 행하도록 그리하지
아니함이니라.
34 너희들이 너희들의 이익이요, 향락을
위해 정상적인 삶을 아니 가는 것, 그
리고 나의 이름을 빙자하여 가는 너희
들의 그 죄가 얼마나 무서운가를 알아
야 될 것이니라.

3,452 번째 하나님 말씀

2002년 9월 21일 09시 04분

1 사랑하는 나의 아들아!
2 "네, 아버님! 말씀하옵소서."
3 창조주 나 여호와가 너와 너의 제자들
에게 완벽한 삶을 살아가며 하나의 부
끄러움이 없는 자세로써 살아가야 한
다 함이니,
4 너희를 달구고 달구는 나 여호와의 마
음이 한없이 아프고 저려 옴이니라.
5 내가 너에게 뭐라 말하였느냐?
6 쇠라는 것을 달구고 두드리고 또 두드
려 만들어야 그가 명검으로 태어날 수
있다 하였음이니라.
7 내가 너희들을 그리 달구고 달구지 아
니하면 너희들은 정녕 만백성을 구하
는 지도자로 설 수 없기 때문이니,
8 그를 위하여 너희들이 모두를 다 저버
리며, 너희들이 지금까지 살아오면서
지은 작고 큰 죄들을 모두 다 털어 버
리고 홀가분하고 깨끗한 마음으로 서
지 아니하면 너희들이 만백성을 지도
하는 지도자로서 설 수 없기에,

9 나 여호와가 너희들에게 감히 누구도 견디고 이겨 나갈 수 없는 그 길을 가라 강조함이니,
10 나 여호와의 마음이 무척이나 아프고 가슴이 저려 오는 것이니라.
11 너희들은 나의 이와 같은 뜻을 알 수 있겠는가?
12 내가 뭐라 말하였느냐?
13 너희들 말에 '옥에 티가 있으면 그 가치를 발휘하지 못한다.' 하지 아니하였더냐?
14 그리하여 그와 같은 자는 쓸 수가 없기 때문이니라.
15 내가 너희들에게 질그릇이요, 물을 담는 그릇이 깨졌을 때 그는 쓸 수 없다 말하지 아니하였느냐?
16 차라리 그가 깨져서 쓰지 못하는 그릇이라면 버릴 것이나, 그 그릇에 금이라는 것이 가 물이 샌다 하면, 그는 물을 담을 수 없으며 그 기능의 역할을 할 수 없지 않으냐?
17 작은 금이 가 있어도 그를 쓸 수 없음이니, 너희 마음속에 작은 죄를 짓고 있으며 너희들이 작은 금이 간 그릇처럼 새는 그와 같은 형국으로써는 만백성을 지도하고 가르칠 수가 없음이니라.
18 하늘에 오르는 것은 천사요, 나의 심성을 가진 자만이 오를 수 있나니, 너희들이 그와 같이 변화되지 아니하면 아무 쓸모가 없는 것이니라.
19 너희들이 경지에 오른 것 같으며 많은 깨우침이 있다 하여도 질그릇에 금이 가면 물이 새기에 물을 담을 수 없듯이, 너희들이 작은 생각 하나라도 흐트러진 것이 있으며 너희 마음속에 생각하는 것이 틀리다 하면 너희들을 쓸 수가 없기 때문이니라.
20 사랑하는 나의 백성들아!
21 인간으로서는 갈 수 없는 그 길을 가라고 너희들에게 독촉하는 나 여호와의 마음을 너희들은 헤아려 알아야 될 것이며,
22 너희들은 그리 갈 수 있으며 인내할 수 있으며 만백성을 구하여야 되기 때문이니,
23 나 여호와의 이 저려 오는 아픔을 너희들이 안다 하면, 한 점의 부끄러움이 없는 삶을 살아야 될 것이며, 옥에 티가 있어 나로부터 버려지는 너희가 되어서는 아니 될 것이니라.
24 물을 담는 질그릇에 금이 가 물이 새면 쓸모없듯이, 아무리 그 형체가 바르면 무엇하겠는가?
25 금이 가 물을 담을 수 없다면 그는 그 역할을 할 수 없으니, 너희들의 마음 한자리가 잘못 잡혀 있으며 정도의 길을 생각하지 아니한다면, 너희들의 아름다운 질그릇이 깨진 것과 같음이니, 그래서는 아니 되느니라.
26 질그릇이 아무리 위대한 것 같으며 아무리 찬란하고 우아한 모습으로 있다 하여도, 그가 금이 가 있다면 물을 부었을 때 새게 됨이니라.
27 너희들이 아무리 경지에 오르며 바르게 산다 해도 나의 피조물 만백성이 너희들을 보는 그 눈을 속일 수는 없음이니라.
28 그들은 마음속으로 너희들이 진실한지 진실하지 아니한지 알고 있기 때문

이니,
29 그들이 알고 있기에 너희들을 따를 수
없으며 너희들을 따르지 아니한다는
것을 너희들은 알아야 될 것이니라.
30 질그릇에 물을 담으면 그가 새는지 새
지 아니하는지를 알듯이, 나의 피조물
만백성이 너희들을 바라볼 때, 그들은
가슴으로 눈빛으로써 너희들을 다 읽
게 됨이니,
31 아무리 너희들이 능력 있고 말을 잘하
고 경지에 오른 자라 말해도 깨지지
않아서 물이 새지 않는 진정한 질그릇
을 그들은 소중히 다루며 생각하듯이,
32 그들이 보는 눈에 그와 같이 완벽한
너희들이 되지 아니하였을 때, 그들이
새는 것을 알고 있으며 잘못된 그릇이
라는 걸 알고 있음이니, 그들이 그리
하여 너희들을 따르지 아니하느니라.
33 이 이치를 깨달아 완벽한 너희들을 만
들고자 하는 것이 나 여호와의 참뜻이
니, 이를 너희들이 어렵고 힘들고 고
달프다 하여 울지 말라.
34 가야 할 길이며, 가야 됨을 잊지 말라.

3,453 번째 하나님 말씀

2002년 9월 21일 09시 12분

1 사랑하는 나의 아들아!
2 "네, 아버님! 말씀하옵소서."
3 네가 하는 그 말 한마디는 천금보다도
더 소중한 것이며, 나의 피조물 만백
성을 구원의 길로 인도하느냐 죽음의
길로 인도하느냐 하는 그와 같은 갈림
길에 있는 것이 나의 아들이요, 나로
부터 선택된 너의 말 한마디의 영향이
그와 같이 무서움을 알아야 될 것이니
라.
4 천금보다도 더 무게가 있는 것이 너의
말이요, 네가 말 한마디 함이 그와 같
이 소중함을 알아야 될 것이며, 너는
그를 깨우쳐 행하여야 될 것이니라.
5 나의 피조물 만백성은 천태만상의 성
격을 가지고 있음이니라.
6 가을에 낙엽이 소리 없이 떨어지는 모
습을 보고 손수건을 꺼내 눈물을 훔치
는 사람이 있는가 하면, 사람이 처참
히 죽어 가는 모습을 보고도 눈물 한
방울 흘리지 않는 사람이 있음이니,
7 이와 같이 너희들이 가지고 있는 그
마음의 형태가 무서우리만큼 격차를
가지고 있는 것이 너희들 인간의 형태
이니라.
8 그리하여 사람마다 생각하는 것이 그
와 같이 천태만상의 차이가 있다는 것
을 내가 너에게 말하여 줌이니라.
9 지도자인 너요, 나의 아들로서 나의
피조물 만백성을 구원하기 위하여
160권의 법전의 대장정을 역사하며,
기도하며 나의 성령을 받아 만백성을
가르치는 너는 나의 아들이요, 선지자
로서 그 길을 가기가 정녕 힘들고 어
렵다 말을 하니,
10 그 제자들이 생각하는 방향의 각도가
천태만상임을 너는 알아야 될 것이니
라.
11 너의 뜻을 알아듣는 제자들은 선지자
의 가는 길이 그리도 힘들고 어려우니
저희들 자신도 더 어렵고 힘든 길이라
하여도 인내하고 가야겠다는 생각을
하며 더 노력할 것이니라.

12 그러나 그렇지 아니한 자들도 있음이
니라. '선지자로서도 이 길을 가기가
그리 힘들고 어려우니 감히 내가 인간
으로서 어찌 이 길을 갈 수 있는가?'
하며 그들 스스로 포기하는 자가 나올
수 있음을 너는 알아야 될 것이니라.
13 그리하여 너의 말 한마디로 인해 그
제자 한 사람이 어렵고 갈 수 없다며
스스로 포기했을 때, 너는 한 생명을
죽이게 되는 것이니라.
14 나의 피조물 만백성 중에 나의 법전을
읽고 깨우쳐 가던 자, 그들은 인간 모
두가 다 정녕 지킬 수 없는 어렵고 힘
든 길을 스스로 지켜 보려고 노력하
고 나의 법전의 뚜껑을 열어 한 자 한
자 읽어 감이니라.
15 그 속에 정녕 선지자요, 나의 아들인
네가 이 길이 가기가 힘들고 어려우며
정녕 고통스럽다고 말할 때, 그들은
스스로 나의 법전을 덮을 수 있으며
자포자기할 수 있다는 것을 알아야 될
것이니라.
16 이것이 너희들이 각자 생각하는 마음
의 견해 차이임을 너는 잊어서는 아니
됨이니라.
17 그리하여 네가 던지는 말 한마디가 많
은 생명을 죽이고 살리는 가장 위대한
말이며, 천금보다 더 무게가 있다는
걸 알아야 될 것이니,
18 네가 말 한마디를 하더라도 천 번 만
번 생각해서 해야 되는 걸 잊지 말라.
19 너의 제자들 또한 그러하니라.
20 너희들 제자들이 스스로 이 길을 가는
것이 힘들고 어렵다고 말할 때, 나의
성전을 새로운 마음을 먹고 찾아온
자, 과연 먼저 온 선배들이 어렵고 힘
들어 도저히 갈 수 없는 길이라고 말
하는데 그가 과연 그 길을 선택하겠는
가?
21 그와 같은 이치의 깨달음을 너희들은
알아야 될 것이며, 너희들 제자들의
행동 하나, 말 한마디가 나의 아들과
마찬가지로 천금의 무게가 있으며, 만
백성의 생명을 구하고 구원하지 못하
는 그와 같은 무서운 결과를 초래한다
는 것을 잊어서는 아니 되느니라.
22 이후부터 네 말 한마디가 얼마나 소중
한가를 알아 신중히 처신하도록 그리
하며, 너의 제자들 또한 그리 가르쳐
야 할 것이니 그리 알라.

3,454 번째 하나님 말씀

2002년 9월 20일 10시 44분

1 사랑하는 나의 아들아!
2 "네, 아버님! 말씀하옵소서."
3 너희들이 인간사 살아가면서 작은 죄
악이라 하여 쉽게 생각하며 우를 범해
서는 아니 됨이니라.
4 너희들은 그 작은 죄가 어떠한 것인가
를 평가할 수 없으며, 그로 인하여 일
어날 모든 미래에 대한 일들을 알 수
없음이니라.
5 너희들이 작은 잘못이라 하여 그저 아
무런 관심 없이 한번 행하는 그것이
영원히 너희들을 그 고통에서 벗어나
지 못하게 하는 굴레가 될 수 있으며,
그로 인하여 너희들의 모두를 다 잃는
그와 같은 결과를 초래할 수 있는 것
이니,

6 작다 하여 너희들이 잘못된 일을 행하
며, 작다 하여 무심히 우를 범하는 그
와 같은 행위를 해서는 아니 됨이니라.
7 작고 큰 것은 나 여호와만이 알며 너
희들은 알지 못함이라 내가 말하였으
니, 그와 같은 작은 일로 인하여 너희
들이 평생 동안 고통 속에서 벗어나지
못하며 영원히 너희들 마음속에 지울
수 없는 그와 같은 고통의 결과가 될
수도 있음을 잊어서는 아니 됨이니라.
8 그리하여 작고 큰 것을 가지고 너희들
이 논해서는 아니 됨이니, 너희들은
작든 크든 정도가 아닌 것을 행해서는
아니 될 것이니, 이를 알라.
9 너희 마음대로 작다 크다 평하지 말라.
10 너희들이 잘못을 했을 때 그가 작고
큰 것으로써 너희들이 평생의 지울
수 없는 상처를 가지고 살아가는 일이
될 수 있다 하였음이니,
11 너희들은 또한 선함을 행함에 있어서
도 작다 하여 행하지 아니하고 크다
하여 행하며 그와 같이 너희 임의대로
결정하지 말라.
12 그 작은 너희들의 선행에서 큰 깨달음
을 얻을 수 있으며 거기에서의 변화는
무쌍한 것이니, 너희들은 너희 임의로
결정하는 그와 같은 우를 범하지 말고
살라.
13 그리하여 너희는 작은 선한 일이든 큰
선한 일이든, 작은 악한 일이든 큰 악
한 일이든 너희 마음으로 평가하지 말
며 다 똑같은 비중으로써 생각하여야
할 것이니라.
14 작은 하나의 실수나 작은 흘러가는 말
한마디로써 너희들이 평생 그 상처에
서 벗어나지 못하며 그 고통 속에서
가슴에 그 쓰라림을 안고 살아가는 그
와 같은 우가 될 수 있음이니, 이를 명
심하여 행하는 나의 백성으로 살아가
야 함을 잊지 말라.
15 내가 오늘 아침 너희들을 사랑함을 다
시 한 번 말하나니, 나의 성전에서 공
부하는 너의 제자들과 너를 따르는 나
의 피조물 만백성, 그리고 나의 법전
을 읽고 깨우치는 만백성 너희를 나
여호와가 사랑함이니,
16 너희들은 내가 너희들에게 명하는 이
뜻을 항상 너희 생명보다 더 소중히
깨닫고 행할 때 나의 뜻을 알 수 있음
을 잊지 말라, 사랑하는 나의 백성들
아!

3,455 번째 하나님 말씀

2002년 9월 21일 10시 57분

1 사랑하는 나의 아들아!
2 "네, 아버님! 말씀하옵소서."
3 인간의 육적인 삶의 행복을 추구하고
살며, 나 여호와가 존재함을 믿지 아
니하며, 저희들의 능력이나 재정이나
재력이나 권력 그 외에는 아무것도 생
각하지 아니하며, 오로지 재물만을 저
희들의 행복으로 추구하며 재물을 모
으는 것이 인생의 행복이라며 살아가
는 나의 어리석고 불쌍한 백성들에게,
4 너희들은 정녕 이 세상의 그 모두를
누가 창조하였으며 모든 자연의 이치
속에 오묘하게 살아가는 그와 같은 것
을 누가 주관하는지 그들에게 질문해
보라.

5 이 위대한 자연의 살아가는 그 형태를
과연 누가 만들었으며, 창조주 나 여
호와가 아니면 그 누구도 할 수 없는
것을 어찌하여 너희들은 그리도 깨달
을 수 없는가 하여 그들에게 대자연의
위대함이요, 그 속에서 존재하는 그와
같은 형태를 깨우쳐 주어 그들에게 나
여호와가 존재함을 알려 줄 것이며,
6 또한 지금 믿음이라 하여 저희들만이
나의 아들 예수의 이름으로써 구원받
았으며, 천국 문의 열쇠를 받아 천국
에 간다는 그들에게 너희들이 또 깨우
쳐 줘야 될 것이니라.
7 너희들은 나 여호와가 전지전능한 하
나님이라 말함이니, 너희들이 나를 평
가할 때, 우주요, 자연의 모든 생태계
가 살아갈 수 있도록 역사해 놓은 그
것이, 너희들이 매일 배우고 깨달으며
그것만이 나의 뜻이라는 그 성서보다
도 열배 백배 더 위대한 역사가 그 속
에서 이루어지고 있음을,
8 그리하여 자연의 위대함 속에서 나 여
호와가 창조한 자연의 위대함을 너희
들이 느끼며 거기에 성서를 가지고 너
희들이 나를 깨우치며 나를 알고자 할
때, 진정한 전지전능한 나 여호와라
부를 수 있다는 것을 그들에게 깨우쳐
주라.
9 그리하여 그들이 자연의 아름다움이
요, 자연의 위대함과 나 여호와의 전
지전능함을 깨달을 때 그들은 오늘과
같은 삶이 아니요, 마음을 열며 가슴
을 열 수 있는 그와 같은 자들이 될 것
이니라.
10 오로지 성서만이 저희들을 위하는 길
이요, 성서만이 저희들을 구하는 길이
요, 성서가 아닌 것은 아무것도 나 여
호와의 권능이요, 창조주의 위대함이
요, 전지전능한 하나님이라 그리 생각
하지 아니하는 그들을 정녕 말로써는
너희들이 깨우치고 다스릴 수가 없음
이니,
11 오로지 너희들이 깨우칠 수 있는 방법
은 이 자연의 위대하고 섬세함을 누가
만들었는가, 이 모두는 나 여호와가
만들지 아니하였는가 그리 물어보라.
12 그러면 그들이 그렇다 대답하거든, 자
연의 그 위대함을 너희들이 보고 깨우
칠 때 그 속에서 성서의 한 일부분의
위대함을 너희들이 알 것이니,
13 성서의 일부분의 위대함만을 가지고
너희들이 모두를 다 아는 것같이 하는
어리석은 짓을 하지 말라 그리 이르라.
14 그와 같이 어리석은 짓을 하는 것을
내가 뭐라 하였느냐?
15 푸른 바다의 물 한 바가지를 떠서 손
을 적셔 만져 보면서 그 바다를 다 보
았다며 그 바닷속에서 이루어지는 그
모든 신비까지도 다 아는 양 착각하고
사는 것이 너희들 인생이라 그리 말하
였으니,
16 그와 같은 우를 범하는 것이 바로 성
서만을 가지고 깨우치는 것이 하늘에
오르는 길이요, 그 성서만이 위대한
것이며, 성서를 가지지 아니하고 공부
하는 자는 사탄이요, 이단이요, 사악
한 자라 생각하는 그와 같은 너희들의
깨달음임을 알아야 될 것이라 그리 가
르치라.

3,456 번째 하나님 말씀

2002년 9월 21일 11시 12분

1 사랑하는 나의 아들아!
2 '나 외에 다른 신을 네게 있게 하지 말라.' 하였으며, 너희들에게 우상을 섬기지 말라 하였음이니라.
3 우상이 무엇이더냐?
4 너희 마음속에 소중함을 간직하는 것 또한 우상이며, 귀하고 소중한 것을 너희 생명보다 더 소중히 생각할 때 그 또한 우상이 아니더냐?
5 그리고 또한 형체나 어떤 모양을 만들어 놓고 그곳에다 절을 하고 소원을 빌며 기도한다면 그것이 바로 우상이 아니고 무엇이더냐?
6 너희들은 어찌하여 너희들과 다른 사람들을 차별을 두고, 지금의 믿음의 길을 가는 자들이요, 예수의 보혈로써 은혜를 받았고 구원을 받았다 하는 너희들은 무엇을 만들어도 그것이 우상이 아니며, 나 여호와를 찾지 아니하며 너희들이 만든 성전에 가 금화와 은화를 바치며 기도하지 아니하는 자들이 만들어 놓은 것은 우상이라 너희들이 그리 말하는가?
7 이게 어찌된 사실이며, 너희들은 어찌하여 이것 하나도 구분하지 못하는가?
8 너희들이 머리를 깎고 불도에 전념하는 그 불도 제자들이 만들어 놓은 것은 우상이라 말하며, 그리고 무당이나 잡신을 섬기는 자들이나 점술가들이 만들어 놓고 형태를 그려 놓은 것은 다 우상이라 말하면서,
9 여호와 나를 위하여 경배하며 나의 아들 예수의 보혈로써 구원을 받았다 하여 너희 손으로 지은 그 성전에 가서 기도하고 경배하는 너희들이 만든 것은 우상이 아니고 우상을 숭배하는 것이 아니라 그리 착각하니,
10 어찌 그리하고도 너희들이 그 입으로 나 여호와를 공의의 하나님이라 하며 나 여호와의 이름을 감히 찾을 수 있는가?
11 너희들은 나의 아들 예수의 형체를 만들어 놓으며 또 나의 아들 예수가 가장 고통스럽게 죽었던 십자가라는 것을 상징물로 만들어 놓고 그곳에 기도하며 그를 들고 복을 빌며 소원을 비니,
12 너희들 가슴 앞에 그를 그어 놓고 너희들을 찾아오는 신도들에게 거기에 서서 십자가에 감사 인사를 드리며 감사의 마음을 갖게 하는 그와 같은 형태로 가는 것은 무엇이더냐?
13 나 외에 다른 모든 것은 다 우상이라 하였음이니라.
14 그러니 십자가는 무엇이던가?
15 나의 아들이 그리 고통스럽게 죽어 간 것이며, 나의 아들을 그리 못 박아 죽게 한 그 십자가를, 창조주 내가 그를 보기도 싫어하며 그를 쳐다보는 것까지도 몸서리쳐진다고 말하였거늘,
16 너희들은 그와 같은 십자가를 매달고 다니며, 너희들이 성전이라는 곳에 버젓이 그려 놓고 너희들은 마음속에 그를 새기고자 함이니, 그것이 바로 우상의 근본의 상징이 아니고 무엇이던가?
17 그러니 너희들이 그와 같은 십자가를

만들어 놓으며 그 형태를 만들어 놓고 믿음을 깨우쳐 나의 피조물 반백성을 하늘로 인도한다 하는 것은,
18 너희들이 나 여호와가 존재함을 믿지 아니하는 것이며, 나의 뜻에 거역하는 것이며, 나의 뜻을 너희들이 따르지 아니함이니, 너희는 무엇이더냐?
19 너희들은 나의 뜻에 순종하지 아니하며 내가 이끌어 가고자 하는 그 방향과는 정반대의 길로 달려감이니 너희들은 나의 자식이 아니며,
20 내가 원하는 그 믿음으로 가지 아니하며 나를 경배하고 나에게 기도하는 것이 아니라면 너희들은 사탄에게 기도하며 사탄에게 경배를 하는 것이며 사탄과 더불어 합류하여 살아가고자 하는 그와 같은 집단을 형성하고 있음이니,
21 그곳에서 축복을 얻으며 영광을 얻으며 육의 삶의 구원을 얻기 위하여 너희들이 달라 부르짖는 것은 사탄에게 부르짖는 것이나 마찬가지이니,
22 너희들이 사탄의 후예요, 사탄의 아들이요, 딸이요, 사탄의 자식이지, 나와는 아무런 관계가 없는 것이 아니던가?
23 지금 이와 같은 시대를 과연 누가 만들었는가?
24 가장 큰 집단이며 가장 큰 인력과 재력을 가지고 있는 너희 종교 집단들이 이 세상을 지금 가장 사악한 시대로 변화시켰으며, 도둑이 들끓고 사람의 생명을 중요시하지 않는 이와 같은 말세의 사악한 시대를 누가 만들었다 말할 수 있느냐?
25 내가 너희들에게 말하지 아니하였는가?
26 소수의 집단들이 이 세상을 이렇게 사악하게 만들 수 있다 하였는가?
27 가장 큰 집단이요, 가장 큰 재물이요, 가장 큰 능력이요, 모두를 겸비한 너희들이 그와 같이 이 세상을 지금 종말의 시대요, 사악한 말세로 만들어 놓지 아니하였는가?
28 너희들은 어찌하여 그와 같은 이치 하나도 깨닫지 못하고 너희들의 죄를 속죄받을 생각을 하지 아니하며, 계속 너희들은 그저 지금과 같은 형태로써 이끌어 가고자 하는가?
29 나의 피조물 만백성에게 그 굴레를 벗어나는 자는 지옥으로 가며 천벌을 받는다고 겁주고 으름장을 놓고 있음이니,
30 그들이 또한 다른 길을 보면서도 깨우치지 못하니 그들까지 지옥으로 이끌어 가는 그 죄가 얼마나 큰가를 너희들은 알아야 될 것이니라.
31 나의 뜻과는 전혀 상관이 없는 그런 상태에서 너희들이 우상을 만들며 기도한다는 것은 바로 무엇이냐?
32 나와는 관계가 없는 것이니라.
33 내가 너희들에게 무어라 하였느냐?
34 너희는 십계명대로 살아야 한다 하였으며, 십계명대로 사는 그것만이 하늘에 오르는 길이라 하였음이니라.
35 그러나 너희들은 그리 살지 아니하며, 나의 뜻에 따라 행하지 아니하고 순종하지 아니함이니, 너희들이 과연 누구의 자식인가 여기서 한번 생각해 봐야 될 것이니라.
36 나의 뜻에 따라, 십계명에 따라 살아

가지 아니하고, 어떠한 형태든지 너희
들이 다른 모형을 깎아 놓고 그곳에
절하며 그것에 경배하며 그를 숭배한
다는 것은 너희들이 바로 우상을 섬기
는 것이 아니던가?
37 비록 나의 아들이 고통스럽게 죽어 간
그 십자가라 할지라도 그와 같은 형틀
을 깎아 놓고 만들어 그 앞에서 경배
하고 축복을 빈다면 너희들은 우상을
섬기는 것이니 그리 알라.
38 나를 따르며 나를 경배하는 것이 아니
요, 나의 뜻대로 살아가지 아니하며,
내가 너희들에게 지키고 살라 한 그
십계명을 팽개치고 너희 뜻대로 살아
가는 것은 나의 아들딸이 아니요, 나
의 자식이 아님이니, 너희들은 과연
누구의 자식이냐?
39 사탄의 후예들이라는 것을 알아야 될
것이니, 이 무서운 사실 앞에 너희들
이 나의 법전을 읽고도 깨우치지 못한
다면, 너희들은 영원히 한 번의 그 기
회인 영혼의 생명을 구하는 그 줄을
놓게 됨이니, 그 줄을 놓는 자 어디로
가겠는가?
40 산산조각으로 부서지는 지옥행으로
달려가는 그와 같은 것이니 그리 알라.

3,457 번째 하나님 말씀

2002년 9월 21일 11시 41분

1 사랑하는 나의 아들아!
2 "네, 아버님! 말씀하옵소서."
3 나의 피조물 만백성 너희들이 나로부
터 영혼을 받아 세상에 나감이니, 그
보다 더 소중한 것이 없다 하였음이니
라.
4 그러니 너희들은 어떠한 상황이든 어
떠한 관계이든 나로부터 세상에 나간
나의 아들이요, 딸이요, 같은 형제이
니,
5 너희들이 나로부터 형제의 영혼을 받
아 가지고 세상에 나간 것보다도 더
소중한 것이 없다고 내가 너희들에게
수차 가르쳐 주고 깨우쳐 주었음이니
라.
6 그러나 너희들은 어찌 생각하는가?
7 '우리는 하나이고 한 형제'라는 그와
같은 마음 하나를 가지고 너희들의 마
음 한 자리만 생각을 고쳐 갖는다면,
그리고 그와 같은 마음으로 너희들이
이 세상의 육의 삶을 살아간다면 지금
의 험악한 이 시대는 정녕 이루어지지
아니하였을 것이니라.
8 그러나 너희들은 어찌 살아가는가?
9 너희들은 나로부터 생명을 받아 나간
한 형제라는 그와 같은 개념은 생각할
여유도 없으며, '너는 너대로 나는 나
대로, 너 따로 나 따로' 이와 같은 생
각으로써 살아가는 데 급급해 있으며,
이것을 돌아다보는 마음조차도 이제
는 너희들에게서 찾아볼 수 없음이니,
10 서로 의지하고 사랑하며 살라고 내가
명한 그 삶의 뜻을 너희들이 거역하
여, 서로 아웅다웅 티격태격 다투면서
살아가지 아니하면, 너희들에게는 아
무것도 이루어지는 것이 없으며 얻어
지는 것이 없으며 세상사 인간 세속에
서 손해 보고 사는 삶이라는 그와 같
은 생각 속에 젖어 있음이니,
11 아웅다웅 티격태격 다투어 싸우며 경

쟁 속에서 너희들이 무엇인가 이기겠
다는 그 일념 이외에는 앞뒤를 돌아볼
수 없는 그 생각의 형태로 지금 너희
들이 살아가고 있음이니, 너희들이 얼
마나 불쌍하고 가련한 나의 백성들이
던가?
12 너희들이 한 형제라는 마음을 가지지
않고, 서로 잘못하고 오해하며 용서할
수 없는 그와 같은 모든 일들이 이루
어지는 것이 인간 세상의 살아감이니
라.
13 그러나 너희들이 그 속에서 '우리는
여호와 하나님으로부터 생명을 받은
한 형제'라 생각한다면, 아무리 섭섭
한 일이 있다 해도 씩 한번 웃어 주는
그 마음에서 너희는 모두를 다 이해
하고 용서할 수 있건만,
14 너희들은 씩 한번 웃어 주는 그 마음
조차도 이제 없음이니, 어찌하여 너희
들이 하나가 될 수 있는가?
15 이와 같이 너희들이 지금의 마지막 종
말의 시대요, 서로 경쟁하고 시기하며
남을 짓밟으며 남을 압박하지 않으면
존재할 수 없도록 너희 마음을 이리
사악하게 만든 그 원인이 어디에 있는
가?
16 그저 너희들은 '나만 구원받으면 된
다.' 하며, '나만이 구원받아 하늘에 오
르면 된다.' 생각하며, '나와 더불어 같
이 가지 않은 자는 나의 형제도 아니
요, 나와는 별개의 인간들이요, 이방
인이요, 사탄이요, 사악한 자라' 그리
말하며,
17 너희들만이라도 믿고 참신하게 살아
가 구원을 받아야 된다, 그리고 구원
을 받는 것만이 너희들이 살길이라 그
와 같이 너희들을 가르쳤음이니,
18 이와 같이 가르친 자들이 그 모든 책
임을 지고 가야만 할 때가 되었음을
알라.
19 너희들의 그와 같은 잘못된 마음, 서
로 잘잘못을 따질 때 한 형제라 하여
한번 씩 웃어 주는 그 웃음으로써 모
두가 봄눈이 녹듯이 녹으며 너희들이
하나의 따뜻한 온정의 마음으로 돌아
갈 수 있는 그와 같은 너희들의 마음
을 이와 같이 사악한 쪽으로, 저 자신
만을 생각하며 저만을 위하여 살아가
는 세상으로 만든 것은,
20 저만이 구원을 받는 길에 가는 것이
가장 큰 축복이요, 영광이라 그리 가
르치고 깨우친 종교 지도자, 지금의
가장 큰 집단의 너희들에게 그 모두의
책임이 있음을 너희들은 부끄러운 줄
알아야 할 것이니라.
21 너희들이 그와 같이 만든 세상을 너희
스스로 돌려놓아야 됨이니, 너희들이
이를 돌리고 바로잡기 위해서는 내가
지금 제3의 시대에 나의 아들을 통하
여 내리는 나의 법전만이 너희들의 그
와 같은 마음의 창문을 열 수 있으며,
너희들이 정녕 구원의 길이 어떤 것인
가, 종교 지도자가 바로 설 수 있는 그
가르침이 그 속에 다 있으니,
22 이를 접하고 정독하지 아니하는 자는
정녕 그 길을 볼 수 없음을 너희들은
이제 깨달아야 할 것이니라.

3,458 번째 하나님 말씀

2002년 9월 21일 11시 49분

1 사랑하는 나의 아들아!
2 지금 나의 피조물 만백성을 구원하며
정녕 저희들만이 구원을 받을 수 있다
하며, 저희들의 성전에 와 재물과 금
화를 바치며 그곳에 와 맹종하고 맹신
하는 자만이 구원을 받을 수 있다고
가르치는 종교 집단 그들의 형태가 무
엇이던가?
3 그들은 나의 피조물 만백성의 고혈을
빨고 빨아 몇십 년 대대로 그를 거두
어들여 그와 같은 성전을 지었음이니,
4 그 호화롭고 찬란한 성전 하나만으로
만족하지 못하여 저희들이 성전이라
지은 곳에 백이면 백, 천이면 천, 하나
도 빠짐없이 뾰족하고 뾰족한, 높고도
높은 그 탑을 만들었음이니라.
5 그리고 저희들은 그 높은 곳을 더 높
이 보이고자 하며, 그리하여 나의 피
조물 만백성이 금화와 은화를 가지고
너희들에게 찾아오라는 상징으로써
그 뾰족한 높은 탑을 더 높게 하고자
십자가를 만들어 그곳에 그리 높이 세
워 놓았음이니,
6 그 높고 뾰족한 탑에 너희들이 만들어
놓은 그 십자가가 우상이라는 것도 모
르는 것이 바로 너희들이 지금의 가고
있는 믿음이니라.
7 다만, 너희들이 금화와 은화를 거두어
들이는 데에만 혈안이 되어 뾰족한 탑
위에 더 높이 만든 그 십자가가 우상
이라는 것을 모름이니라.
8 너희들이 우상의 상징인 십자가를 만
들어 놓고 그곳에 가서 경배하고 나에
게 기도하며 소원을 빌며, 너희들이
무엇인가를 이루고자 매달리며, 울고
불고 광란의 짓으로써 무엇인가를 이
루고자 하는 그 백성들 속에서 너희들
이 믿음을 가는 그 형국이 무엇이더냐?
9 나의 사랑하는 백성들이 우상의 상징
물 속에 들어가 그 속에서 너희 소원
을 빌며 너희 뜻을 이루고자 나에게
울고 불며 찬송 부르며 '아멘! 할렐루
야!' 하고 소리 지르면서 그리 믿음을
가고 있으니,
10 그것이 바로 기복 신앙의 원조요, 우
상을 섬기는 교육장으로 되어 버렸다
는 것을 너희들은 알아야 될 것이니라.
11 너희들에게 '나 외에 다른 신을 만들
지 말라.' 하였음이니라.
12 너희들이 형체를 깎아 놓은 것은 우상
이 아니던가?
13 십자가가 무엇이냐?
14 나의 아들 예수가 그리도 고통스럽게
죽어 간 그 형체니, 그 형틀을 만들어
놓고 너희들이 거기 와서 기도하고 경
배하며 너희들의 소원을 빌면 이루어
진다 하니,
15 정녕 그것이 우상을 섬기는 교육장이
되어 있음을 너희 스스로 알아야 될
것이며,
16 여기에 나 여호와에게 거부할 자 있으
면 너희들이 죽어 내 앞에 와서 말하
라.
17 너희들이 정녕 그렇지 아니하다면 내
가 너희들의 그 죄를 사하여 줄 것이
니라.
18 그러나 너희들은 엄연한 사실임을 잊

지 말라.
19 머리를 삭발하고 저희들이 도를 닦으
며 깨우침의 길을 가며 중생을 구한다
는 스님이라는 그들은 어찌 가느냐?
20 차라리 그들은 부처라는 그 형틀을 깊
은 산 속에, 또는 저희들이 만든 저희
들의 성전이라는 곳에 만들어 놓아 불
공을 드리도록 하며, 극락세계에 가고
자 많은 중생을 구원하기 위하여 기도
를 함이니,
21 그들은 차라리 밖에다 내놓지 아니하
며 저희들이 지은 그 성전의 한곳에
앉혀 놓고 그와 같이 빌고 소원하며
불공을 드리니, 그것은 겸손한 자세라
봐 줄 수 있음이니라.
22 너희들의 형태는 어떠한가 보라.
23 너희들은 열 발짝도 안 되는 거리마다
성전이라는 것을 지어 놓고, 거기에
백이면 백, 천이면 천, 하나도 빠짐없
이 뾰족한 탑을 세웠느니라.
24 그리고 그 뾰족한 높은 탑에 더 높고
자 붉은 불빛으로 찬란하게 비추는
십자가라는 것을 세워 놓았음이니라.
25 십자가가 무엇이냐?
26 바로 우상의 상징이니라.
27 지금 너희들이 만든 그 십자가 우상이
어찌 너희들에게 소리 지르고 있는지
아는가?
28 그 십자가는 밤마다 너희들이 불을 켤
때마다 부끄러워 너희들을 향하여 소
리를 지르고 있느니라.
29 '너희들이 만든 흉물스런 이 십자가는
예수님의 돌아가신 형틀이요, 고통의
상징이니, 그 고통의 상징으로서 너희
들이 만든 성전이란 뾰족한 탑 위에서
하늘을 향하여 불빛을 비추고 있는
이 십자가 나 자신은 창조주인 아버지
께 부끄러워 제자리에 서 있을 수가
없음이라.
30 부끄럽고 창피하여 나는 십자가의 형
태로써 더 이상 서 있을 수 없음이니,
너희들은 이 불쌍하고 흉물스러운 십
자가 나를 철거해 줄 수 없는가?' 하
고 그는 울고 있으며 눈물을 흘리고
있는 것을 아는가?
31 너희들이 만들어 놓은 그 십자가라는
것이 밤마다 불을 켤 때마다 마음속으
로 이리 외치고 있음이니라.
32 '창조주 아버지께 부끄럽고 불쌍한 이
십자가의 형태요, 이 흉물스런 나를
정녕 빨리 치워 주길 바라노라.' 그는
그리 간곡하게 애원하며 눈물로써 너
희들에게 소리 지르고 있으니,
33 그 십자가의 소리도 듣지 못하는 것이
지금의 종교 지도자들이 가고 있는 형
국이니,
34 이 외에 너희들이 더 어떠한 추한 행
위를 하며 더 부끄러운 행위를 할 수
있다 생각하는가?
35 밤마다 너희들이 불을 켤 때, 그 십자
가가 창조주인 나 여호와를 보기가 부
끄러워 그 십자가 저를 철거해 주기를
눈물로써 호소하며 소리 지르는 그 음
성을 들어라, 만백성들아!
36 그 밑 못하는 십자가의 형체만도 못한
것이 지금 믿음의 지도자요, 종교 집
단들이 가고 있는 형국이니라.
37 너희들이 분석하여 나의 이 가르침을
깨우치라.

3,459 번째 하나님 말씀

2002년 9월 21일 12시 31분

1 사랑하는 나의 아들아!
2 "네, 아버님! 말씀하옵소서."
3 사랑하는 나의 피조물 만백성 너희들
도 인간사에 살아가면서 어찌 생각하
는가?
4 너희들의 생애에 가장 아름다웠던 그
나이의, 그 시절의 형태를 영원히 지
속하고 싶어 하는 것이 너희들의 마음
이 아니더냐?
5 너희들은 세월이 흘러가면서 얼굴이
요, 몸과 마음이 다 퇴색되며, 그리고
죽음이라는 그 문턱을 넘지 않는 자
없으며 넘지 않을 수 없는 엄연한 그
사실 앞에 너희들은 그래도 그 속에서
도 가장 젊은 나이에 가장 아름다웠던
그 모습을 그대로 아름답게 보존하고
싶으며, 영원히 그와 같은 삶을 지속
하며 그와 같이 아름다운 모습을 잘
관리하고 소중히 갖고 싶으며, 영원히
변하지 않는 그와 같은 삶을 살고자
하는 것이 너희들의 생각이며 다 각자
가 가지고 있는 마음이 아니던가?
6 하물며 인간인 너희들은 죽음의 그 고
비를 넘지 않을 수 없으며, 세월이 지
나면 지날수록 너희들의 몸이 퇴색하
여 변화되는 것은 막을 수 없는 철칙
인 것을 알면서, 그 속에서도 아름다
운 그 시절의 모습을 그대로 지속하고
싶은 것이 너희들의 애절한 소망이거
늘,
7 나 여호와요, 세상의 창조주요, 그리
고 이 모두를 만든 전지전능한 너희들
이 말하는 나 여호와가 이 세상을 만
들었음이니, 너희들은 어찌 생각하는
가?
8 창조주인 나 여호와의 마음도 너희들
과 같으니라.
9 내가 이 세상의 모두를 창조하여 만들
었을 때, 그때 내 생각과 내 뜻에 의하
여 너희들을 그 모습으로 만들었으며,
너희들이 살아가는 그 형태를 내가 다
너희들에게 명하여 살아갈 수 있도록
해 주었음이니라.
10 그러니 내가 너희들을 만들어 세상에
내보냈던 이 모든 만물이요, 지구에
있는 모든 것들이 다 그대로 그 형태
와 그 모습을 유지하며 내가 만들어
준 그 생김새로 살아가기를 바라는 것
이 나 여호와의 뜻임을 너희들은 어찌
모르는가?
11 젊은 시절의 그 아름다운 모습을 그대
로 지탱하고 싶어 하는 너희들의 마음
보다 열배 백배 천배 더한 것이 내가
처음에 너희들을 세상을 가장 아름답
게 만들었던 그 모습과 그 형태대로
너희들이 지속하고 살아가며, 변하지
아니하며 그대로 지탱하고자 하는 것
이니, 너희들은 어찌하여 나의 뜻을
그리도 모르는가?
12 나도 너희들과 마찬가지니라.
13 내가 너희들을 생각하고 생각하여 가
장 아름답게 세상의 모두를 다 만들
었음이니,
14 그 만들었을 때의 너희 형태 그대로
보존하고 싶어 하는 것이 나의 본연의
마음이니라.
15 그리하여 너희들이 그 생활 속에서 그

대로 아름답게 살아가기를 바라는 것
이 나의 뜻이며,
16 또한 이와 같은 형태를 관리하고 보존
하게 하기 위하여 너희 인간을 가장
아름답게, 살아가는 데 가장 편리하
게, 그리고 높은 지혜를 주어 만물을
그대로 통제하도록 너희들에게 내가
명을 내렸건만, 너희들은 어찌 살아가
는가?
17 나의 뜻을 너희들은 잘못 받아들였으
며 잘못 가르쳤으며, 그와 같은 지도
자들의 형태로 인하여 하늘에서 내가
바라는 그 뜻대로 살아가지 아니하였
으니,
18 하늘에서 너희들을 내려다보는 나의
가슴이 얼마나 아픈지 너희들은 생각
해 보았는가?
19 내가 너희들에게 만들어 준 그 형태
그대로 보존하고 관리하며 살아가도
록 하였으나,
20 하늘에서 내려다보는 나의 눈에는 너
희들이 그대로 보존된 것이 하나도 없
으며, 원래 형태 그대로 지속됨이 하
나도 없음이니, 내 마음이 얼마나 아
프고 저려 오겠는가?
21 그리하여 내가 하늘의 낙원처럼 지상
에서 만들고자 하는 것이 무엇이던가?
22 내가 세상에 너희들을 만들었을 때의
그 모습 그대로 존재하며 그 생각 속
에서 살아가는 그와 같은 삶이 하늘에
서 이루어진 것 같은 지상의 낙원인
것이니라.
23 하늘과 같은 지상의 낙원이 너희들이
원심이요, 원 마음대로, 내가 만든 그
상태대로, 그 생각대로 너희들이 보존
되어 살아가는 것을 원하는 것이니라.
24 그러나 이제는 너희들의 그 형태가 다
시 돌이킬 수 없을 만큼 무섭게 변하
고 바뀌어져 있음이니, 이를 바로잡을
수 있는 것은 아무것도 없느니라.
25 오로지 너희들의 그와 같은 마음을 바
로잡고 바로 세울 수 있는 것은 나의
법전의 가르침 그것뿐이니, 그리하여
내가 나의 아들을 통하여 160권의 대
장정의 법전을 세상에 내려보냄이니,
26 나의 뜻을 너희들이 깨달아 행함이 있
도록 그리하기를 바라는 것이 나 여호
와의 마음이니라.

3,460 번째 하나님 말씀

2002년 9월 21일 12시 50분

1 사랑하는 나의 아들아!
2 "네, 아버님! 말씀하옵소서."
3 내가 너희들에게 일러 명하기를, 내가
만든 이 지상의 자연의 모든 동식물을
잘 보호하고 관리하며 나의 뜻에 살아
갈 수 있도록 그리 다스리라 하는 그
대명을 받은 너희들이 지금 살아가는
그 모습은 과연 어떠하던가?
4 너희들은 내가 먹고 관리하고 취하라
고 준 것도 부족하여 그저 몸에 좋다
하면 내가 취하지 말라 한 그 자연의
동식물까지도 마구 잡아먹으며 생태
계를 파괴하고 있음이니, 너희들의 그
형태가 얼마나 추한 모습인지 바라보
았는가?
5 살아가는 동식물들이 썩은 것, 성한
것 그저 가리지 않고 마구 먹고 사는
짐승들과 너희들이 무엇이 다른 점이

있던가?
6 내가 먹어서는 안 된다는 그 모든 동
식물까지도 너희 몸에 좋다면 그저 마
구 잡아 생태계를 파괴하며 자연을 파
손시키니,
7 너희들이 자연을 파괴하는 주범으로
서 지금 살아가는 모습을 바라보는 것
은 그저 썩은 것, 상한 것 닥치는 대로
먹어대는 짐승의 형태와 너희들이 조
금도 다른 모습이 없음을 알아야 할
것이니라.
8 너희들로 하여금 수없이 죽어 가는 그
생명체들이 너희들에게 살려 달라고
애원하는 그 소리를 너희들은 정녕 듣
지 못하는가?
9 너희들의 건강과 안락과 너희들의 편
안한 육의 삶을 위하여 그저 마구 잡
아 없애는 그 동식물들이 그 죽음 앞
에서 너희들에게 살려 달라는 그 애처
로운 눈빛도 너희들은 정녕 보지 못하
며 그를 깨닫지도 못하는가?
10 살려 달라는 그 가련한 동물들의 눈빛
과 흘리는 눈물을 너희들은 볼 수 없
는가?
11 내가 너희들에게 무엇을 명했던가?
12 그들을 잘 통제하고 잘 관리하며, 너
희들에게 그들을 보호하며 살아가는
그와 같은 지능과 권능을 주었으며 대
명을 주었음이니라.
13 그러나 너희들은 먹을 것, 먹지 말아
야 할 것을 가리지 않고 그저 너희 몸
에 좋고 너희들의 삶에 즐거움이요,
향락을 얻을 수 있는 것이라면 닥치는
대로 그들을 잡아먹어 버리니,
14 그들로 하여금 너희들이 다시 잡혀먹
히는 그 세월이 얼마 안 남았음을 너
희들은 알아야 될 것이니라.
15 내가 가장 사랑하는 모습이요, 그 모
두를 관리하라고 명하여 내린 나의 백
성들이 그들에게 다시 잡아먹히는 그
와 같은 참혹한 환경을 내가 더 이상
볼 수 없으며, 그 시대가 열리는 것을
방지하고자 하여,
16 내가 마지막으로 너희들에게 지금 제
3의 시대의 문을 열어 너희들이 바로
살고 바로 보는 그 길을 위하여 내가
밤낮을 가리지 아니하고 나의 아들을
독려하여 160권의 법전을 세상에 내
려보내니,
17 너희들이 여기서 깊은 깨달음을 얻어
그 구원의 참뜻을 보는 것을 잊지 말
아야 할 것이니,
18 나의 이 애절한 뜻을 너희들이 깨우쳐
바르게 살기를 바라는 것이 나 여호와
의 심정임을 너희들은 알라.

3,461 번째 하나님 말씀

2002년 9월 21일 13시 02분

1 사랑하는 나의 아들아!
2 "네, 아버님! 말씀하옵소서."
3 너희들이 세상에 너희 부모로부터 육
을 받아 나가며, 또한 나로부터 영혼
을 받아 태어남이니, 너희들의 육의
세상의 삶이 과연 어떠하던가?
4 너희들이 어린 시절을 살아오고 어른
이 되어 가며 또한 너희들은 노인으로
서 그리 늙어 가 죽음의 길을 향하여
가게 되어 있음이니,
5 너희들이 살아가는 그 형태가 어른으

로서의 그 자세를 바르게 살고자 하며
또한 노인으로서 아름다운 삶을 살고
자 하는 것이 너희들의 마음이니라.
6 그리하여 너희들은 죽음 직전에 와 있
을 때 자기 자신의 살아온 그 인생에
대하여 너희들이 참 잘 살았다는 말을
할 수 있는 삶을 살고자 하는 것이며,
그리고 너희들은 후회 없는 삶을 살아
가기 위하여 열심히 살아가는 나의 백
성들이니라.
7 그리고 너희들은 죽어 갈 때도 불안과
공포 이전에 너희들이 아름다운 삶을
살았기에 그 희망이라도 가지며 그와
같은 축복을 가지고 살며, 그를 또 얻
고자 하는 것이 너희들이며, 그와 같
은 삶을 살아 너희들의 인생을 마치고
자 하는 것이 너희들의 작은 소망이니
라.
8 그리고 그와 같이 살았다고 말할 수
있는 자들이 또한 수없이 있을 것이니
라.
9 그러나 지금 나의 피조물 만백성, 그
들에 대하여 그 작은 소망이나 그 아
름다운 꿈마저도 이루지 못하도록 그
들을 다 파괴시키는 자들이 있으니,
그게 바로 무엇이더냐?
10 지금의 많은 종교 집단이요, 종교 지
도자들이 가르치는 그 형태이니라.
11 나의 백성들이 어른이 되고 노인이 되
어 살아가면서 자기 인생을 참 아름답
게 살았으며 후회 없는 그와 같은 삶
으로 죽음 앞에서도 그들이 희망을 가
질 수 있는 그 작은 소망마저도 묵살
시키며 그를 다 파괴시킨 것이 너희
종교 지도자이니라.
12 육의 삶은 아무렇게나 살아도 되는 것
이며, 영혼의 삶만이 중요한 것이며,
영혼의 삶의 구원을 받는 것이 중요한
것이지 육의 행함이나 육이 사는 것은
아무것도 아니라 가르치는 그 해괴망
측한 종교 지도자로 하여금 나의 백성
들은 그 작은 소망마저도 파괴당하며
그것을 잊어버리는 그와 같은 삶을 사
는 것이니라.
13 그들은 정녕 육의 삶이 아니요, 영혼
만을 구원받는다 말하며, 저희들이 지
은 성전에 가서 그저 재물을 바치며
저희들이 소리를 지를 때 '아멘!'이라
같이 소리 지르는 자, 그러한 자는 예
수의 보혈로써 구원을 받는다고 말하
니,
14 그와 같은 자들로 하여금 나의 백성들
의 아름답고 소중한 삶까지도 파괴시
킴이니,
15 나 여호와는 공의의 하나님으로서 내
가 누구를 더 사랑하며 누구를 더 생
각하겠는가?
16 너희들은 어찌 생각하는가?
17 너희들이 육의 삶을 아름답고 곱게 살
아 어른이 되고 노인이 되어 죽어갈
때, '정말 나의 인생을 후회 없이 아름
답게 잘 살았다.' 그리 말할 수 있는
그들을 내가 기억하겠는가,
18 아니면 너희 육의 삶은 되는 대로 살
며 영혼만 구하는 길이요, 믿음만이
구원하는 길이라 말하며 나의 뜻을 거
역하고 살아가는 너희들을 생각하겠
는가?
19 나는 너희들을 기억하지 아니함이니
라.

20 육의 삶을, 육과 영혼이 하나라는 것
을 모르며, 둘이 합쳐 자신이라는 것
을 모르며, 분리되어 삶을 살아야 된
다 그리 가르치는 자, 너희들은 육으
로써 그 모든 욕망과 너희들이 갖고자
하는 그 사악한 마음을 스스로 다스리
지 못하고 통제할 수 없기에,
21 너희들은 스스로 죄를 짓지 아니하고
살 수 없는 인간들이기 때문에 너희들
의 그 마음을 위로하고자 너희들이 만
들어 낸 궁색한 변명이 '육은 되는 대
로 살아도 되는 것이며 그저 믿음만
가지고 구원을 받는다.' 그리 가르치
는 것이며,
22 그런 너희들 때문에 아름답게 살아가
고자 하는 나의 백성들까지도, 그들의
그 아름다운 소망마저 저버려 내가 기
억할 수 있는 그 작은 기회마저도 묵
살시키고 파괴시키는 것이 지금 종교
지도자 너희들이 가는 길이니라.
23 너희들은 정녕 나와 아무런 관계도 없
는 삶을 사느니라.
24 보통 인간들이 어른이 되고 노인이 되
어 죽어 갈 때 아름다운 삶을 살았다
며 후회 없이 살 수 있는 그들을 내가
더 사랑하고 기억한다는 것을 너희들
은 잊어서는 아니 됨을 알라.

3,462 번째 하나님 말씀

2002년 9월 21일 13시 19분

1 사랑하는 나의 아들아!
2 "네, 아버님! 말씀하옵소서."
3 내가 십계명 그다음에 너에게 한 줄을
깨우치라 하였음이니, '나 여호와가
존재함을 믿는 그 자체가 구원의 길에
들어서는 기본이요, 근본'이라 내가
너에게 말하였음이니라.
4 나의 피조물 만백성 너희들이 살아가
면서 하늘에 오르는 그 영광보다 더
큰 것이 없음이니,
5 너희들이 하늘에 오르고 못 오르는 것
은 나 여호와가 주관하며 내가 너희들
을 통제하며, 다만 너희들이 나 여호
와가 존재함을 믿고 안 믿는 것은 너
희 스스로 자신의 마음에 달렸음이니,
6 인간 세속에서 살아가는 나의 백성 중
에서 나 여호와가 존재함을 믿는 그
자체 하나로써 너희들에게 더 큰 영광
과 은혜가 없음이니라.
7 너희들이 나 여호와가 존재함을 믿고
안 믿는 것은 너희들의 생각이요, 너
희 마음에 달렸으며,
8 그다음에 너희들이 구원을 받고 못 받
는 것은 너희들의 삶에 따라 좌우되나,
9 또한 그 천국의 문을 열고 너희들을
구원하고 구원하지 아니하는 것은 나
의 소관이며 너희들과는 관계가 없음
이니,
10 너희들이 나 여호와가 존재함을 아는
것보다 더 소중함이 없음이니라.
11 나의 피조물 만백성 너희들이 세상에
살아간다 하나 너희들은 과연 육의 삶
을 얼마나 살 수 있다고 생각하는가?
12 너희들이 그와 같은 삶을 마치고 나에
게 와 반드시 심판을 받으며, 그 심판
에 따라 너희들이 그 죄의 대가를 치
르며 나로부터 보상을 받게 되어 있는
것이 엄연한 사실이니라.
13 내가 너희 영혼을 세상에 내려보내 육

을 하나로 통제하며 그 육 속에서 살다, 그가 어찌 살아왔느냐에 따라서 그에 대한 상과 벌을 받는 것은 당연한 것이며 변할 수 없는 엄연한 사실임을 너희들은 알아야 될 것이니라.
14 그리하여 나 여호와가 존재함을 믿는 그 자체로써 세상의 부귀영화나 그 무엇과도 바꿀 수 없는 그와 같은 은혜와 은총과 영광 속에 젖어 있는 것이 너희들이거늘,
15 너희들이 그 속에서 한 발짝 더 나아가 하늘에 오르는 길이 무엇이며 나에게 오르는 길이 무엇이며 깨우침이 무엇이며 정녕 너희들이 갈망하고 소원하는 구원을 받는 것이 무엇인가를 안다 하면, 그보다 더 축복과 은혜와 영광을 받은 자가 과연 어디 있는 것인가?
16 그리고 너희들이 내가 내려 준 나의 계명에 따라 살아 그를 깨우치고 정녕 영혼의 구원을 받는 그 축복과 영광을 얻는다 하면,
17 그보다 너희들이 더 바랄 것이 무엇이 있으며 그보다 더 큰 은혜와 영광이 어디에 있는가?
18 내가 너희들에게 말하여 깨우치지 아니하였던가?
19 나의 법전을 접하지 아니하고 나의 법전을 깨우치지 아니하는 자는 정녕 구원의 길을 볼 수 없으며 구원받을 수 없다 하였음이니,
20 나의 법전을 접하여 깨우치는 너희들이야말로 이 세상 어떠한 백성보다도 얻을 것을 다 얻었음이니라.
21 너희들은 나 여호와가 존재함을 믿는 그 자체로써 구원의 길에 들어서기 시작하였으며, 너희들이 구원의 길에 들어서서 너희들의 길잡이요, 너희들을 구원의 길로 인도할 수 있는 나의 법전을 너희들이 접하여 손에 들었으니 그보다 더 큰 영광과 은혜가 없으며,
22 그리하여 너희들이 그와 같이 행하고 살았을 때 구원을 받는 것이며 그를 행하지 아니하는 자는 구원을 받을 수 없음이니,
23 너희들은 구원의 지표를 손에 들고 그대로 행함만이 남았으니, 너의 제자들과 나의 법전을 읽고 깨우치는 만백성보다 더 큰 영광과 은혜를 받은 사람이 어디 있겠는가?
24 그와 같은 은혜와 영광과 축복을 다 받고 얻은 너희들이 다시 너희 자신의 마음이 흔들리며 어렵고 힘들다 하여 그 마음 자체가 흔들리는 그와 같은 믿음을 간다면 너희들은 과연 어찌하는가?
25 어떠한 시련과 고통의 그 역사도 너희들은 웃음으로써 넘겨야 될 것이니라.
26 나의 아들 예수가 그와 같이 고통과 시련 속에서 그 삶을 살아왔듯이 너희들 자신에게 그보다 더한 고통과 역경이 있다 해도 마음자리 하나가 움직여서는 아니 되는 것이 너희들의 자세임을 알라.
27 너희들은 말로써 욥의 시련이나 욥의 고통을 잘 알고 그리 깨우쳐 알고 있으며 그 길을 가는 것만이 구원을 받는 길이라 말하면서, 과연 너희들은 그와 같은 삶을 얼마나 살며 어찌 노력하는가?

28 너희들이 몸소 실천하며 체험으로써
그 모두를 극복하고 이기는 것만이 너
희들이 그와 같은 영광과 은혜를 받을
수 있다는 것을 알라.
29 욥은 그와 같은 시련을 겪고 난 다음
에 축복과 영광을 얻었으나, 너희들은
말로써만 행하고 육으로써는 행함이
없으며, 어렵고 힘든 그 고비를 넘기
지 못하는 너희들이 어찌하여 시련과
시험의 관문을 통과하지 아니하고 축
복만을 받으려 하는가?
30 이는 꿈에도 생각해서는 아니 됨을 알
아야 될 것이니라.
31 이제 너희들은 나 여호와가 존재함을
믿고 그를 아니, 그것으로써 가장 행
복한 자들이요, 그 길로써 너희들이
나의 법전을 읽고 깨우쳐 하늘에 오르
면 너희들은 더 이상 바랄 것이 없는
축복된 나의 백성들이니,
32 그것으로써 세상사 무엇과도 바꿀 수
없는 그와 같은 너희들은 나에게 감사
하는 마음으로 살아야 할 것이니 이를
명심하여 그리 살아가도록 하라.
33 거기에서 너희들의 마음에 동요가 있
으며 재물에 의하여 너희 마음이 움
직이며 마음이 동요되는 그와 같은 믿
음을 간다 하면 너희들은 정녕 나로부
터 받은 그 은혜조차도 버리는 그와
같은 자들이니, 그리하고 어찌하여 너
희들이 나의 자식이라 말할 수 있겠는
가?
34 이를 명심하여 행하도록 그리하라.

3,463 번째 하나님 말씀

2002년 9월 21일 18시 25분

1 사랑하는 나의 아들아!
2 "네, 아버님! 말씀하옵소서."
3 네가 살아가면서 나의 160권의 장정
의 대역사를 이루기 위하여 네가 기도
할 때마다 십계명을 암송하며 나의 성
령을 받아 기록함이니, 너의 지치고
힘든 그 길을 내가 아노라.
4 네가 때로는 십계명을 암송하기 힘들
어하며, 그를 암송하지 아니하고 기도
를 받고자 하는 마음을 가지나, 너는
여기서 깨우쳐야 될 것이니라.
5 네가 지금까지 살아오면서 수없이 많
은 잘못과 작고 큰 죄로써 남들을 속
이고 욕했으며 그리고 남에게 거짓 했
으며 남의 마음을 아프게 하며 살아왔
던 그 모든 죄의 업을 네가 하나하나
열 배로 갚는다면,
6 너의 하나의 잘못된 그 삶을 십계명을
열 번 암송하여 그를 갚는 역사를 이
룬다 해도 네가 과연 십계명을 암송하
기를 주저하고 십계명을 암송하기를
그리 고통스러워하겠는가?
7 너는 그와 같은 마음으로써 십계명을
암송하며 나로부터 성령의 기도를 받
아 나의 법전을 만들어 만백성을 구하
는 길을 가야 될 것이니라.
8 "아버님! 알겠사옵나이다.
9 저로 하여금 그 십계명을 암송하고 암
송하여 아버님께 기도를 드릴 때, 그
말씀을 받아 기록하기 위하여 제가 십
계명을 외우는 것이 제가 지금까지 살
아오면서 지은 그 죄를 하나하나 털어

내는 길이라 하면 이제는 더 이상 이
떠한 고통이요, 시련이요, 힘들다는
생각을 지워 버리겠사옵나이다.
10 그리고 더 열심히, 더 진솔되게, 그리
고 모든 정성을 바쳐 암송하는 그와
같은 믿음의 길로써, 아버님의 말씀을
받아 한 쪽의 책을 기록하기 전에 꼭
십계명을 암송하며, 지금보다 더 깊은
정성과 지금보다 더 사죄하는 마음으
로 암송하고 말씀을 받아 기록하도록
그리하겠사옵나이다."
11 수천수만 번을 외우고 또 외워도 네가
십계명을 암송해야 나로부터 성령을
받을 수 있음이니,
12 그는 네가 수없이 지고 온 그 죄를 내
가 덜어 주는 길이라 생각하고 그 암
송함에 게을리하지 말라.
13 사랑하는 나의 아들아!
14 "네, 아버님! 말씀하옵소서."
15 이제 네가 십계명을 암송하고 또 암송
하여야 하는 그 이유를 알겠는가?
16 "알겠사옵나이다, 아버님!
17 외우고 또 외워서 제 몸이 닳아 없어
질 때까지, 또 제 생명이 다하여 숨을
거둘 때까지 오로지 십계명을 암송하
고 또 암송하며 아버님의 성령의 말씀
을 받아 책으로 기록하여 만백성을 구
하는 그 업적을 이루어, 그로써 저의
죄를 만분의 일이라도 사할 수 있다면
그 길을 어렵고 힘들다 생각하지 아니
하며 바르고 곧게 가겠사옵나이다, 아
버님!"
18 사랑하는 나의 아들아!
19 네가 가야 할 길은 그 길이며 네가 해
야 할 역사는 그것뿐이니, 너는 그리
알아야 될 것이니라.
20 네가 인간 세속에서 살아가면서 네 인
간의 노력으로써 세상 것을 다 얻는다
하여도 네가 하늘에 구원이요, 영혼을
잃는다면 세상 것을 얻은 것은 아무런
의미나 가치가 없음이니라.
21 네가 세상 것을 다 얻어도 네 영혼을
저버렸을 때, 그리고 나의 피조물 만
백성 너희들이 아무리 부귀영화나 세
상 것을 다 얻어 손에 쥐고 있다 하여
도 너희들이 영혼이 구원을 받지 못하
며 영혼을 잃는 것은 아무런 의미가
없음을 알아야 될 것이니라.
22 내가 너에게 일깨워 주었음이니, 세상
것을 다 주어도 그와 바꿀 수 없는 것
이 너의 영혼을 살리는 길이라 하였음
이니,
23 너는 지금 모두를 다 버리고 네 영혼
을 살리기 위하여 오늘의 이 고통의
길을 가고 있음을 알아야 될 것이니라.
24 세상 것을 다 네 손에 쥐어도 영혼을
잃었을 때 네가 쥔 그것은 아무런 가
치가 없다 하였으니,
25 이제 너의 영혼을 구하기 위하여 너는
세상의 모든 인연을 하나하나 놓고 저
버려야 하는 그와 같은 것이 네가 가
야 할 길이며 네가 행해야 할 역사임
을 알아야 될 것이니라.
26 그리하여 네가 살아왔던 지난날의 잘
못된 죄들을 하나하나 버리며, 인간
세속에 살았던 그 인연 하나하나를 접
어두고, 오로지 나 여호와를 경배하며
나로부터 성령을 받아 법전을 만들어
세상에 펴내는 그것으로써 네가 모든
삶을 다 마쳐야 할 것이니, 너는 이를

명심하여 행하도록 하라.
27 내가 너를 인간으로서 지금까지 훈련
을 시켰으며, 네가 정녕 남들처럼 오
늘의 그와 같은 나의 계획된 훈련 속
에 살지 아니하였다면,
28 네가 오늘 이 밤 나에게 기도하고 경
배하며 십계명을 암송하며 나로부터
성령을 받아 만백성을 구하는 그 대업
을 수행할 수 없으며 너 스스로 이루
지 아니할 것이니,
29 그리하여 네 삶이 절름발이 인생이요,
그 모두가 나의 계획에 의해 이루어진
역사이니라.
30 또한, 앞으로 네가 할 일이 나의 계획
에 의하여 이루어짐이니, 너는 여기서
주저하거나 괴로워하거나 스스로 좌
절하지 말라.
31 좌절할 수도 없고 돌이킬 수도 없는
것이 네가 지금까지 살아왔던 모든 생
에 네가 가지고 있는 죄요, 또 네가 그
모두를 다 갚기 위하여 십계명을 수없
이 암송하고 암송하며 나의 성령을 받
아 만백성을 구하는 그 대명의 역사를
이루어야 될 것이니,
32 하루속히 네가 인간관계의 모두를 다
버리고 새로 태어나는 그와 같은 역사
를 지켜 가는 그것밖에는 없음을 너는
알아야 될 것이니라.

부 록

【하나님께서 가르쳐 주신 운동】

천재지변이 일어날 때, 동물이나 미물들은 미리 알고 대피하지만, 인간은 알지 못하고 큰 화를 당합니다. 하나님께서 인간에게 가장 높은 지혜를 주시고 완벽하게 창조해 주셨기에 동물들보다 더 잘 알 수 있지만, 욕심으로 마음이 혼탁해져서 한 치 앞을 보지 못하는 것입니다.

마찬가지로, 인간은 누구나 스스로 필요한 운동을 해서 건강을 지킬 수 있도록 하나님께서 만들어 주셨습니다. 우리의 머리에서 우리 몸에 필요한 동작을 해 달라고 끊임없이 신호를 보내지만, 인간이 혼탁하게 살아서 그 신호를 알아채지 못합니다. 그러니 자연스럽게 자기 몸이 원하는 그 신호를 따라서 운동하는 것이 하나님께서 가르쳐 주신 운동 방법입니다. 바로, 우리의 영이 육을 이끄는 운동입니다.

▶ 하나님 운동법

1. 눈을 감고, 발을 어깨너비로 벌리고 바르게 선다.
2. 몸에 힘을 풀고, 허리를 숙이면서 손과 머리를 아래로 내린다.
3. 허리를 펴고 싶을 때, 천천히 펴면서 하고 싶은 동작을 하면 운동이 시작된다. (사람마다 다르다.)
4. 멈추지 말고, 어떤 동작이든지 자기 몸의 느낌대로 계속 이어서 한다.

▶ 참고 사항

① 눈을 감은 상태로 아무 생각 하지 않고, 자기 몸의 느낌대로 움직입니다.

② 마음을 비우고, 욕심을 버리고, 지난날의 잘못을 반성하면서 몇 차례 시도하다 보면, 자기도 모르게 하고 싶은 동작이 끊임없이 생깁니다.

③ 운동 장소는 방 안이든 운동장이든 관계없으며, 걷거나 달리고 싶을 때는 눈을 떠도 됩니다.

④ 매일 40분 이상, 주 4회 이상, 3개월 이상 하면 음식 조절에 들어갑니다.
- 음식으로 생긴 병은 음식으로 치료하게 되며, 어떤 음식을 먹어야 하는지 스스로 알게 됩니다.
(자기 몸에 필요한 음식만 먹고 싶어집니다.)

⑤ 사랑하는 사람과 함께 운동하면 서로 치료해 주기도 합니다.

⑥ 운동을 하다가 몸의 어느 한 부분을 계속 손으로 자극한다면 그쪽에 이상이 있는 것이니, 의사에게 상담을 받고 적절한 치료를 받으면 됩니다.

⑦ 다이어트 및 기타 건강관리에 효과적입니다.

⑧ 꾸준히 운동하여 영이 맑아지면, 자신의 과거와 미래를 스스로 보게 됩니다.

누구나 스스로 하실 수 있습니다.

간 행 사

《새로운 성경》은:

· 새로운 성경은, 하나님께서 선량하고 선한 자를 선택하여 십계명을 암송하도록 하시고, 십계명을 암송한 다음에 음성으로써 들려주시는 말씀을 듣고 그대로 카세트테이프에 녹음해서 받아쓴 책입니다.

· 90분짜리 녹음테이프 700여 개에 달하는 말씀으로, 1999년 8월부터 2004년 7월까지 총160권(권당 288쪽)을 완성하였으며, 그 이후에도 현재까지 계속 말씀을 내려 주고 계십니다.

· 새로운 성경은 "하늘을 두루마리 삼고 바닷물을 먹물삼아 쓰고 써도 다 못 쓴다"는, 끝없이 방대한 하나님의 말씀이 두루마리로 직접 내려오는 것입니다. 이러한 새로운 성경은 구약과 신약을 폐하려는 것이 아니라 "인봉된 성서의 비유의 뜻"을 상세히 설명하여 완성하고자 하나님께서 직접 내려 주신 말씀입니다.

《새로운 성경》의 구성:

· 제 목: 2013년, 160권 모음집을 발간하면서, 본 도서의 제목을 "하나님! 말씀하옵소서"에서 《새로운 성경》 으로 명해 주셨습니다.

· 단행본: 각 권당 288쪽(신국판) 책이 160권까지 시리즈로 출판됩니다.
(모음집은 단행본을 16권씩 묶어서, 총 10부로 구성됩니다.)

《새로운 성경》의 성경적 근거:

· 신약 성경 [요한복음] 16장 13절에 "진리의 성령이 오시면 그가 너희를 모든 진리 가운데로 인도하시리니 그가 자의로 말하지 않고, 오직 듣는 것만을 말하며" 하신 말씀처럼 하나님의 음성을 들은 것만 기록하였으며,

· "장래 일을 너희에게 알리시리라" 하신 말씀과 같이 개인, 나라, 인류의 "장래"일을 하나님께서 알려 주시는 것만 기록하여 책으로 만들었습니다.

《새로운 성경》의 기록 방법:

· 1999년 8월부터 하나님께서 저에게 들려주시는 음성을 기록하였습니다. 처음에는 제가 들은 말씀을 불러 주면 저의 아내가 기록하여, 2000년 1월 29일에 1권 초판이 세상에 나왔습니다. 2000년 4월부터는 주시는 말씀을 받아 녹음기에 기록하여 시리즈로 출간하기 시작하였습니다.

· 녹음을 시작하면서 하나님의 말씀을 받는 데 가속도가 붙었고, 2001년 5월 3일에 1부(1~16권까지)를 인쇄하여 출판하였으며, 2004년 7월까지 총160권 분량의 말씀을 받아 기록하였습니다.

하나님께서 저에게 주신 것은:

· 첫째, 만백성을 상대로 내려 주시는 "기도", 둘째, 수시로 내려 주시는 "묵상", 셋째, 개인의 과거, 현재, 미래를 알려 주시는 "개인 기도", 넷째, 개인의 건강을 위해서 내려 주시는 "음식 처방", 다섯째, 하나님께서 가르쳐 주신 "운동"등이 있습니다. 이 중에 첫 번째, "기도"를 책으로 편찬하였습니다. 사람의 생사, 개인의 미래에 관한 천기는 수록하지 말라 하셨습니다.

강론 안내:

· 하나님께서는 지금도 매일 저에게 새로운 하늘의 비밀의 말씀을 내려 주고 계십니다. 수시로 내려 주시는 말씀을 정리해서 제자를 육성하라는 말씀에 따라 매주 강론을 하고 있습니다. 누구나 무료로 들으실 수 있습니다. (book160.com)

《새로운 성경》을 읽는 분들에게 드리는 선물:

· 개인 기도: 개인의 과거, 현재, 미래에 관하여 말씀을 내려 주십니다.

· 음식 처방: 사람은 음식을 먹고살다가 건강을 잃으니, 음식과 운동으로 건강을 되찾는 방법을 알려 드립니다. 단, 하나님이 계심을 믿고, 십계명을 지키겠다고 진실로 서약하는 분들께 알려드립니다.

《새로운 성경》의 은혜와 기적:

· 새로운 성경 전160권은 16권씩 묶어서 총 10부의 모음집으로 구성됩니다. 모음집 한 부를 읽고 깨우치는 자에게 하나님께서 다음과 같은 기적이 있다고 하셨습니다.

· "첫째, 그가 죽어 하늘에 갔을 때 그의 죄를 묻지 아니하며, 구원을 받는 위대한 은혜가 있으며, 둘째, 그의 소원과 소망이 이루어지고, 셋째, 죽은 자(부모, 형제, 자식, 사랑하고 은혜 입은 분)의 이름으로 구입한 책을 읽고 누군가 한 사람이 깨우칠 때, 그 죽은 자가 지옥에서 천국으로 구원을 받게 되며, 넷째, 유산, 중절 수술 등으로 태어나지 못한 아이를 위하여 구입한 책을 보고 한 명이 깨우쳤을 때, 그 아이가 사람으로 다시 한 번 태어나는 은혜를 받는다."

· "새로운 성경"을 3회 이상 정성을 다해 정독하는 자, 성서의 비밀을 알게 되고, 세상의 이치를 알게 되며, 세상을 지배하고 통제할 수 있는 지혜를 다 얻게 된다고 하셨습니다. 이 책은 만백성이 정독하고 이웃에게 전하여, 평생 가슴에 묻은 슬픔과 고통의 짐을 벗고 미래를 위한 힘찬 삶을 살아가도록 하는 책입니다.

끝으로

· 하나님께서는 흰 눈이 세상을 덮듯이 새로운 성경을 온 세상에 전하라고 하셨습니다. 《새로운 성경》을 각국어로 번역해서 온 인류에게 구원의 길을 깨우쳐 주고, 그 수익으로 가난하고 어려운 백성을 구제하여, 만백성의 영과 육을 함께 구원하는 선지자의 임무를 수행하라고 저에게 명하셨습니다.

· 하늘에서 내려 주신 말씀의 보화를 만백성에게 나누어 주는 것이 선지자의 임무라고 하셨습니다. 새로운 성경을 통해서 얻는 재물을 사용할 곳도 하나님께서 일일이 명해 주십니다. 모든 재물은 저의 자의로 쓸 수 없고, 하나님께서 명하시는 대로만 쓰여집니다.

· 어떤 명분으로든 십일조나 각종 헌금을 거두어들이지 말라 하셨으며, 국내뿐 아니라 각국에 성전과 단독 서점을 운영하며, 한국의 많은 젊은이들을 전 세계에 지도자로 내보내라고 하셨습니다.

· 우리는 세계적으로 새로운 성경을 보급하며 어려운 이들을 돕는 역사를 해 나갈 것입니다. 지금까지 비록 몇 명 안 되는 제자들과 함께 이러한 일을 역사했지만, 앞으로도 계속 하나님께서 기뻐하시는 일들을 해 나갈 것입니다. 부족한 저희에게 여러분들의 지혜와 성원을 보내 주시기를 바랍니다. 많은 분들의 참여와 도움을 간절히 기다립니다. 감사합니다.

한국어로 내려온 《새로운 성경》 단행본을 출간하며
2016년 4월 10일

발행인 **김 용 철**

한국어로 내려온

새로운 **성 경** · 3부 · 제47권

지은이 하나님 말씀
대역자 김용철

초판인쇄 1쇄 2009년 11월 21일
재판인쇄 1쇄 2017년 4월 3일

펴낸 곳 도서출판 하얀마음
등록번호 제 10-2107호 (2001년 2월 14일)
주소 서울시 노원구 덕릉로86길5, 2층
전화번호 02) 313-1114
팩스 02) 393-5554
전자우편 book160@hanmail.net
편집위원 조나영 김미향 이석교
제작지원 김철종 조현숙 김영환 이계숙

도서상담 1600-7527
ISBN 978-89-5875-147-2 (04230)
978-89-5875-100-7 (세 트)

값 10,000원
잘못된 책은 구입하신 곳에서 바꾸어 드립니다.

※이 책은 10부로 제작되며, 각 부 16권씩 총160권으로 구성됩니다.※

1부	2부	3부	4부	5부	6부	7부	8부	9부	10부
1권	17권	33권	49권	65권	81권	97권	113권	129권	145권
2권	18권	34권	50권	66권	82권	98권	114권	130권	146권
3권	19권	35권	51권	67권	83권	99권	115권	131권	147권
4권	20권	36권	52권	68권	84권	100권	116권	132권	148권
5권	21권	37권	53권	69권	85권	101권	117권	133권	149권
6권	22권	38권	54권	70권	86권	102권	118권	134권	150권
7권	23권	39권	55권	71권	87권	103권	119권	135권	151권
8권	24권	40권	56권	72권	88권	104권	120권	136권	152권
9권	25권	41권	57권	73권	89권	105권	121권	137권	153권
10권	26권	42권	58권	74권	90권	106권	122권	138권	154권
11권	27권	43권	59권	75권	91권	107권	123권	139권	155권
12권	28권	44권	60권	76권	92권	108권	124권	140권	156권
13권	29권	45권	61권	77권	93권	109권	125권	141권	157권
14권	30권	46권	62권	78권	94권	110권	126권	142권	158권
15권	31권	47권	63권	79권	95권	111권	127권	143권	159권
16권	32권	48권	64권	80권	96권	112권	128권	144권	160권